El derecho contra el capital

Reflexiones desde la izquierda contemporánea

(Ensayo, 2)

El derecho contra el capital

Reflexiones desde la izquierda contemporánea

Gerardo Ambriz Arévalo/Ricardo Bernal Lugo

(Coordinadores)

CoNtRaStE

Primera edición, 2016
© Gerardo Ambriz Arévalo, © Ricardo Bernal Lugo
© Contraste Editorial S. A. de C. V.
I. Ramírez 4, Chilpancingo, Guerrero, 39000
www.contrasteed.jimdo.com/facebook
Contacto: contrasteeditorial@hotmail.com
Diseño de la portada: © Arq. Juan Carlos Rendón Alarcón
Imagen de la portada: © Contraste Editorial S. A. de C. V.
ISBN 978-607-96120-6-1

Hecho en México

Índice

Sección II
Frente al Estado capitalista

Introducción

En las batallas intelectuales de la izquierda más tradicional es habitual escuchar que el Estado no es más que un instrumento de la clase dominante para perpetuar su poder. Una aseveración hermana de aquella que descalifica al derecho moderno por su presunto carácter burgués. Aunque, en más de una ocasión, la evidencia empírica parece otorgar sustento a estas posturas, la complejidad de las instituciones edificadas alrededor de nuestras sociedades difícilmente podría agotarse mediante una caracterización semejante. Sin duda, la historia de las últimas décadas está llena de ejemplos en los cuales la defensa del Estado de derecho ha sido la fachada perfecta para beneficiar intereses particulares, sin embargo, la crítica de su incapacidad para resolver los problemas esenciales de nuestro mundo suele venir acompañada de un nostálgico elogio por formas de organización pre-modernas o por el retorno a una idílica situación de bondad originaria.

Así, mientras los sectores liberales diseñan complejos entramados institucionales para garantizar el equilibrio de poderes,[1] buena parte de la izquierda contemporánea se ha empeñado en defender la capacidad espontánea de autoorganización de los pueblos o el regreso a formas tradicionales de convivencia. Aunque es innegable que estas últimas pueden otorgarnos herramientas puntuales de resistencia y organización, no parecen ser una solución definitiva ante los principales conflictos que aquejan a sociedades plurales y complejas como las nuestras. Sociedades en las que la mayoría de sus individuos ha asumido el carácter irrenunciable de valores propiamente modernos como el respeto a la integridad personal, la defensa de los derechos civiles, la equidad de género, el respeto a la pluralidad de cosmovisiones del mundo y la tolerancia ante las más diversas formas de comportamiento en los ámbitos público y privado.

---

[1] Entramados que, sin embargo, evitan establecer contrapesos en la esfera económica. En buena medida, la estratagema liberal consiste en desvincular, tanto teórica como prácticamente, el dominio de las condiciones materiales de existencia, de los mecanismos políticos que supuestamente equilibran el juego de poderes.

En todo caso, la idealización de los impulsos comunitarios a la que se suele apelar para "superar" el derecho burgués, ha sustituido una reflexión fundamental respecto al tipo de institucionalidad jurídico-política que cabría esperar de una organización social alternativa. Al hacerlo, los sectores de la izquierda más crítica no han dejado de regalar el lenguaje jurídico a los partidarios del liberalismo sin haber edificado, mientras tanto, un entramado institucional distinto al de las llamadas "democracias liberales".

Con ello, sin embargo, no deseamos reivindicar la superioridad teórica del liberalismo frente a aquellas posturas que han colocado en el centro de su reflexión la crítica al capitalismo. Antes al contrario, pensamos que éstas últimas son esencialmente verdaderas, que la tendencia del desarrollo capitalista ha mostrado ser incompatible con la salvaguarda de la dignidad de los seres humanos y que los problemas centrales de nuestro tiempo son incomprensibles si no se analizan en la clave de las necesidades del proceso de acumulación capitalista. No obstante, también creemos que cualquier proyecto alternativo debe plantearse seriamente el problema del tipo de instituciones que harían posible una organización social capaz de garantizar los derechos civiles, políticos y sociales de todos los seres humanos por encima de la lógica de acumulación capitalista.

En este libro presentamos un conjunto de textos que, desde distintas posturas, muchas veces opuestas entre sí, intentan repensar una articulación posible entre el Estado, el derecho y las nuevas formas de emancipación que se oponen a la dictadura del capital. En la primera parte del mismo, el lector encontrará un conjunto de reflexiones cuya intención es desvincular los conceptos de Estado y derecho de los argumentos liberales; mientras que, en la segunda, se plantean distintas formas de lucha para transformar las condiciones que han convertido a los Estados modernos en siervos del capital.

Los profesores de la Universidad Complutense de Madrid, *Carlos Fernández Liria* y *Luis Alegre Zahonero*, en colaboración con *Daniel Iraberri*, nos entregan un interesante texto en el que intentan mostrar las condiciones por las cuales un Estado puede ser "algo más" que un simple instrumento de dominación. Desde su perspectiva, lo que distingue a las posturas liberales de las propuestas más cercanas al socialismo o al comunismo, es que aquéllas no están dispuestas a aceptar la implementación de instituciones de garantía que protejan los derechos sociales de los individuos. Para justificar esta negativa, el liberalismo suele echar mano de la célebre distinción de Isaiah Berlin entre la libertad negativa y la libertad positiva, además de apelar al derecho de propiedad como un derecho fundamental. Sin embargo, Alegre, Liria e Iraberri refutan ambos argumentos mostrando que el primero funciona mediante una oposición engañosa, mientras que el segundo responde a una confusión interesada.

En el texto "Fraternidad y democracia en el origen de la modernidad política", *Ricardo Bernal Lugo* intenta mostrar cómo debe ser entendido el concepto de fraternidad, mismo que cuando no ha sido soslayado en los debates actuales de la filosofía política, ha dado pie a malos entendidos pues se considera un concepto cargado de sentimentalismo y psicologismo, es decir, ajeno a cualquier contenido político. En dichos debates, sean de izquierdas o de derechas, donde el tema central es la democracia liberal, no faltan reflexiones sobre la libertad y, en menor medida, sobre la igualdad, pero se evita flagrantemente una idea de fraternidad que desde su formulación implicó, como dice su autor, "la defensa de la ley como instrumento para combatir la reproducción de las relaciones de dependencia patriarcal en la esfera política y en el ámbito civil".

Para mostrar la importancia de la fraternidad, Bernal Lugo nos propone no un análisis de "ideas" o, como dijo Engels, de "malabarismos etimológicos", sino un planteamiento que nos sitúa en dos contextos históricos claramente definidos: la primera República francesa de 1789 y la lucha de clases en Francia alrededor de 1848. En el primer caso, el proyecto político de la fraternidad -que puede ser resumido como la aspiración a una "República capaz de combatir esa peculiar forma de desigualdad que volvía dependientes y serviles a los menos favorecidos"- se enfrentó a los defensores del sufragio censitario que niega el voto a los desposeídos o no-propietarios; cuestionó el régimen de propiedad que reproducía la desposesión; y luchó contra un sinfín de condiciones económicas, políticas y sociales, causantes de la pobreza y la dependencia de gran parte de la sociedad francesa. En el segundo caso, la idea de fraternidad fue la bandera de lucha de algunos defensores del neo-jacobinismo republicano, y de gran parte de los movimientos obreros, los cuales tenía bien claro que los derechos civiles no podían ser disfrutados si no iban acompañados de los derechos políticos y sociales. Quizás esta última reflexión esté latente en todo el texto, y sea una invitación a cuestionarnos si hoy por hoy es válido, incluso honesto, seguir hablando de democracia, o de una sociedad libre, si ésta se basa en la desposesión y el vasallaje que siempre combatieron los partidarios de la fraternidad.

Por su parte, el académico de la Universidad Autónoma de Madrid, *Eduardo Álvarez*, argumenta que Marx siempre tuvo un acercamiento histórico a los objetos que analizaba, por lo mismo, su crítica a la "sacralización del derecho" efectuada por el liberalismo no debe ser entendida como una crítica a "la regulación social de las relaciones sociales y el conjunto institucional del aparato de Estado". El autor nos invita a comprender la perspectiva "dialéctica" puesta en marcha por Marx, según la cual las instituciones de la democracia liberal deben ser entendidas como momentos aún insuficientes de una totalidad más amplia. Desde su perspectiva, "Marx no pone en cuestión la democracia como ideal político, sino más bien la expresión limitada y parcial de la misma, que deja fuera a la inmensa mayoría del acceso a los derechos sociales y que trata además de imponerse como si esa versión limitada ya constituyera por sí misma el cumplimiento realizado de dicho ideal".

De igual forma, el profesor de la Universidad Autónoma de Tamaulipas, *Guillermo Flores Miller*, retoma los conceptos de Estado y sociedad civil en Hegel para mostrar que el autor alemán defiende una posición irreductible a la del liberalismo. En particular, Hegel se distancia del contractualismo-liberal porque no hace descansar el fundamento del Estado en un hipotético contrato originario, más bien intenta mostrar que el derecho es el resultado de un proceso histórico de luchas en cuyo centro se debate la propia libertad. De igual forma, Hegel se niega a colocar a la propiedad como la instancia medular de las sociedades modernas, mostrando que su papel es el de una determinación limitada dentro de un conjunto más amplio y complejo. En su análisis, Flores Miller destaca el papel que Hegel le otorga al "sistema de las necesidades" en la sociedad civil. El alemán considera que la interacción del mercado es una dinámica insuficiente para mediar el conflicto social; por lo mismo, la intervención de lo público se vuelve insoslayable en el tejido institucional moderno.

Para finalizar esta sección, *Juan Jesús Garza Onofre* y *Octavio Martínez Michel* analizan el concepto de Estado de derecho en el discurso político contemporáneo. A pesar de que el ideal que éste encarna parece estar por encima de ideologías de izquierdas o derechas, recientemente, constatan los autores, su contenido parece haber sido apropiado por el lenguaje de la derecha. Ante tal evidencia, los autores intentan mostrar el protagonismo que han tenido exigencias "de izquierda" en la construcción teórica y práctica del Estado de derecho. Para lo cual, intentan realizar una delimitación conceptual sobre aquello que puede ser enmarcado con el concepto de "izquierda". Al hilo de esta reflexión, los autores se plantean si pueden existir jueces de izquierda, una pregunta que tiene importancia porque "en países como México, España o Colombia donde ha sido complicado avanzar en la batalla por los derechos por la vía legislativa, han sido las Cortes Supremas quienes han abanderado por momentos luchas consideradas como progresistas o de izquierda". Sin embargo, resulta paradójico que sea el poder que más recuerda a un estamento aristocrático de un Estado monárquico el que encabece las batallas de la izquierda.

Ya en la segunda sección, *Enrique González Rojo* nos entrega un artículo titulado "La lucha política en las nuevas condiciones del capitalismo". En él nos habla sobre la urgencia de la unión y organización por parte de los que son víctimas de la explotación para frenar el desarrollo de un capitalismo que es cada vez más nocivo para la vida social y natural del planeta. Sin embargo, a contracorriente de una ideología que evita que los explotados se asuman como tales, los integrantes de dicha organización deben adquirir una conciencia de clase. Así, afirma el autor, es preciso enfrentar a unos aparatos ideológicos del Estado que cumplen su tarea cabalmente y, bajo la máscara de una supuesta "sociedad civil", ocultan que dentro de los expoliados por el sistema no sólo se encuentran los obreros fabriles, sino también los "campesinos, los burócratas, los empleados bancarios, los trabajadores de la circulación, los operarios de las empresas de servicios, etcétera".

El problema, sin embargo, no se reduce a la toma de conciencia de los desposeídos de los medios de producción. Tal conciencia es necesaria para la lucha anticapitalista, pero no es suficiente. Para acabar con la barbarie capitalista, el profesor González Rojo propone una organización autogestionaria basada en la autoorganización, el autogobierno y la autodisciplina, que retome lo mejor, en cuestiones organizativas, de las tradiciones marxista ("lucha disciplinada y coherente") y anarquista ("la denuncia del carácter suplantador de toda vanguardia"), pero evitando los vicios en que desembocaron, a saber: "la práctica de una dirección que sustituye a la base", y la desorganización y "el horizontalismo a-centralista que opone a la férrea disciplina del enemigo", respectivamente.

El trabajo de *Gerardo Ambriz Arévalo* recupera los textos de Marx para mostrar que éste tenía una perspectiva del Estado más compleja de lo que se nos suele presentar. Retomando ideas de Poulantzas y Althusser, señala la importancia del Estado para mantener la "cohesión de una formación social", es decir, para perpetuar las condiciones que hacen posible su existencia. En ese sentido, el Estado es una instancia necesaria para la reproducción del capital y, por lo mismo, Marx tenía claro que su conquista era parte fundamental de la lucha por la emancipación. Sin embargo, Ambriz nos muestra que en las reflexiones del alemán la vía revolucionaria no era la única para acceder al poder, también resultaban insoslayables luchas en frentes como el sindical (lucha económica), legal y electoral (luchas políticas). Con todo, la pregunta fundamental del texto es ¿para qué sirve la toma del poder del Estado? El autor intenta dar respuesta a esta interrogante mediante los trabajos de cuatro conocedores de la obra de Marx: en primer lugar, retoma la lectura del papel político del comunismo en Michael Heinrich; en segundo, la apuesta republicana de Antoni Domènech; y, finalmente, la relectura de *El capital* de Luis Alegre Zahonero y Carlos Fernández Liria.

Por su parte, el texto "Mantenerse en la izquierda sin bizquear a la derecha" de *Jorge Velázquez Delgado*, interpela a los que asumen una posición de izquierda para que sigan nuevas rutas tanto en la teoría como en la práctica política, sin dejarse intimidar o confundir por las ideas de la derecha. En otras palabras, el texto es una invitación a crear la historia y no sólo a padecerla. En sugerentes apartados como "Dialéctica del totalitarismo invertido", "Las razones del maniqueísmo liberal conservador", "El poder de la derecha mediática en la era neoliberal", "El sospechoso triunfo neoliberal en la era de la confusión global" y "El miedo es el mensaje en la dialéctica del trabajo forzado y el trabajo vo-luntario", el autor analiza algunas de las calamidades por las que tenemos que pasar en las sociedades capitalistas (la miseria, el fetichismo, la mercantilización de todos los ámbitos de la vida social e individual, etc.), así como las alternativas para superarlas (nuevas formas de protesta o de movilización, la conquista del poder político del Estado, etc.).

En el caso del trabajo titulado "El Estado de derecho en la lógica de dominación del capital", sus autores *Egbert Méndez Serrano*, *José Luis Ríos Vera* y *Gabino Javier Ángeles Calderón*, ponen en cuestión las tesis liberales y/o neoliberales sobre el propio Estado de derecho y la supuesta "neutralidad de normas jurídicas que protegen la libertad y derechos de los ciudadanos"; la separación entre la política y la economía; la "autorregulación" del mercado y el llamado a que el Estado no intervenga en asuntos económicos. Contra dichas tesis, los autores argumentarán que el Estado de derecho (y el Estado), lejos de ser la cura a problemas como la desigualdad, la violencia o las crisis humanitarias, es parte de la enfermedad, pues su verdadera función es la de permitir que el capitalismo se reproduzca indefinidamente. ¿Cómo lo hace? ocultando y legitimando la explotación, así como aislando "el proceso de acumulación de capital de conflictos de clase que lo puedan poner en riesgo". Los ejes de la crítica al Estado de derecho, y los objetivos de los tres autores, se perciben claramente en los títulos de algunos de los apartados: "La articulación de la explotación y la dominación política en las sociedades capitalistas", "La noción liberal de la autonomía de la política y la economía", "Una falsa antinomia: el Estado de derecho y la violencia, "Un falso debate: el Estado de derecho *versus* el orden del capital".

El presente libro cierra con el texto "Abstracción jurídica y concreto histórico", de *José María Martinelli*. Aquí se plantean serios cuestionamientos a la idea de derecho defendida por Hans Kelsen. El profesor de la UAM-I discute si es posible llevar a la práctica el modelo del jurista austriaco, incluso si es acertado plantear una teoría pura del derecho donde se defiende una "racionalidad lógica expresada en la norma jurídica" ajena a cualquier contaminación por factores como la "moral o la religiosidad". Pero más allá de poner en entredicho los supuestos teóricos y formales del derecho, en el texto se sospecha de la neutralidad de Kelsen, ubicándolo dentro del conjunto de los defensores del orden existente. No obstante dichas críticas, Martinelli señala que "renunciar en abstracto a las garantías liberales es un retroceso; por el contrario, recuperar e impulsar un proceso de participación social es visualizar que el orden jurídico de mañana se comienza a construir hoy. Socializar la propiedad, fundar cooperativas de producción y consumo, garantizar educación gratuita a todos, impulsar la igualdad en las diferencias, socializar la cultura como necesario bien público, democratizar la democracia con participación directa y representativa a un tiempo, revocación del mandato de los funcionarios públicos, son algunas de las medidas a desarrollar; todas ellas demandan modificar derechos básicos hoy, con proyección a un derecho futuro que garantice libertad y bienestar".

Por último, queremos agradecer al Dr. Jorge Rendón Alarcón por el inmenso apoyo brindado para la publicación de este libro. Asimismo, deseamos expresar nuestra deuda intelectual con el profesor Carlos Fernández Liria, en buena medida este texto es el resultado de intensos y prolongados debates alrededor de su obra.

Gerardo Ambriz Arévalo/Ricardo Bernal Lugo
Enero, 2016

SECCIÓN I

Estado y derecho más allá del liberalismo

Estado y derecho más allá del liberalismo

Derecho, Estado y propiedad. La libertad republicana contra la concepción liberal del Estado[1]

Luis Alegre Zahonero
Carlos Fernández Liria
Daniel Iraberri Pérez

> *Hay muchas formas de matar*
> *Pueden meterte un cuchillo en el vientre*
> *Quitarte el pan*
> *No curarte de una enfermedad*
> *Meterte en una mala vivienda*
> *Empujarte hasta el suicidio*
> *Torturarte hasta la muerte por medio del trabajo*
> *llevarte a la guerra, etc.*
> *Sólo pocas de estas cosas están prohibidas en*
> *nuestro Estado.*
> Bertolt Brecht, *Me-Ti. El libro de los cambios, 1937*

1. El Estado como "nada más que" una herramienta de dominación de clase

Desde sus orígenes, la corriente principal de la tradición marxista ha tendido a considerar el aparato del Estado como "nada más que" una herramienta de explotación y dominación de clase. En este sentido, como es lógico, la discusión sobre cuándo y cómo cabría lograr la abolición del Estado ha sido una constante.

A este respecto, hay que empezar sin duda reconociendo que ya en Engels, en Lenin e incluso en el propio Marx (aunque en menor medida) es posible encontrar indicaciones respecto a la necesaria abolición del Estado. Ciertamente en Engels podemos encontrar las indicaciones más nítidas al respecto. Así, por ejemplo, en una carta a Bebel de marzo de 1875 considera simplemente absurda la mera idea de un "Estado libre":

---

[1] Este artículo fue publicado con el mismo título en el número 70 de la revista *Temas* (La Habana, abril-junio 2012). Reproducimos el texto con la autorización de los autores y algunas precisiones sintácticas realizadas por ellos mismos.

Siendo el Estado una institución meramente transitoria que se utiliza en la lucha, en la revolución, para someter por la violencia a los adversarios, es un absurdo hablar de un Estado libre del pueblo: mientras el proletariado necesite todavía el Estado, no lo necesitará en interés de la libertad, sino para someter a sus adversarios, y tan pronto como pueda hablarse de libertad, el Estado como tal dejará de existir. Por eso, nosotros propondríamos emplear siempre, en vez de la palabra Estado, la palabra "comunidad" (*Gemeinwesen*), una buena y antigua palabra alemana que equivale a la palabra francesa "*Commune*".[2]

Bien es verdad que la posición de Marx al respecto parece siempre mucho más matizada. Así, por ejemplo en la *Crítica del programa de Gotha* no tiene reparos en hablar del "Estado futuro de la sociedad comunista"[3] para referirse al entramado institucional que habrá de resultar tras el triunfo de la clase obrera.

No obstante, Lenin niega cualquier diferencia que pueda producirse a este respecto entre Marx y Engels. En efecto, en *El Estado y la revolución* Lenin critica a quienes tratan de señalar alguna diferencia entre ambos pensadores a propósito de la cuestión del Estado.[4] A partir de aquí, Lenin se posiciona de un modo muy expreso a favor de la abolición del Estado una vez suprimida la necesidad de un aparato coactivo de explotación de clase. Y de este modo, aunque sí reconoce la necesidad de alguna estructura represiva capaz de controlar los excesos de individuos concretos, fija para la corriente principal de la tradición marxista una postura firme en defensa de la abolición del Estado como tarea ineludible del comunismo:

[...] sólo el comunismo suprime en absoluto la necesidad del Estado, pues no hay nadie a quien reprimir, "nadie" en el sentido de clase, en el sentido de una lucha sistemática contra determinada parte de la población. No somos utopistas y no negamos lo más mínimo que es posible e inevitable que algunos individuos cometan excesos, como tampoco negamos la

---

[2] Friedrich Engels, *Carta a Bebel* (18-28 de marzo de 1875), en *MEW*, 34, p. 129.

[3] Karl Marx, *Kritik des Gothaer Programms* (1875), en *MEW*, 19, p. 29.

[4] Vladimir Lenin, *El Estado y la revolución,* en *Obras escogidas,* vol. VII, Progreso, Moscú, 1977, p. 81.

necesidad de reprimir tales excesos. Pero, en primer lugar, para ello no hace falta una máquina especial, un aparato especial de represión; esto lo hará el propio pueblo armado, con la misma sencillez y facilidad con que un grupo cualquiera de personas civilizadas, incluso en la sociedad actual, separa a los que se están peleando o impide que se maltrate a una mujer. Y, en segundo lugar, sabemos que la causa social más profunda de los excesos, consistentes en la infracción de las reglas de convivencia, es la explotación de las masas, su penuria y su miseria. Al suprimirse esta causa fundamental, los excesos comenzarán inevitablemente a "extinguirse". No sabemos con qué rapidez y gradación, pero sabemos que se extinguirán. Y con ello se extinguirá también el Estado.[5]

Sin embargo, lo primero con lo que nos encontramos a este respecto es con un *sistema de definiciones cerrado* en el que Estado no remite a nada más que a las estructuras e instituciones de opresión de clase y, por lo tanto, va de suyo su "extinción" con la abolición de la sociedad de clases.

Esto es algo que se comprende a la perfección en un contexto de discusión teórica y actividad política en que se trata de confrontar aparatos estatales que, en efecto, no tienen muchas más funciones que las de carácter represivo, de sostenimiento del orden establecido y garantía de la propiedad de las clases altas. Evidentemente, cuando se habla de Estado zarista, lo primero que viene a la cabeza no es la provisión de servicios públicos esenciales como la sanidad o la educación. Ni tampoco se piensa en el instrumento de seguridad jurídica y garantías respecto a las libertades individuales.

En ese contexto, es decir, en el contexto de la I Internacional, es evidente que en la discusión con los anarquistas habría sido absurdo que los comunistas se presentasen como los defensores del Estado frente a quienes piden su abolición.

En la medida en que el Estado no sea más que una estructura de opresión de clase, es necesario defender su extinción en paralelo con la abolición de las clases. Pero esto es algo que no tiene mayor complicación ni mayor interés. Es algo que se establece *por definición y que afecta al Estado sólo en la medida en que no sea nada más que estructura de opresión de clase*.

---

[5] *Ibid.*, pp. 87-88.

Como es evidente, lo que nos interesa es plantearnos si el Estado puede ser "algo más" y qué ocurre con ese "algo más". Y a este respecto, resulta difícil negar que, además de una maquinaria para cobrar tributos y reprimir revueltas, el Estado pueda sin duda desempeñar otras funciones.

En todo caso, el contexto de discusión hoy no es principalmente con el anarquismo o, en todo caso, lo es con el anarcoliberalismo tipo Nozick, que lo que defienden es, precisamente, que el Estado *no sea nada más* que ese mínimo imprescindible para garantizar la explotación de clase.

2. El Estado como "algo más que" una mera herramienta de dominación de clase

2.1. Libertad y coacción

Incluso en lo relativo a las funciones netamente coactivas y de ejercicio de la violencia, parece claro que una parte de las tareas que le corresponden no remiten a conflictos de clase. Resulta de una ingenuidad llamativa plantear que en algún momento dejarán de ser necesarias las funciones represivas y de garantía de la seguridad, tanto interna -porque habrá llegado una nueva era de relaciones entre los hombres- como externa -porque habrá triunfado la revolución mundial.

Confiar la integridad personal a que cale en el corazón de los hombres el "no matarás" o confiar la propiedad (pública o privada) a que ya no se codicien los bienes ajenos puede ser un objetivo noble, pero basado en una pura confianza mesiánica. En ausencia de fuerzas coactivas por parte del poder del Estado, te encuentras con todo tipo de venganzas, pillajes, saqueos y la permanente amenaza del caos. A este respecto, no le falta razón a Domenico Losurdo cuando señala que los grandes procesos revolucionarios socialistas (fundamentalmente la revolución rusa y la revolución china) se encontraron como primera tarea con la necesidad de salvar un Estado ante una situación que se precipitaba al caos.[6] En realidad, cualquier proceso revolucionario obliga a replantear determinados presupuestos ingenuos que arrastramos respecto a la violencia. Por ejemplo, el proceso revolucionario venezolano ha

---

[6] *Cfr.* Domenico Losurdo, *Stalin,* El Viejo Topo, Barcelona, 2010.

puesto de manifiesto que es falsa la relación mecánica que desde la izquierda se tendía a establecer entre violencia y condiciones materiales. En efecto, en Venezuela nos encontramos con que se ha multiplicado el poder adquisitivo de los estratos populares y las garantías de protección social y, sin embargo, no se han reducido proporcionalmente los índices de violencia. Y por fin (recientemente y con carácter experimental) el Estado ha decidido que es necesario reforzar su capacidad coactiva a través de un cuerpo de policía nacional.

En resumen, incluso desde el punto de vista de la coacción y el necesario ejercicio de la violencia, hay "algo más", hay funciones que en absoluto cabe reducir a una función de opresión de clase y, por lo tanto, que siguen pendientes por mucho que queden abolidos los mecanismos estructurales de explotación.

2.2. Derechos de participación política

También en lo relativo a la representación y la participación política parece difícil renunciar a un entramado institucional capaz de garantizar la toma de decisiones colectivas según procedimientos estables. Lenin mismo reconoce que incluso la democracia más avanzada no puede prescindir de instituciones representativas. Y en el caso de Marx desde luego es transparente. En su defensa de la Comuna de París celebra, sin duda, el entramado institucional de representación que se establece y los procedimientos reglados para la toma de decisiones.

A este respecto, las discusiones sobre el Estado han resultado en gran medida netamente nominales. Ciertamente, si vamos a defender una estructura institucional con procedimientos reglados para la toma de decisiones y capacidad coactiva para hacerlas cumplir, es puro voluntarismo no llamarlo "Estado".

En todo caso, entre las funciones de eso a lo que cabe llamar "Estado" hay que incluir mecanismos de deliberación pública y decisión común que, convenientemente secuestrados y amordazados por los poderes económicos, pueden no ser "nada más que" herramientas de control de clase (por la vía de la legitimación) pero que, en principio, son irrenunciables en cualquier república democrática que quiera reclamar para sí el nombre de "comunismo" pues, de hecho, son condición necesaria para que pueda hablarse de *decisiones tomadas en común*. En este sentido, cabe sin demasiado problema llamar "Estado" al necesario entramado institucional que pudiera corresponder a un sistema de deliberación de *soviets* o consejos. A este respecto, no hay más que ver el análisis tan elogioso que hace Marx sobre el entramado institucional de la Comuna de París.[7]

2.3. Derechos sociales y provisión de servicios

Pero mucho más claro es todavía el asunto si nos referimos ya a la cuestión de los servicios esenciales cuya provisión hay que atender desde instancias públicas. Aquí aparece, como es obvio, todo un ámbito de funciones del Estado que no es fácil ver por qué habrían de extinguirse con la supresión de las clases. De hecho, para mostrar que también en los países capitalistas el Estado constituye "algo más" que no se reduce a una mera función de explotación de clase, basta ver cómo se reacciona desde la izquierda (actualmente por ejemplo de un modo dramático en el caso de Europa occidental) cada vez que se produce un nuevo ataque al Estado como garante de la provisión de ciertos servicios básicos.

Así pues, en cuanto se pone encima de la mesa la cuestión de la sanidad o la educación, es decir, en cuanto se localiza algún tipo de "algo más", la pregunta que se impone de inmediato -si no

---

[7] A propósito de este análisis, conviene abrir un pequeño paréntesis sobre la cuestión de la división de poderes: Marx parece oponerse a la división de poderes cuando comenta el asunto de la Comuna de París y se posiciona nítidamente a favor de que el legislativo asuma las funciones ejecutivas. Sin embargo, esto debe entenderse a la luz de en qué consisten los organismos ejecutivos contra los que se está lanzando. En realidad, Marx propone algo bastante parecido a lo que entendemos por "división de poderes" en los sistemas parlamentarios. En efecto, en absoluto se opone a que comisiones derivadas del legislativo (y siempre bajo su control) sean las que ejerzan las funciones de gobierno (es decir, algo similar al modo como se supone que se forma y se fiscaliza al gobierno en un ordenamiento jurídico parlamentario, a través de procesos de investidura, sesiones de control, etc.). Por el contrario, lo que está combatiendo es un poder ejecutivo completamente independiente de la voluntad popular y despótico, que no desempeña más que funciones recaudatorias y represivas, y en ningún caso programas de garantía social, y que, en principio, pretende tomar a las instituciones representativas como órganos meramente consultivos sin capacidad de decisión vinculante.

queremos enredarnos en una discusión meramente nominal- ya no es si Estado sí o no, sino qué instituciones y con qué garantías.

3. El Estado comunista y la exigencia de atender a ese "algo más": derechos civiles, derechos políticos y derechos sociales

Ahora bien, con la misma naturalidad con la que, si se considera que el Estado no es "nada más que" un instrumento de explotación de clase hay que contestar que, en ausencia de explotación, el Estado tendrá que extinguirse; con la misma naturalidad hay que decir que, si se considera que el Estado es "algo más", la principal función de ese Estado comunista será, ante todo, atender a ese "algo más".

En efecto, si cabe localizar funciones necesarias del Estado "más allá" de la mera explotación de clase, y cabe localizarlas de hecho respecto a los distintos "tipos" o "generaciones" en que suelen clasificarse los derechos, es decir, si cabe localizar que tanto en la cuestión de los *derechos civiles* (conocidos a veces como derechos de primera generación), como en la cuestión de los *derechos de participación política* (o derechos de segunda generación) como, de un modo aún más nítido, en los *derechos sociales* (o de tercera generación), se juega algo *más que* la mera explotación de clase, entonces es evidente que la tarea de un Estado comunista debe ser *garantizar ese algo más.*

En primer lugar, parece obvio que un Estado comunista no puede dejar de intentar que no se produzcan agresiones y atentados entre individuos (de carácter racista, homófobo, machista o, por ejemplo, agresiones de carácter sexual). También debe evitar que se produzcan abusos del propio aparato del Estado sobre sus ciudadanos y, en esa medida, no puede dejar de garantizar cierta seguridad jurídica y garantías procesales.

Ahora bien, lo fundamental es destacar que también estos derechos y libertades dependen enteramente de la existencia de *instituciones de garantía* con capacidad de preservarlas de un modo efectivo. Incluso la seguridad jurídica y las garantías procesales dependen por entero de condiciones materiales para su ejercicio. Por ejemplo, la tutela judicial efectiva es una mera ficción si no se garantiza la asistencia de un letrado, los medios para la defensa, etc. Más clara todavía es la impotencia, por ejemplo, en la lucha contra los asesinatos machistas si el Estado no ofrece modo de cortar ni siquiera la atadura material de las mujeres a sus maridos. Pero esto, claro está, no es un argumento ni contra el Estado ni contra el derecho, sino contra la *ausencia de medios e instituciones de garantía* (que son, en efecto, los rasgos distintivos de un Estado comunista).

En segundo lugar, también los derechos de participación política resultan meramente ficticios e ilusorios si carecen de medios e instituciones de garantía. Derechos como, por ejemplo, el de libertad de expresión, carecen en gran medida de sentido si se desconectan de las condiciones materiales para su ejercicio, es decir, si se desconecta de la cuestión del acceso a los medios de comunicación. De nuevo aquí, si hay algo que define a un Estado comunista no puede ser la renuncia a estos derechos (ya que, especialmente en el caso de los derechos de participación política, son condición de que pueda haber procesos de deliberación colectiva y, por lo tanto, decisiones tomadas en común). Por el contrario, lo que define a un Estado comunista sólo puede ser que, si se establece la información veraz o la libertad de expresión como derecho fundamental, se establecen al mismo tiempo las *condiciones materiales* y las *instituciones de garantía* capaces de asegurarlos; y asegurarlos significa que, si se establecen *como derechos fundamentales, cualquier derecho de rango inferior se subordina a su cumplimiento.*

Por último, este asunto es aún más evidente en el terreno de lo que tradicionalmente se han llamado "derechos sociales" o "derechos de tercera generación". Corresponde también esencialmente a la idea de un "Estado comunista" el imperativo incondicionado de incluir *entre los derechos fundamentales* toda una serie de cuestiones relativas al sustento material (la necesidad de un sistema de salud y educación público, las garantías en el acceso a la vivienda, cierta garantía mínima de ingresos, etc.). En efecto, corresponde esencialmente a la tradición republicana y socialista el establecer en el mismo rango de derechos fundamentales determinadas cuestiones materiales excluidas por principio por la tradición liberal.

De hecho, cabe defender que lo que distingue esencialmente a la tradición liberal de la tradición republicana y socialista es que ésta se niega a desconectar la cuestión formal de las libertades de las condiciones materiales para su ejercicio. Si se trata de *garantizar* la integridad personal, hay que garantizar tanto que no eres agredido con un cuchillo como que no te niegan el acceso a 2000 calorías diarias.

Ciertamente, en el caso de los derechos sociales tiende a resultarnos más nítido (*aunque el problema es exactamente el mismo*) que el problema no está en el reconocimiento del derecho (por ejemplo, en el derecho a la vivienda en la Constitución), sino en la *falta de instituciones de garantía*. Ante este hecho, hay juristas liberales que, con bastante descaro, tratan de defender que si faltan instituciones de garantía entonces es que no existía tal derecho. Sin embargo, a nuestro entender, tiene toda la razón Ferrajoli cuando sostiene que *si faltan las instituciones de garantía lo único que se pone de manifiesto es una laguna* que la propia arquitectónica del derecho reclama que se cubra.

4. Discusión con el liberalismo

Ahora bien, todo esto implica automáticamente una apuesta decidida por las instituciones de deliberación y decisión colectiva. En efecto, lo primero que implica asignar a todas estas cuestiones materiales el rango de derecho fundamental es la exigencia de atenderlas desde los poderes públicos y, por lo tanto, la necesidad de intervenir con fuerza en cuestiones económicas con el fin de obtener los recursos suficientes para proveer esos servicios. Si se quieren incluir esas garantías entre los derechos fundamentales es necesario gestionar desde los poderes públicos una cantidad ingente de recursos.

Y es en este punto en el que la tradición liberal reacciona escandalizada diciendo que esas libertades "positivas" (que exigen la provisión de recursos) entran necesariamente en contradicción con el conjunto más básico de libertades "negativas" (a las que correspondería prioridad sobre las primeras) ya que implican, como mínimo, una interferencia en ese "derecho fundamental" que sería el derecho de propiedad. En efecto, es evidente que no hay forma de proveer de todos los servicios esenciales de salud, nutrición, vivienda, educación, etc. que no pase por una notable injerencia coactiva en el terreno de la actividad individual. Ciertamente, cualquier intento de sostener un sistema amplio de provisión de servicios pasa al menos por una intensa política fiscal capaz de detraer de unos lo que va a proveer a otros (eso cuando no pasa por un plan sistemático de nacionalizaciones) y, por lo tanto, supondría una interferencia efectiva en el terreno de la propiedad privada y, así, en uno de los elementos básicos de los derechos fundamentales de los individuos. En ese sentido, esa interferencia fiscal (cuando no de una política de expropiaciones) supondría un atentado al núcleo de las libertades individuales en sentido negativo que exigen no ser interferidas.

Resulta evidente que, desde la tradición republicana y socialista, debemos oponernos a ese planteamiento pero, desde nuestro punto de vista, la respuesta más sensata no es restar importancia a los derechos fundamentales y las libertades individuales sino denunciar que el planteamiento entero se ampara en *una oposición engañosa* (la que enfrenta libertades positivas y negativas) y *en una confusión interesada* (la que se empeña en no distinguir entre derechos fundamentales y derechos patrimoniales).

4.1. Una oposición engañosa: libertad negativa/libertad positiva

Según la distinción clásica consagrada por Isaiah Berlín, las libertades negativas serían aquellas que permitiesen sin restricción a cada uno "hacer o ser lo que sea capaz de hacer o ser, sin ser interferido por otras personas".[8] En este sentido, serían "libertades negativas" aquellas cuya función se limitase a *impedir* cualquier tipo de interferencia o atentado contra el espacio de libertad e integridad individual de cada uno, tanto de su persona como de su propiedad.

Ahora bien, no hay ni puede haber ninguna restricción en este sentido que no implique, al mismo tiempo, una interferencia *positiva* en el espacio propio de cada sujeto y su propiedad. En efecto, aunque sólo sea porque también los derechos negativos implican la gestión de recursos comunes (para sostener instituciones como unos cuerpos de seguridad, un sistema penitenciario, una administración de justicia, etc.), no hay forma de garantizar ninguna libertad negativa que no pase también por una interferencia en el patrimonio por la vía de impuestos. No sólo los "derechos sociales" o aquellos que implican la provisión de bienes y servicios por parte de las administraciones públicas exigen un

---

[8] Isaiah Berlin, *Four essays on liberty,* Oxford University Press, Oxford, 1969, pp. 121-122.

gasto efectivo de recursos. Por el contrario, cuanto mayor sea la desigualdad y mayores las aspiraciones de las libertades negativas, mayores serán también los medios necesarios para asegurarlas. En este sentido, las libertades negativas se topan (tanto como las positivas) necesariamente con el problema de cómo obtener los recursos necesarios para garantizarlas y, al menos en ese sentido, se ven forzadas a intervenir en el ámbito privado de la propiedad privada por la vía de la recaudación.

No hay, pues, ningún derecho ni garantía (ni negativo ni positivo) que pueda eludir esta cuestión de los recursos y la recaudación tributaria y, por lo tanto, ningún derecho que no implique, como mínimo en ese sentido, la necesidad de tomar decisiones políticas (y hacerlas efectivas con carácter coactivo) *que interfieren de un modo sustancial en el terreno privado de la propiedad individual*.

En este sentido, la decisión *política* de ampliar las garantías de "integridad personal" hasta el punto de asegurar no sólo seguridad sino también, por ejemplo, 2000 calorías diarias, vivienda o acceso a servicios sanitarios no introduce ninguna novedad sustancial (sólo de grado) en lo relativo a la "interferencia" que implica respecto al espacio privado de la renta y el patrimonio.

4.2. Una confusión interesada: derechos fundamentales y derechos patrimoniales

Ahora bien, junto a esta distinción (a nuestro entender engañosa) entre libertades positivas y negativas, el discurso liberal reposa en una confusión (a nuestro entender interesada) entre derechos fundamentales y derechos patrimoniales. En efecto (al menos algunos comunistas) no rechazamos discutir la cuestión a partir del reconocimiento del carácter inalienable (absoluto e incondicionado) de ciertos derechos fundamentales (que remiten, sí, a derechos y garantías *de los individuos* que deben ser respetados con carácter incondicionado).

Pero, a este respecto, creemos que la discusión debe centrarse en qué cabe considerar derechos fundamentales y qué no y, ciertamente, la principal estrategia de los discursos liberales pasa siempre por defender que el derecho de propiedad debe contarse sin duda entre ellos. Sin embargo, como demuestra Ferrajoli de un modo a nuestro entender incontrovertible, el "derecho de propiedad" no reúne los requisitos mínimos que caracterizan a los derechos fundamentales, empezando, evidentemente, por el principal y decisivo de estos requisitos que es, precisamente, el de *la posibilidad de ser derechos para todos por igual*. En efecto, resulta absurdo reclamar como *derecho fundamental* algo que puedo tener yo *sólo a condición de que no lo tenga nadie más* (tal como ocurre con la propiedad sobre bienes materiales). Ciertamente, yo puedo tener un derecho de propiedad sobre las tierras de mi familia, y puede tratarse de un derecho importante, pero no puedo pretender que la *propiedad-sobre-las-tierras-de-mi-familia* constituya un *derecho fundamental,* pues con ello estaría exigiendo que la *propiedad-sobre-las-tierras-de-mi-familia* fuese un derecho *igual para todos,* lo cual es absurdo, dado que el concepto de propiedad ya no significaría nada.

Otra cosa enteramente distinta (y que sí es, como resulta evidente, perfectamente universalizable) es el derecho de los individuos a ser, en general, sujetos del derecho a propiedad. Todos somos posibles sujetos del derecho de propiedad, pero no cabe pretender que, a partir de ahí, se conviertan en "derecho fundamental" las cuestiones relativas al patrimonio en concreto y a las distribuciones patrimoniales de hecho.

Así pues, la textura mínima que define a los derechos fundamentales es su posibilidad de estar asegurados por igual para todos. Y éste puede ser el caso, por ejemplo, de la libertad de expresión, el derecho a recibir asistencia sanitaria o educación y, también, la posibilidad de ser propietario de bienes *en general*. Sin embargo, la propiedad privada sobre esas tierras o aquella renta no puede, por definición, ser universalizada y, por lo tanto, no puede aspirar al rango de *derecho fundamental*. La propiedad sobre un patrimonio concreto puede sin duda constituir un derecho más o menos importante. Pero, insistimos una vez más, *el derecho sobre un patrimonio en concreto sólo se puede tener a condición de que no lo tenga nadie más* y, por lo tanto, puede constituir un derecho, sí, pero no un derecho fundamental en ningún caso, sino sólo un *derecho patrimonial.*

Ahora bien, sin perjuicio de su importancia y del alto grado de garantías que quepa exigir al respecto, se trata necesariamente de un derecho de rango inferior que debe quedar subordinado al cumplimiento efectivo de los derechos fundamentales y, por lo tanto, debe poder ser sometido, por ejemplo, a un *impuesto de patrimonio* si ello resulta necesario para atender a las exigencias de libertad, seguridad, salud, educación o independencia que en cada caso se hayan establecido constitucionalmente como derechos fundamentales.

El planteamiento en realidad no puede ser más sencillo: *si la tutela judicial efectiva es un derecho fundamental, también lo son los medios materiales y las instituciones de garantía necesarias para sostenerla y, por lo tanto, que unas tierras en concreto formen o no parte de mi patrimonio es un derecho importante pero en cualquier caso subordinado al cumplimiento de los derechos fundamentales. Del mismo modo, la garantía de acceso plural a los medios de información, como condición esencial de la deliberación pública y la participación política, debe imponerse en el orden jerárquico sobre el hecho patrimonial de que la cadena sea propiedad privada de éste o aquél particular. Igualmente, si se considera la salud, la educación o 2000 calorías diarias un derecho fundamental, no cabe aducir derechos patrimoniales para impedirlo. En este sentido los derechos fundamentales son todos aquellos respecto a los que no cabe la pregunta de si son viables o no (y mucho menos, claro, si son rentables o no) y respecto a los que la única pregunta posible es quién los paga.*

5. El liberalismo y el intento de reducir el Estado a "nada más que" una herramienta de explotación de clase

Así pues, todo el escándalo con el que alborota el liberalismo radical ante cualquier planteamiento de este tipo y, a partir de ahí, la correspondiente propuesta de "Estado mínimo" que defienden autores como von Mises, Hayek, Nozick o Milton Friedman, se sostiene enteramente, como estamos intentando defender, sobre una distinción engañosa y una confusión interesada.

De hecho, llevando hasta el límite último esa confusión terminaría siendo imposible defender ninguna institución de garantía, ni siquiera las relativas a la protección de los derechos civiles y la seguridad jurídica mínima de los individuos (la vida, la libertad y la propiedad), pues cualquier institución de garantía (también los tribunales, la policía, el sistema penitenciario, etc.) requiere recursos. Y, ciertamente, si el Estado debe limitarse a defender las llamadas "libertades negativas" (es decir, excluyendo por supuesto cualquiera que implique directamente provisión de servicios) y se incluyen como parte de esas libertades las cuestiones patrimoniales (es decir, la defensa en cualquier caso de la estructura de distribución de renta dada), nos encontramos con que, en el límite, no se podría justificar un sistema fiscal ni siquiera para sostener la policía y los tribunales (pues todo sistema fiscal implica detraer coactivamente recursos del patrimonio de los individuos o grupos de individuos libremente asociados -empresas-, lo cual sería ya por sí mismo un atentado a la libertad en sentido negativo).

En cualquier caso, aquí no nos interesan tanto las encrucijadas en las que se encuentran para justificar la necesidad y la legitimidad de las *instituciones de garantía al menos para las libertades negativas* (llegando a coquetear incluso con la idea de sostenerlo todo en donaciones privadas y fondos fiduciarios voluntarios; algo que realmente causa estupor). Lo que nos interesa es ver que todos los defensores del "Estado mínimo" defienden un Estado que, precisamente, se limite *nada más que a las funciones que Marx consideraba propias del Estado como herramienta de dominación de clase*. En efecto, incluso Robert Nozick, que es probablemente el más radical de esta tradición, termina defendiendo la existencia del Estado siempre que se limite a las funciones de protección contra la violencia, el robo, el fraude y la violación de contratos.[9] Es decir, exactamente los elementos que Marx demuestra que hay que sostener para garantizar la eficacia del sistema de explotación de clase. En definitiva, se trata simplemente de garantizar la propiedad (en la estructura de distribución en la que se encuentra *de hecho, como si esa distribución fuese en sí misma un derecho fundamental*) y, a partir de ahí, garantizar la libertad individual sin límites para establecer contratos.

Ahora bien, conviene recordar el mecanismo elemental que Marx localiza por el que, una vez establecida una estructura de propiedad capitalista, basta consagrar la libertad para garantizar la eficacia de la explotación de clase. En efecto, como explica Marx, la negociación laboral en el mercado capitalista se establece siempre sobre el trasfondo de una determinada masa necesaria de población desempleada (a la que Marx denomina "ejército industrial de reserva" y la economía convencional denomina "tasa natural de desempleo"), es decir, una masa estructuralmente

---

[9] *Cfr.* Robert Nozick, *Anarchy, state, and utopia,* Basil Blackwell, Oxford, 1999.

necesaria de población desempleada que, sin embargo, depende a vida o muerte de la obtención de un salario. En estas coordenadas, resulta evidente que la absoluta "libertad individual de contrato" generaría unas condiciones de competencia en las que siempre hay gente dispuesta a trabajar un poco más barato con tal de, al menos, tener un empleo. Siempre. Con independencia de lo barato que se esté ya trabajando. Así pues, *en las coordenadas de un mercado de trabajo capitalista* la "libertad individual sin límites para establecer contratos", si no se interviene sobre las condiciones de la propiedad, implica automáticamente el más eficaz mecanismo de explotación de clase.

6. Algunos ejemplos históricos

A título de ejemplo, puede resultar interesante comentar un par de casos históricos para ilustrar en qué sentido decimos que es exactamente ahí (en el problema de la clasificación jerárquica entre distintos tipos de libertad y en el estatuto jurídico de los derechos de propiedad, es decir, en la cuestión de esa distinción engañosa entre libertades positivas y negativas y esa confusión interesada entre derechos fundamentales y patrimoniales) donde se juega y siempre se ha jugado la confrontación fundamental del republicanismo (y por supuesto del socialismo) con el liberalismo.

En primer lugar, podemos localizar a la perfección ese eje de conflicto en el centro mismo de la Revolución francesa. En esa confrontación histórica, como es lógico, la mayor parte de la atención la ha acaparado el conflicto que enfrenta a las posiciones revolucionarias en general con las fuerzas reaccionarias. Sin embargo, es en el enfrentamiento interno de las fuerzas revolucionarias donde se jugaba la batalla que más actualidad tiene en nuestro contexto político actual. En efecto, desde el comienzo mismo de la revolución entran en pugna dos proyectos alternativos radicalmente incompatibles entre sí.[10] El primero de ellos, encabezado por los seguidores de Turgot y de las ideas de los fisiócratas, representaba ante todo el proyecto liberal de una *sociedad de mercado* en el que la libre iniciativa (económica) individual tenía que ser resguardada con carácter prioritario frente a cualquier otra

---

[10] Sobre este asunto, los trabajos de la historiadora francesa Florence Gauthier resultan realmente esclarecedores.

consideración. Y, en este sentido, los poderes públicos tenían la función prioritaria de preservar ese espacio con toda la violencia que resultase necesaria. Por otro lado, los jacobinos reclamaban la existencia de ciertas funciones políticas que la República no podía dejar de atender (por ejemplo, garantizar el "derecho a la existencia" de toda la población como condición indispensable para su participación ciudadana) incluso si esas funciones exigían realizar interferencias en el espacio privado de la actividad económica.

Este conflicto estalla de un modo transparente a propósito de la libertad de comercio de los bienes de primera necesidad, en particular de los precios del trigo. Ciertamente, la liberalización de los precios del grano era una larga reivindicación de los propietarios para poder subir los precios (tradicionalmente tasados por los poderes municipales) y aumentar con ello el margen de ganancias. Ya en dos ocasiones el Rey había intentado llevar a cabo esta medida liberalizadora, pero terminó desistiendo ante la explosión de motines de subsistencia. Así pues, es finalmente la Asamblea Constituyente (controlada por quienes Florence Gauthier denomina el "partido de los economistas") la que el 29 de agosto de 1789 instaura el principio de la "libertad ilimitada del comercio de los granos" y, poco después, el 21 de octubre, decide militarizar Francia por medio de la "ley marcial" para evitar los motines y revueltas.

Con esta operación, ciertamente, se está lejos de evitar la "intervención" de los poderes públicos. Por el contrario, se trata de un nivel de "intervencionismo militar" realmente apabullante. Sin embargo, el perfil "liberal" de este planteamiento se cifra en un único punto: la intervención (empleando todos los medios y recursos que resulten necesarios) no puede tener más propósito que el de evitar interferencias (emanadas desde instancias de decisión colectiva) en la actividad individual y privada. En este sentido, ese concepto *negativo* de libertad exige que, frente a cualquier posible injerencia política (emanada de ninguna "voluntad unida"), se preserve sin interferencias el espacio de iniciativa individual *de cada uno por separado, incluso si para asegurarlo hay que declarar una dictadura militar.* Por su parte, el planteamiento jacobino es el inverso: hay determinados derechos fundamentales que también son derechos de los individuos (como por ejemplo el derecho a existir), que son derechos que remiten a la integridad personal (tanto como la ausencia de violencia) y que también requieren la gestión de recursos públicos (tanto como la ausencia de violencia). Así, hay determinadas exigencias que se plantean a la República que deben ser atendidas por los poderes públicos *incluso si para ello hay que tomar medidas que interfieren en el espacio individual y privado del patrimonio y la actividad económica.*

Este mismo conflicto puede encontrarse también de un modo nítido en el siglo XX, por ejemplo, en el Chile de Allende y la reacción armada de Pinochet. En efecto, tal como analiza minuciosamente Naomi Klein,[11] la ideología que orienta la dictadura pinochetista está fundamentalmente determinada por el ultraliberalismo económico de Milton Friedman y los denominados "Chicago boys". No es que no opere a la base de este planteamiento un concepto de libertad. Todo lo contrario. A la base de la legitimación ideológica hay operando un concepto *negativo* de libertad a partir del cual *resulta intolerable* la injerencia de decisiones políticas sobre el espacio del patrimonio y la libre actividad económica individual. Desde esta perspectiva, la nacionalización del cobre era considerada un atentado intolerable contra la "libertad" que exigía ser corregido así fuera a través de una sangrienta dictadura militar (y empleando para ello, por supuesto, todos los *recursos materiales* que fueran necesarios). A la inversa, una vez más, el planteamiento de Allende pasa por localizar en la gestión pública de recursos la única vía por la que garantizar a todos, por un lado, las condiciones materiales necesarias para el acceso a la ciudadanía tomando decisiones *con soporte económico* también relativas a sanidad, educación, infraestructuras o lo que se decida en cada caso.

7. Conclusión

Contra la distinción engañosa y la confusión interesada en la que se basa el núcleo de la ideología liberal en lo relativo a la cuestión del Estado, cabría defender lo siguiente como principios fundamentales de un Estado comunista:

1) En primer lugar, claro está, el reconocimiento de un sistema de *derechos fundamentales* que abarquen el conjunto de los aspectos sin los cuales no es posible una vida digna y de participación ciudadana. Y, en este sentido, no podrían dejar de

---

[11] *Cfr.* Naomi Klein, *La doctrina del shock,* Paidós, Barcelona, 2007.

formar parte de los derechos fundamentales cuestiones relativas tanto a las libertades civiles y los derechos de participación política (derechos de 1ª y 2ª generación) como, evidentemente, cuestiones relativas a derechos sociales.

2) En segundo lugar, como es evidente, que *todos los derechos fundamentales* estén protegidos por las correspondientes *instituciones de garantía,* y, por lo tanto, esto implica asegurar los medios materiales necesarios para asegurar de un modo efectivo,

a) tanto los derechos civiles (garantizando realmente principios tan elementales como, por ejemplo, el derecho a la defensa o a no ser víctima de la violencia machista, lo cual pasa antes que nada, por asegurar la gratuidad de la justicia o por neutralizar la dependencia material que une con frecuencia a las mujeres maltratadas con sus maltratadores);

b) como los derechos de participación política, muy especialmente los derechos de organización y libertad de expresión e información, lo cual pasa, por ejemplo, por impedir que los medios de comunicación se rijan por una lógica meramente empresarial en la que los dueños de un puñado de corporaciones pueden contratar y despedir libremente en función de consideraciones ideológicas, de tal modo que, a la postre, se termina entendiendo sólo el derecho a ser expresada la opinión de 6 o 7 magnates; la libertad de información debe en ese sentido tener un nivel de protección y garantías al menos análogo al de la libertad de cátedra de los profesores o la libertad de los jueces; y eso sólo es posible a través del carácter público de las instituciones.

c) y, por supuesto, instituciones de garantía encargadas de asegurar el cumplimiento efectivo de las prestaciones sociales que se haya decidido incluir entre los derechos fundamentales: sanidad, educación, vivienda digna, garantía mínima de ingresos, etc.

Y, evidentemente, hablar de las instituciones de garantía es hablar de la gestión de recursos necesarios para su ejecución.

3) Y, por último, debe no perderse de vista que *si estamos hablando de derechos fundamentales (y de sus correspondientes instituciones de garantía)* es evidente que hablamos de algo que debe quedar fuera del terreno de lo "políticamente decidible" y, por lo tanto, a resguardo de cualquier posible juego de eventuales mayorías y minorías. Es decir, que del mismo modo que ninguna mayoría (por muy mayoritaria que sea) puede decidir suprimir las garantías procesales, tampoco debe poder decidir *no* proteger a una víctima de la violencia machista (poniendo en operación los

medios, y los recursos, que resulten necesarios); igual que en cualquier ordenamiento de derecho ninguna mayoría puede decidir eliminar la libertad de expresión, tampoco hay derecho a que decida no garantizar de un modo efectivo, por ejemplo, los medios para la organización política y la información veraz; o, del mismo modo que no cabe decidir el exterminio de una minoría tampoco debe haber margen para decidir que no cubre necesidades sanitarias.[12]

A partir de aquí, cabría definir un Estado comunista como un Estado democrático en el que los derechos civiles, políticos y sociales básicos no dependan del *impulso político* (o no) de un eventual *gobierno* comunista, sino que se hallen consagrados como tales derechos fundamentales y amparados (con carácter incondicional) por las correspondientes instituciones de garantía.

Bibliografía

Berlin, Isaiah. *Four essays on liberty*, Oxford University Press, Oxford, 1969.

Engels, Friedrich. *Carta a Bebel* (18-28 de marzo de 1875), en *MEW*, 34.

Klein, Naomi. *La doctrina del shock*, Paidós, Barcelona, 2007.

Lenin, Vladimir. *El Estado y la revolución*, en *Obras escogidas,* vol. VII, Progreso, Moscú, 1977.

Losurdo, Domenico. *Stalin*, El Viejo Topo, Barcelona, 2010.

Marx, Karl. *Kritik des Gothaer Programms* (1875), en *MEW*, 19.

Nozick, Robert. *Anarchy, state, and utopia*, Basil Blackwell, Oxford, 1999.

---

[12] Esto es, en definitiva, a lo que remite el "constitucionalismo rígido" de Ferrajoli que establece la necesidad de fijar un ámbito de lo "indecidible que" y lo "indecidible que no" pero no como algo contrapuesto a la democracia, sino como el sistema de garantías básico que debe asegurar todo aquello que sea condición de una vida ciudadana y una participación democrática efectiva.

Fraternidad y democracia en el origen
de nuestra modernidad política

Ricardo Bernal Lugo

Introducción

En la Francia revolucionaria de 1792 la noción robespierrista de *fraternidad* funcionaba como una auténtica metáfora política. Contrario a lo que suele suponerse, la aspiración de una ciudadanía fraternal no era un mero ideal romántico, sino una afortunada figura retórica destinada a abanderar un programa político concreto, a saber: la defensa de la ley como instrumento para combatir la reproducción de las relaciones de dependencia patriarcal en la esfera política y en el ámbito civil.[1] No obstante, los analistas contemporáneos acostumbran ignorar el papel que esta noción tuvo en la construcción del horizonte político moderno por considerarla una expresión estrictamente sentimental o una reivindicación más psicológica que política.[2] Así, comparada con las nociones de libertad e igualdad, la fraternidad estaría desprovista de todo contenido político y, por lo mismo, no formaría parte de los cimientos de nuestras democracias modernas.

Semejante interpretación se encuentra vinculada a un tipo de narrativa bastante peculiar, una narrativa que, sin embargo, ha dominado nuestra cartografía política en los últimos años. Según una idea bastante extendida en el mundo académico, nuestra democracia moderna no sólo habría tomado sus principios básicos de la tradición liberal, sino que lo habría hecho en franca oposición a una especie de democracia popular identificada con el jacobinismo revolucionario. Así, las principales características del liberalismo (división de poderes, principio de representación popular, defensa de la libertad individual y la propiedad privada) se

---

[1] *Cfr*. Antoni Domènech, *El eclipse de la fraternidad*, Crítica, Barcelona, 2004, p. 74 *ss*.

[2] *Cfr*. John Rawls, *A Theory of justice*, Oxford University Press, Oxford, 1971, p. 125.

distinguirían plenamente de los fundamentos de una democracia radical (aclamación popular, prioridad de la voluntad del pueblo sobre los derechos civiles, subordinación de la propiedad privada a la igualdad material) afortunadamente ya superada. Aunque esta concepción de las cosas funciona bastante bien en el marco de una filosofía propensa a las idealizaciones normativas, dista mucho de atenerse a la realidad histórica. De hecho, el liberalismo de los siglos XVIII y XIX no contenía de forma larvada todas las virtudes de la democracia moderna, más bien al contrario, representaba una corriente expresamente antidemocrática incompatible con cualquier visión mínimamente progresista de la democracia contemporánea.[3]

Aunque campeones en la defensa de los derechos civiles, los liberales de los siglos XVIII y XIX se oponían a la intervención del derecho en la llamada "cuestión social" con el mismo fervor con el que rechazaban la universalización de los derechos políticos. La historia del liberalismo está plagada de afirmaciones de autores como Benjamin Constant, François Guizot o John Adams argumentando que, debido a su dependencia material, los miembros de las clases desposeídas se encontraban incapacitados para participar en la esfera pública de manera autónoma. En su gran mayoría, los pensadores liberales sostenían que el sistema jurídico moderno debía limitarse a garantizar la libertad civil de todos los hombres, restringiendo, en cambio, los derechos políticos a aquellos que no dependían de otro para subsistir. La aparición de la noción de fraternidad en el vocabulario político debe entenderse en ese contexto: apelando a dicha noción no se pretendían despertar los impulsos más solidarios de los seres humanos, más bien se intentaba evidenciar la insuficiencia de la libertad -exclusivamente civil- defendida por los sectores liberales de la época. Algo parecido ocurriría medio siglo después cuando los partidarios de la II República francesa reivindicaron la noción de fraternidad para enfrentarse a los ideólogos de la industrialización capitalista, quienes, embozados con las máscaras de la libertad industrial y la

---

[3] Las visiones más progresistas del modelo democrático en la actualidad asumen que la institucionalidad política de una nación, además de sostenerse en el criterio de la voluntad popular, debe responder a la lógica de los derechos humanos, en cuyo seno los derechos económicos, sociales y culturales adquieren cada vez más importancia.

libertad de trabajo, reivindicaban la desregulación jurídica del mercado laboral.

I. Fraternidad en la primera República

La acepción específicamente política del concepto de *fraternidad* sólo resulta comprensible si se toman en cuenta tres factores esenciales en el contexto de la Revolución de 1789: a) la implementación del sufragio censitario fundado en la división entre ciudadanos activos y pasivos; b) el estatuto jurídico de la propiedad en la transición del Antiguo Régimen al primer gobierno revolucionario; y c) las condiciones de marginación y dependencia de los trabajadores provocadas por la ausencia de propiedad en la Francia dieciochesca.

a) *Sufragio censitario*

Seis días después de la toma de la Bastilla, Emmanuel Sieyès defendió la necesidad de establecer una distinción política entre ciudadanos pasivos y ciudadanos activos.[4] El abate francés había presentado los argumentos que justificaban esta posición un mes antes en el Comité Constitucional de la Asamblea Nacional:

Todos los habitantes de un país deberían gozar en él de los derechos de los ciudadanos *pasivos*, todos tienen derecho a la protección de su persona, de su propiedad, de su libertad, etc. Pero no todos tienen el derecho de desempeñar un papel activo en la formación de las autoridades públicas; no todos son ciudadanos *activos*. Las mujeres (al menos en el momento actual), los niños, los extranjeros *y aquellos otros que no contribuyen en nada al sostén del establecimiento público* no deben estar autorizados a influir activamente sobre la vida pública. Todos tienen derecho a gozar de las ventajas de la sociedad, pero sólo aquellos que contribuyen al establecimiento público son

---

[4] *Cfr.* Immanuel Wallerstein, *El moderno sistema mundial IV. El triunfo del liberalismo centrista 1789-1914*, Alianza, México, 2014, p. 209. De hecho, hasta 1848 ninguna corriente política -a excepción, por supuesto, del partido de la Montaña- se atrevió a cuestionarla, a lo mucho habían ensanchado o limitado el umbral de la ciudadanía activa, pero jamás se promovió la desaparición de las fronteras entre ambas denominaciones.

verdaderos accionistas de la gran empresa social. Sólo ellos son ciudadanos activos, verdaderos miembros de la asociación.[5]

Esta distinción fue incorporada a la legislación francesa del 3 de septiembre de 1791, momento en el que la Asamblea Nacional estableció el sufragio censitario mediante un "decreto legal que definía a los ciudadanos activos como aquellos que pagaban un mínimo de tres días de salario como impuesto directo".[6] La justificación de esta medida se sostenía en un razonamiento peculiar, a saber: dado que los no-propietarios dependían de terceros para subsistir se consideraba que su voluntad estaba empeñada hacia ellos. Así, los desposeídos eran presentados como individuos

---

[5] Emmanuel Sièyes, *Escritos y discursos de la Revolución,* Centro de Estudios Políticos y Constitucionales, Madrid, 2007, p. 259. Cursivas nuestras.

[6] I. Wallerstein, *op. cit.*, p. 210. El objetivo era claro: restringir la ciudadanía activa y los derechos políticos a los propietarios. William Sewell intenta matizar esta afirmación señalando que "las exigencias para la ciudadanía activa no eran exactamente requisitos de propiedad" (William Sewell, *Trabajo y revolución en Francia. El lenguaje del movimiento obrero en Francia desde el Antiguo Régimen hasta 1848*, Taurus, Madrid, 1992, p. 194). Su argumento es que, en los hechos, incluso los trabajadores asalariados podían votar pues difícilmente se les pagaba menos de la cantidad de impuestos necesaria valuada en tres días de salario mínimo. Con lo cual, según sus datos, dos tercios de la población de varones en edad de votar tenían la ciudadanía activa. Sin embargo, inmediatamente después señala que, si bien los requisitos para votar eran relativamente suaves, los que se pedían para ser votados eran extremadamente restrictivos, pues: "no servía nadie que no fuera propietario, rentista o usufructuario de una propiedad muy grande" (*Ibid.*, p. 194). Así que, aún si nos atenemos a la consideración de Sewell, acceder a los espacios de decisión pública era un privilegio exclusivo para los grandes propietarios. En todo caso, los ciudadanos no-propietarios sólo tenían derecho a votar por los grandes propietarios. Ahora bien, la medida más o menos "laxa" que estableció un impuesto de tres días de salario para votar únicamente duró un par de años, con el ascenso de los jacobinos al poder se eliminó temporalmente la distinción entre ciudadanía activa y ciudadanía pasiva. Sin embargo, después del golpe a Robespierre la Comisión termidoriana decidió aumentar el aporte fiscal de tres jornadas de trabajo a ¡200! (A. Domènech, *op.cit.*, p. 93). Hacia 1848, siete de cada diez varones estaban excluidos de la ciudadanía activa.

sin independencia para decidir sobre lo que afectaba al ámbito público.[7]

De hecho, el objetivo central de la artificiosa distinción entre la libertad de los antiguos y la libertad de los modernos elaborada por Benjamin Constant unos años después consistía en defender la legitimidad del sufragio censitario.[8] Según el francés, como los asalariados carecían "de las rentas necesarias para vivir independientemente de toda voluntad ajena", "los propietarios [eran] dueños de su existencia ya que [podían] negarles el trabajo".[9] Sin embargo, el hecho de que la condición de dependencia de los

---

[7] En la *Metafísica de las costumbres* el propio Kant había afirmado que la "independencia civil" -esto es: el "no agradecer la existencia y la conservación al arbitrio de otro" (Luis Alegre y Carlos Fernández, *El orden de El capital*, Akal, Madrid, 2010, p. 598)- era condición necesaria para la ciudadanía activa. De donde se deducía que quienes dependían de otro para vivir no podían ser partícipes de la vida política, como los niños, las mujeres, los siervos y los asalariados. En "Sobre el tópico: Esto puede ser correcto en teoría, pero no vale para la práctica", el alemán defendía esta posición sin dejar lugar a ninguna ambigüedad: "La única cualidad exigida para ello [ser *ciudadano*], aparte de la *natural* (no ser niño, ni mujer) es la de que uno sea *su propio señor* (*sui iuris*) y, por tanto, tenga alguna *propiedad*" (Immanuel Kant, *En defensa de la Ilustración*, Alba Editores, Barcelona, 1999, p. 266). El mismo argumento era sostenido por John Adams en América: "Los hombres en general, de cualquier sociedad, que están totalmente desposeídos de tierra conocen tan poco los asuntos públicos que no pueden opinar rectamente, y dependen tanto de otros hombres que carecen de una voluntad propia. Hablan y votan tal y como les recomienda algún hombre rico que ha moldeado sus mentes para que defiendan sus intereses de propietario" (citado en Félix Ovejero, *Incluso un pueblo de demonios: democracia, liberalismo, republicanismo*, Katz, Madrid, 2008, p.125).

[8] La "Conclusión práctica" del famoso artículo de Constant era transparente: "Resulta de lo que acabo de exponer que nosotros no podemos ya gozar de la libertad de los antiguos, la que comprendía la participación activa y constante al poder colectivo. Nuestra libertad se debe componer del goce pacífico de la libertad privada".

[9] Citado en Domenico Losurdo, *Contrahistoria del liberalismo*, El Viejo Topo, s/l, 2005, p. 189. De hecho, siguiendo el argumento de Constant se presentó una propuesta para el proyecto de la Constitución de Apatzingán, en México, donde se perfilaba la posibilidad de prohibir los derechos democráticos a los no propietarios. *Cfr.* Jesús Reyes Heroles, *El liberalismo mexicano I*, FCE, México, 2007, p. 326.

trabajadores impidiera su acceso a la vida política, no significaba que se atentara contra su libertad (moderna), pues ésta poco tenía que ver con los derechos de participación política.

Así, con el decreto del 3 de septiembre de 1791 la Revolución francesa asumía una peculiar interpretación de la modernidad, misma que la presentaba como un proyecto político en el que era posible llamar ciudadanos libres a individuos dependientes sin derechos políticos.

b) *La propiedad en 1789*

Como ha analizado William H. Sewell, durante el Antiguo Régimen existían al menos cuatro tipos de propiedad: la propiedad privada absoluta, la propiedad privada regulada para satisfacer el bien público, la propiedad de los cargos públicos y, finalmente, un conjunto de derechos que eran considerados semipropiedades, como las prerrogativas y las distinciones hereditarias.[10] La noche del 4 de agosto de 1789 se redefinió el derecho de propiedad en Francia reduciendo su significado a "la posesión de cosas por individuos", esta transformación se formalizó en la primera versión de la *Declaración de los derechos del hombre y del ciudadano*. En ella, la propiedad (recién limitada a su carácter de propiedad privada absoluta) se incorporaba al catálogo de derechos naturales del hombre junto a la libertad, la seguridad y la resistencia a la opresión.

Sin duda, cabía esperar que la Revolución de 1789 acabara con la propiedad de los cargos públicos y las prerrogativas, puesto que contradecían la aspiración ilustrada de una verdadera igualdad jurídica; sin embargo, la eliminación de la propiedad privada que tenía como restricción la satisfacción del bien público obedecía a una visión bastante peculiar de la organización social. A finales del siglo XVIII un conjunto de ideas habituales en el escenario intelectual de Gran Bretaña comenzaron a cobrar fuerza entre la burguesía ilustrada francesa,[11] quizá la más importante de ellas consistía en afirmar que "incrementando la libertad y el bienestar privado de todos los ciudadanos, liberando a los ciudadanos para desarrollar y mantener sus personas y propiedades como su

---

[10] *Cfr.* W. Sewell, *op. cit.*, pp. 167-168.

[11] *Cfr.* Neil Davidson, *Transformar el mundo*, Ediciones Pasado y Presente, Barcelona, 2013, p. 114.

soberana razón individual juzgara mejor",[12] era posible obtener el mayor beneficio social posible, evitando así cualquier intento de coordinación colectiva por parte del Estado.[13]

Esta seductora hipótesis teórica tenía consecuencias prácticas notablemente dispares. En los hechos, el desarrollo de las grandes granjas para el monocultivo cerealero favorecía la expropiación del campesinado.[14] De manera que la liberación de las restricciones a la propiedad se presentaba como el escenario perfecto para el ascenso de los grandes propietarios y la subordinación de los campesinos desposeídos. Además, en el contexto francés, la re-definición de la propiedad como propiedad privada ilimitada le abría de lleno el terreno a prácticas de acaparamiento y espe-culación en el mercado de los bienes de subsistencia, tal como efectivamente ocurrió en 1792 durante la llamada Guerra de los cereales. En esas circunstancias, la libertad irrestricta en el manejo de las grandes propiedades no sólo no garantizaba el bienestar de toda la sociedad, sino que amenazaba la subsistencia misma de los trabajadores del campo y su independencia respecto a los grandes propietarios.[15]

---

[12] W. Sewell, *op. cit.*, p. 191.

[13] En 1790, apenas un año después de que la Revolución hubiera iniciado, Condorcet publicó un resumen de *La riqueza de las naciones* en francés (N. Davidson, *op. cit.*, p. 115). Aunque los estudiosos de Smith han mostrado que el escocés no era un dogmático defensor del mercado que renunciaba por principio a cualquier intervención del Estado, también es cierto que los lectores de finales del siglo XVIII y XIX quedaron bastante impactados por la idea, insoslayable en el libro de Smith, de que la acción individual es mucho más eficaz que la coordinación colectiva para obtener el bienestar público. Desde luego, el contexto de la Francia dieciochesca no era el que Smith había imaginado para una situación semejante, además de ello la parcialidad con la que fue retomado su texto principal tuvo mucho que ver con que posteriormente se le identificara con el liberalismo económico más dogmático.

[14] *Cfr.* Florence Gauthier, "Soberanía, república, democracia y derechos son bienes comunes de todos los pueblos libres". Consultado el 29/07/2015 en: http://www.sinpermiso.info/textos/soberana-republica-democracia-y-derecho s-son-bienes-comunes-de-todos-los-pueblos-libres.

[15] La idea de que bastaba mayor libertad individual para enfrentar los problemas sociales fue igualmente utilizada con el fin de justificar la famosa ley de Le Chapelier, la cual prohibía las corporaciones de trabajadores de oficio y desarmaba cualquier forma de protección ante sus patrones (Albert

c) *Pobreza y dependencia*

Como hemos visto, los objetivos de la *Declaración de los derechos del hombre y del ciudadano* encontraban sus propios obstáculos en una concepción de la propiedad que perpetuaba la desigualdad y la dependencia de los trabajadores. No se trataba, sin embargo, de cualquier forma de desigualdad, sino de una tan profunda que comprometía la subsistencia misma de los no propietarios. En efecto, tanto en el ámbito rural como en el urbano, la dependencia de los sectores más desfavorecidos respecto a los grandes propietarios ponía en juego la vida misma de los primeros. En *Pobreza y capitalismo en la Europa preindustrial* Catharina Lis y Hugo Soly ofrecen un panorama esclarecedor de esas circunstancias:

> [los trabajadores rurales] no poseían tierras o tenían demasiado poca para mantener una familia, y sus insignificantes ingresos dependían de numerosas incertidumbres. Una mala cosecha ponía los precios de los alimentos en las nubes y disminuía la demanda de mano de obra agrícola, de modo que el presupuesto quedaba doblemente afectado. En la mayoría de los casos, una seria carestía ocasionaba el colapso de la manufactura textil, con el resultado de que todos aquellos que vivían de la industria doméstica se enfrentaban al subempleo o al desempleo total.[16]

Las cosas no eran muy diferentes para el incipiente conjunto de asalariados que trabajaba en las urbes:

> El asalariado urbano se extendía de igual modo [...] En vísperas de la Revolución Francesa, los asalariados representaban

---

Soboul, *Revolución francesa*, Tecnos, Madrid, 1983, p. 125). Ciertamente, las relaciones que tenían lugar en el interior del mundo corporativo distaban mucho de garantizar la libertad y la igualdad a la que aspiraba la Revolución, sin embargo, la eliminación de las corporaciones volvía a los trabajadores aún más dependientes de los patrones y menos capaces de organizarse contra las injusticias. Todo ello en una época donde, como ha analizado con detalle Robert Castel, la única protección de los trabajadores era su adscripción gremial (Robert Castel, *El ascenso de la incertidumbre*, FCE, México, 2010, pp. 61-64).

[16] Catharina Lis y Hugo Soly, *Pobreza y capitalismo en la Europa preindustrial (1350-1850)*, Akal, Madrid, 1982, p. 191.

un 48 por 100 de los habitantes de Troyes, un 50 por 100 en Nantes y un 60 por 100 en Elbeuf. La pobreza de esta categoría es difícilmente discutible. En Elbeuf, hacia 1790, los asalariados representaban únicamente el 8 por ciento de los propietarios y controlaban juntos apenas el 4 por 100 de la riqueza total. Por la misma época, cerca de la mitad de la población de Toulouse no poseía nada al casarse, excepto muebles y otros bienes hogareños de poco valor. Sus herencias indican que la vida matrimonial de las clases bajas, rara vez o nunca, les permitía mejorar su situación material. Por el contrario, la mayoría de los asalariados sólo dejaban deudas, y aquellos que sorprendían a sus herederos con un excedente, disponían en conjunto menos del 1 por 100 de la riqueza.[17]

Sin embargo, el asalariado urbano no poseía la capacidad organizativa que adquiriría medio siglo después. En su gran mayoría, la población francesa estaba compuesta por hombres y mujeres ligados al mundo rural pero carentes de toda propiedad, un sector que, además de ver su existencia constantemente amenazada por las turbulencias económicas, se encontraba relegado de la esfera política. No resulta difícil comprender que, al detonar la Revolución de 1789, sus reivindicaciones libertarias se centraran en la regulación de las ingentes e ilegítimas diferencias de propiedad existentes en la época, pero también que vieran en la ampliación de derechos políticos la herramienta necesaria para llevar a cabo ese objetivo.

La aparición del jacobinismo radical en la escena política de Francia debe entenderse en ese contexto peculiar. Antes de que la Asamblea Constituyente instaurara el sufragio censitario, el diputado Maximilien Robespierre se opuso frontalmente a la división entre ciudadanos activos y pasivos con las siguientes palabras:

Todos los ciudadanos, sean quienes sean, tienen derecho a aspirar a todos los grados de representación. No hay nada más conforme a vuestra Declaración de derechos, ante la cual todo privilegio, toda distinción, toda excepción deben desaparecer. La Constitución establece que la soberanía reside en el pueblo, en todos los individuos del pueblo. Cada individuo tiene, pues, el derecho de contribuir a la ley por la cual él está obligado, y a

---

[17] *Idem.*

la administración de la cosa pública, que es suya.[18] *Si no, no es verdad que los hombres son iguales en derechos, que todo hombre es ciudadano* [...] cada ciudadano tiene el derecho de contribuir a la ley, y a partir de ahí, el de ser elector o elegible, sin distinción de fortuna.[19]

Como Robespierre, los revolucionarios radicales del siglo XVIII denunciaban la falsa igualdad jurídica que se les quería imponer a través de la distinción entre ciudadanos activos y pasivos. Hacia 1790 Marat, fundador del influyente periódico *L'amie du peuple*, afirmaba: "Ya vemos perfectamente, a través de vuestras falsas máximas de libertad y de vuestras grandes palabras de igualdad, que, a vuestros ojos, no somos sino la canalla".[20] Frente a este simulacro de libertad e igualdad, el jacobinismo defendía la extensión total de los derechos políticos, pero, al mismo tiempo, hacía descansar esta exigencia en un programa destinado a abatir las inmensas desigualdades materiales existentes en la Francia de la época.[21]

---

[18] Compárense los usos retóricos del discurso de Sieyés con el discurso de Robespierre, mientras aquél compara el orden público con una gran empresa en la que sólo los accionistas pueden participar de las decisiones, éste habla de la República como una institución jurídica en la que la ley sirve como instrumento de igualación social.

[19] Maximilien Robespierre, *Por la felicidad y por la libertad. Discursos,* El Viejo Topo, s/l, s/a, p. 25. Cursivas nuestras.

[20] Citado en A. Domènech, *op.cit.,* p. 12. Aunque en circunstancias distintas, algo semejante ocurría con el incipiente movimiento obrero inglés, el cual exigía la instauración del sufragio universal como una de las vías para enfrentar la falsa libertad de la que el régimen inglés se vanagloriaba, mientras los trabajadores debían soportar una vida de penurias (E. P. Thompson, *La formación de la clase obrera,* t. I, Crítica, Barcelona, 1989, p.71 *ss*).

[21] Esto, sin embargo, no se debía a que los jacobinos valoraran la igualdad material por encima de la libertad individual, como parece sugerir Hannah Arendt en su famosa comparación entre la Revolución francesa y la Revolución norteamericana (Hannah Arendt, *Sobre la Revolución*, Alianza, Madrid, 2006), sino a las circunstancias históricas del momento y al particular ordenamiento que el espacio discursivo tenía entonces. En efecto, dado que la justificación del exilio de la esfera política sufrido por las clases desposeídas se fundaba en su dependencia material, se volvía necesario combatir los resortes de esa dependencia para ampliar los derechos políticos a todos los hombres.

Ahora bien, a pesar de plantearse la lucha contra las formas de dependencia material como su objetivo central, el proyecto jacobino no buscaba la abolición de la propiedad privada.[22] En su famosa alocución del 24 de abril de 1793, Robespierre propuso importantes modificaciones a la *Declaración de los derechos del hombre y del ciudadano* de 1789. Desde su perspectiva, la *Declaración...* aprobada durante el periodo girondino no garantizaba el acceso a la propiedad como un derecho para todos los ciudadanos, más bien había sido diseñada para favorecer a los grandes propietarios:

> En définissant la liberté, le premier de biens de l'homme, le plus sacré des droits qu'il tient de la nature, vous avez dit avec raison qu'elle avait pour bornes le droits d'autrui: pourquoi n'avez-vous pas appliqué ce principe à la propriété, qui est une institution sociale? [...] Vous avez multiplié les articles pour assurer la plus grande liberté à l'exercice de la propriété, et vous n'avez pas dit un seul mot pour en déterminer le caractère légitime; de manière que votre déclaration paraît faite, non pour les hommes, mais pour les riches, les accapareurs, pour les agioteurs et pour les tyrans.[23]

Ante lo cual, el francés se limitaba a proponer un par de adiciones para limitar la ampliación de la propiedad en los casos en que ésta interfiriera con los derechos de terceros:

> II. Le droit de propriété est borné, comme tous les autres, par l'obligation de respecter les droits d'autrui.
> III. Il ne peut préjudicier ni à la sûreté, ni à la liberté, ni à l'existence, ni à la propriété de nos semblables.[24]

Con estas reformas Robespierre no intentaba "nivelar" las condiciones materiales de toda la ciudadanía, sino combatir la

---

[22] Robespierre lo afirmaba de manera nítida: "Tenemos propiedades para poder vivir. No es cierto que la propiedad se oponga a la subsistencia del hombre" (Citado en Marc Bouloiseau, *La República jacobina. 10 de agosto 1792-9 de termidor año II*, Ariel, Barcelona, 1980, p. 51).

[23] M. Robespierre, *Discours sur la religion, la République, l'esclavage*, Éditions de l'aube, s/l, 2013, p. 69.

[24] *Idem.*

extrema desproporción de las riquezas[25] para asegurar que incluso la "canalla" pudiera vivir dignamente:

> Il ne fallait pas une révolution, sans doute, pour apprendre à l'univers que l'extrême disproportion des fortunes est la source de bien des maux et de bien de crimes ; mais nous n'en sommes pas moins convaincus que l'égalité de biens est une chimère [...] ils s'agit bien plus de rendre la pauvreté honorable.[26]

"Volver honorable la pobreza": así podría resumirse el objetivo del jacobinismo radical. Semejante frase condensaba las aspiraciones de todo un proyecto político, a saber: el de una República capaz de combatir esa peculiar forma de desigualdad que volvía dependientes serviles a los menos favorecidos. Y es que, a pesar de que el Antiguo Régimen había sido abolido formalmente, a finales del siglo XVIII las clases subalternas seguían acorraladas en un infinito círculo vicioso: como no eran propietarias debían someter su voluntad a un tercero para subsistir, con lo cual veían cancelado su acceso a la vida política; sin embargo, como tampoco eran activas políticamente estaban imposibilitadas para influir en las decisiones del poder. Así, por dondequiera que se mirara su búsqueda para revertir las circunstancias que los mantenían en la miseria se encontraba neutralizada dentro del marco jurídico posrevolucionario. Para acabar con este círculo vicioso, el jacobinismo radical defendía la implementación de disposiciones económicas[27] destinadas a

---

[25] Esta idea se encuentra literalmente en el informe Courtois donde se afirma que Robespierre "buscaba la nivelación de la sociedad mediante la extinción de la riqueza y la ruina del comercio". Sin duda, se comprende bien que tanto la aristocracia de la época, como los grandes propietarios, acostumbrados a la tolerancia del Antiguo Régimen ante el acaparamiento de la propiedad, interpretaran las modestas propuestas de Robespierre como un atentado a sus privilegios.

[26] M. Robespierre, *Discours sur la religion...*, p. 67.

[27] La propuesta de Declaración de los derechos del hombre y del ciudadano escrita por Robespierre en 1783 establece en su artículo X que: "La sociedad está obligada a proporcionar medios de subsistencia a todos sus miembros, sea procurándoles trabajo, sea asegurándoselos directamente a los que no están en condiciones de trabajar".

garantizar la existencia material de los desposeídos.[28] Semejantes disposiciones iban desde la implementación de un impuesto progresivo[29] hasta el respaldo a las demandas del movimiento campesino, el cual luchaba por anular los excesivos cobros de los grandes propietarios rentistas a quienes se les pagaba por trabajar tierras consideradas como propiedad comunal tan sólo unas décadas atrás.

Sin embargo, la posición que mejor expresa el objetivo político del jacobinismo radical es la defendida por Robespierre ante la legislación comercial vigente en 1792. Durante el periodo girondino, la Asamblea Constituyente aprobó una ley que permitía la libertad ilimitada en el comercio de granos;[30] sin embargo, los efectos de estas medidas fueron tan nocivos que en el otoño de 1792 tuvieron lugar varios motines contra los acaparadores de trigo.[31] El 2 de diciembre de ese mismo año Robespierre criticaba los planteamientos económicos adoptados por el ala girondina con el siguiente argumento:

---

[28] En esta materia, el proyecto de Robespierre se encontraba totalmente alejado de la acusación de proto-estalinismo que se le haría siglo y medio después. La lectura revisionista de la Revolución francesa homologó la figura de Robespierre con la de Stalin en el siglo XX; sin embargo, los trabajos de historiadores como A. Mathiez, David P. Jordan y, más recientemente, Florence Gauthier, han desacreditado por completo esta versión, incluso un estudio nada benévolo con el jacobinismo como el de Marc Bouloiseau da cuenta de las circunstancias específicas a las que tuvo que enfrentarse la República jacobina en un contexto de asedio permanente.

[29] Robespierre defendía la instauración de un impuesto progresivo para financiar las despensas públicas, incluso propuso un artículo donde se exoneraba de este impuesto a los ciudadanos cuyas rentas no excedieran sus necesidades, mientras que "les autres doivent les supporter progressivement selon l´entendue de leur fortune" (M. Robespierre, *Discours sur la religion...*, p. 70).

[30] Esta ley se encontraba inspirada en los análisis de Turgot. A pesar de no implicar todas las consecuencias del liberalismo económico posterior, esta ley hacía que bienes de primera necesidad carecieran de cualquier control social.

[31] Ante estos disturbios, la respuesta del gobierno consistió en implementar una ley marcial para sofocarlos. Robespierre se refirió a estas medidas de la siguiente manera: "Libertad indefinida de comercio y bayonetas para calmar la alarma o para oprimir el hambre. Tal fue la política alabada por nuestros primeros legisladores" (M. Robespierre, *Por la felicidad...*, p.156).

Los autores de la teoría [de la libertad indefinida de comercio] no han considerado los artículos de primera necesidad más que como una mercancía ordinaria, y no han establecido diferencia alguna entre el comercio del trigo, por ejemplo, y el del añil. *Han disertado más sobre el comercio de granos que sobre la subsistencia del pueblo. Y al omitir este dato en sus cálculos, han hecho una falsa aplicación de principios evidentes para la mayoría*; esta mezcla de verdades y falsedades ha dado un aspecto engañoso a un sistema erróneo.[32]

Más adelante afirmaba:

El sentido común, por ejemplo, indica que [...] los artículos que no son de primera necesidad para la vida pueden ser abandonados a las especulaciones más ilimitadas del comerciante. La escasez momentánea que pueda sobrevenir siempre es un inconveniente soportable. Es suficiente que, en general, la libertad indefinida de ese negocio redunde en el mayor beneficio del estado y de los individuos. Pero la vida de los hombres no puede ser sometida a la misma suerte. No es indispensable que yo pueda comprar tejidos brillantes, pero *es preciso que sea bastante rico para comprar pan para mí y para mis hijos*. El comerciante puede guardar en sus almacenes, las mercancías que el lujo y la vanidad codician, hasta que encuentre el momento de venderlas al precio más alto posible. Pero ningún hombre tiene el derecho a amontonar el trigo al lado de su semejante que muere de hambre.[33]

No obstante, la defensa de las restricciones a las grandes propiedades y al comercio de los bienes de subsistencia no respondía a una supuesta prioridad de lo colectivo sobre lo individual, sino a las circunstancias particulares de un mundo en el que la implementación de cierta visión de la libertad -entendida como libertad indefinida de comercio- y cierta concepción de la propiedad -entendida como propiedad ilimitada- terminaban perpetuando la dependencia material de buena parte de la

---

[32] *Ibid.*, pp. 156-157. Cursivas nuestras.
[33] *Ibid.*, p.157. Cursivas nuestras.

población.[34] Como Emmanuel Sieyès o Benjamin Constant, Robespierre defendía la libertad de los individuos y la igualdad de derechos sobre los privilegios minoritarios, pero, a diferencia de ellos, consideraba que la realización de estos ideales dependía de la capacidad de la sociedad para impedir que la subsistencia de los hombres estuviera supeditada a las necesidades de los grandes propietarios.

Esto último implicaba asumir que, como la propiedad, la libertad o la seguridad, la existencia misma era un derecho imprescriptible, un derecho sin el cual todos los demás carecían de razón de ser:

> ¿Cuál es el primer objetivo de la sociedad? *Es mantener los derechos imprescriptibles del hombre.* ¿Cuál es el primero de estos derechos? El derecho a la existencia.
>
> La primera ley social es pues la que garantiza a todos los miembros de la sociedad los medios de existir. Todos los demás están supeditados a éste.[35] La propiedad no ha sido garantizada para otra cosa que para cimentarlo. Se tienen propiedades, en primer lugar, para vivir. No es cierto que la propiedad pueda oponerse jamás a la subsistencia de los hombres.[36]

---

[34] Tampoco es verdad que esas medidas valoraran la felicidad del pueblo como algo superior a la libertad individual, ni una etérea voluntad popular por encima del derecho, como afirma Arendt en su obra ya citada (p. 152 *ss*).

[35] Aquí, el intento conceptual de distinguir entre una libertad negativa y una libertad positiva sólo sirve para encubrir las evidencias históricas. En el fondo, de lo que se trataba era de una concepción de los derechos de propiedad privada carente de toda limitación, incluso cuando se pusiera en riesgo la existencia de los no-propietarios, frente a quienes defendían, no la eliminación del derecho de propiedad privada, sino su limitación en casos concretos. Cursivas nuestras.

[36] M. Robespierre, *Por la felicidad...*, pp.157-158. Cuando en 1793 el derecho a la existencia fue incorporado a la *Declaración de los derechos del hombre y del ciudadano*, no sustituyó la garantía de propiedad, ni la libertad de prensa y de asociación, mucho menos el derecho a resistencia ante la opresión. De hecho, como el propio Locke había defendido un siglo atrás, el carácter fundamental del derecho a la propiedad descansaba en su capacidad para asegurar la subsistencia y la libertad de los hombres en tanto no dependientes a ningún tercero. Otra cosa muy distinta es que la aristocracia rentista de la época y la naciente burguesía quisieran defender ese derecho restringiendo su significado al de *derecho a la propiedad patrimonial*

Ahora bien, al sortear los obstáculos económicos que perpetuaban la dependencia material de los desposeídos, el derecho a la existencia también garantizaba su acceso a la esfera política. Así, el núcleo del proyecto jacobino-fraternal yacía en la correlación de ambos elementos: no se podía ser ciudadano libre con derechos políticos sin enfrentar las causas de la dependencia material, pero tampoco se podían enfrentar esas causas sin extender los derechos políticos a las clases desposeídas.

La incorporación de la palabra *fraternidad* a los principios de libertad e igualdad intentaba evidenciar la distancia existente entre el proyecto popular republicano y la supuesta libertad (moderna) instaurada desde 1789. Una libertad que, como ya hemos dicho, les había sido otorgada a todos los ciudadanos por igual a pesar de clausurar el acceso a la vida política de un importante sector de los mismos. Para evidenciar esta circunstancia, Robespierre echó mano de una metáfora anclada en el mundo familiar:[37] la relación de los pobres respecto a los propietarios podía compararse con la situación de *heteronomía* que vivían los hijos respecto a sus padres. Una verdadera revolución popular, por el contrario, debía procurar relaciones de *isonomía* parecidas a las existentes entre hermanos (en latín *frater*).

De este modo, cuando a finales del siglo XVIII el jacobinismo radical hablaba sobre una República *fraternal* no

---

específica de los actuales propietarios. Sólo desde esa perspectiva podía defenderse que la redistribución de la tierra iniciada por el ala jacobina con el fin de universalizar los derechos de propiedad era un atentado contra estos últimos.

[37] De hecho, la remisión al ámbito familiar ni siquiera era una metáfora propiamente dicha. En los hechos, hasta antes de la Revolución las clases subalternas únicamente estaban sujetas al *derecho de familia* pues no eran susceptibles de derechos civiles y mucho menos de derechos políticos. Incluso, si se leen con atención las primeras páginas del *Segundo ensayo sobre el gobierno civil* establecen una distinción radical entre la ley política y la ley de familia, lo cual muestra hasta qué punto la crítica a los gobiernos absolutistas se fundaba en la ilegítima extensión que los monarcas hacían del poder autoritario familiar al mundo político. A pesar de que Locke distingue entre estos dos ámbitos señala que hay quienes legítimamente son sujetos de derecho familiar, a saber: las mujeres, los niños y los siervos. Es decir, aquellos que dependen de un tercero ya sea por su minoría de edad, por la naturaleza o por la falta de propiedad (*Cfr.* John Locke, *Segundo tratado sobre el gobierno civil*, Alianza, Madrid, 2004, p. 76).

hacía alusión a una utopía romántica, sino a una comunidad política capaz de incluir a las clases subalternas en el ámbito público cortando los lazos de su dependencia patriarcal.[38] Ahora bien, la inclusión igualitaria de todos los ciudadanos en la esfera política -y con ella, la abolición de la división artificial entre una libertad de los antiguos y una libertad de los modernos- era la única vía por la cual la soberanía podía dejar de pertenecer a una minoría favorecida por su acceso a la propiedad para residir efectivamente en el *pueblo* en su conjunto. No era ninguna casualidad que en pleno periodo revolucionario la única corriente identificada con la *democracia* fuera el jacobinismo radical,[39] pero tampoco que los participantes del movimiento *democrático* en la Inglaterra monárquica de principios del siglo XIX fueran considerados como una versión inglesa del jacobinismo.[40]

Así, el proyecto *fraternal* de los jacobinos robespierristas era inseparable del principio democrático[41] que hacía descansar la

---

[38] En palabras de Domènech, "fraternidad implica potencialmente la entrada en la ley civil, es decir, la libertad/igualdad de todos los domésticamente subalternos: esclavos, criados, clientes, oficiales, aprendices, obreros sometidos a patrón [...]". (A. Domènech, *op. cit.*, p. 87).

[39] Además, desde luego, de los *sans-culottes*. Sin embargo, con todos sus conflictos internos, el movimiento *sans-culotte* encontró en los jacobinos un aliado en el proyecto de implementar una República democrática.

[40] E.P. Thompson, *op. cit.*, p.160 *ss*.

[41] Sin duda, a buena parte de los actuales estudiosos de la democracia le parecerá chocante ver involucrado al tan desprestigiado Robespierre en un concepto que hoy está rodeado del más absoluto prestigio. En efecto, los modernos análisis sobre la democracia no acostumbran incluir al Incorruptible entre las páginas de sus textos. Al parecer, esto se debe a que, al hablar de democracia, el francés se refería a algo esencialmente distinto a lo que actualmente entendemos por ella. Desde esta perspectiva, nuestra democracia no debería mucho a la tradición jacobina, aunque sí a la tradición liberal. Al respecto véase el caso paradigmático de Edoardo Grebo en su historia conceptual sobre la democracia (*Democracia*, Nueva Visión, Buenos Aires, 2002). Antes de despachar en media página la democracia republicana robespierrista por considerarla incompatible con la democracia formal hace esta asombrosa afirmación: "A pesar de que el liberalismo de los modernos y la democracia de los antiguos a menudo han sido considerados alternativos, el camino a la democracia moderna no está en absoluto en contraste con el liberalismo. Por el contrario, *éste puede considerarse la prosecución natural de aquélla*" (cursivas nuestras, p. 11). A Greblo parece importarle poco que,

autoridad del gobierno en el *pueblo*.[42] Sin embargo, este vínculo no se fundaba en una especie de prioridad de la voluntad popular sobre el orden institucional[43] -como ha interpretado buena parte de la tradición liberal-,[44] sino en la inclusión de quienes hasta entonces habían sido excluidos de la esfera política en condiciones de igualdad jurídica e independencia civil. Fraternidad y democracia eran, por tanto, principios inseparables entre sí y opuestos a

---

por lo menos hasta mediados del siglo XIX, la casi absoluta mayoría de quienes se autoproclamaban liberales eran expresamente contrarios a la democracia. Con notables excepciones, la situación cambió muy poco hasta finales del siglo XIX. Si se observa con atención, la coherencia misma de los planteamientos liberales en la primera mitad del siglo XIX sólo podía sostenerse en la medida en la cual se desmarcaban conscientemente de cualquier aspiración democrática.

[42] Es decir, en la capacidad de insertar a todos en el ámbito de la ciudadanía activa.

[43] En un periodo tan turbulento como el de 1794, Robespierre definía la democracia de la siguiente manera: "La democracia es el Estado en el que el pueblo soberano, *guiado por las leyes, que son su obra*, hace por sí mismo todo lo que es capaz de hacer, y mediante delegados todo lo que no puede hacer por sí mismo", citado en Irene Castells Olivan, *La Revolución francesa (1789-1799)*, Editorial Síntesis, Madrid, 1997, p.183. Cursivas nuestras.

[44] Según una idea que se ha vuelto dominante, nuestra democracia actual, formal y representativa, provendría de la tradición liberal. De esta tradición habría tomado sus principios básicos: la división de poderes, el respeto a los derechos civiles y el imperio de la legalidad. En oposición a ella, habría una *democracia directa* que en la aclamación popular, la defensa de los derechos colectivos y la superioridad de la voluntad del pueblo respecto a la ley, tendría sus principales características. Semejante división ha sido perpetuada por buena parte del pensamiento marxista. Ahora bien, esta visión de las cosas, más o menos generalizada, dista mucho de atenerse a la realidad. Los girondinos de finales del siglo XVIII no eran una especie de proto-demócratas, eran expresamente antidemócratas; de igual forma, los autodenominados demócratas jacobinos tampoco eran una especie de proto-totalitarios. Lo que oponía a unos y otros no era la defensa de las instituciones de democracia formal en una época donde la democracia formal no había sido conceptualizada, sino el proyecto económico que defendían y la posición que mantenían respecto al sufragio universal y sus posibles consecuencias, unas consecuencias sobrevaloradas entonces por ambos sectores.

la interpretación restrictiva de la modernidad política encumbrada por el naciente liberalismo.[45]

II. Fraternidad en 1848

En los años que siguieron al 9 de termidor, el recuerdo del jacobinismo radical quedó reducido a una sola palabra: Terror. Tuvieron que pasar más de tres décadas para que el proyecto republicano-fraternal comenzara a remontar[46] los estigmas de la desprestigiada figura de Robespierre.[47] Durante la Revolución de

---

[45] En palabras del catalán: "*Democracia* [...] llegó a significar a partir de 1792 la pretensión de universalizar la libertad republicana, de lograr una sociedad civil, no sólo que incorporara a todos, sino en la que todos fueran plena y recíprocamente libres, es decir iguales en el viejo sentido republicano de la palabra. Una sociedad civil en la que todos fueran *sui iuris,* en la que todos fueran ciudadanos activos [...]. Una sociedad civil en la que todos tuvieran asegurado su derecho a la existencia, sin necesidad de dependencias patriarcales o neopatriarcales. Democracia era, pues, fraternidad y fraternidad democracia" (A. Domènech, *op. cit.*, p. 92).

[46] En 1828, por ejemplo, se publicó *La conspiración por los iguales de Babeuf,* donde se narraba el fallido intento de levantamiento contra el Directorio termidoriano ocurrido en 1796: frente al régimen de exclusión y privilegios que se había impuesto con la derrota jacobina, los conspiradores buscaban reinstaurar una República democrática y social. Véase la introducción de Gareth Stedman Jones a la edición del *Manifiesto comunista* del FCE (México, 2007, p. 19 *ss*).

[47] Como señala David P. Jordan, la leyenda negra de Robespierre inició con el informe de la Comisión de los Doce durante el gobierno termidoriano. El autor del documento, E. B. Courtois, entregó el informe el 5 de enero de 1795, después fue publicado por los termidorianos. Los primeros detractores de Robespierre se basaron en ese documento para presentar la imagen de alguien que traicionó a la clase de los "hombres decentes" intentando extinguir la riqueza y el comercio. De forma más que comprensible, los autores de la muerte de Robespierre querían legitimar la contrarrevolución termidoriana, cosa que en buena medida lograron con el informe Courtois (D. P. Jordan, *Robespierre. El primer revolucionario*, Javier Vergara Editor, Buenos Aires, 1986, p. 25 *ss*). Sin embargo, resultan menos comprensibles desde el punto de vista historiográfico las razones que llevaron a muchos historiadores del siglo XX a tomar como única fuente un texto a todas luces unilateral fabricado con fines políticos. En 1832, el socialista romántico Albert

1830 aparecieron cientos de asociaciones republicanas por toda Francia. Entre las más relevantes se encontraba la famosa *Société des droits de l'homme et du citoyen*, integrada por viejos jacobinos, jóvenes republicanos y trabajadores urbanos.[48] Así, desde los albores de la década de 1830 el republicanismo de corte jacobino comenzó a entablar relaciones de afinidad con el incipiente movimiento obrero. Semejante vinculación se intensificaría ante los constantes embates represivos[49] sufridos por los trabajadores a manos del gobierno monárquico de Luis Felipe.[50]

En la antesala de la Revolución de 1848, la relación entre el neojacobinismo republicano y el movimiento obrero era tan estrecha que resultaba difícil distinguir a uno de otro. De hecho, buena parte de los principales referentes del movimiento obrero en esos años -gente como Blanqui, Blanc o Cabet- reivindicaban abiertamente la corriente democrática fraternal de la primera República.[51] Desde luego, aquello que los ligaba a esta corriente no

---

Laponneraye publicó la primera colección importante de discursos de Robespierre, abriendo paso a un estudio renovado sobre su pensamiento pues, hasta entonces, la única fuente asequible era el famoso informe Courtois.

[48] *Cfr.* Jesús González, "Libertad, igualdad, fraternidad en el socialismo jacobino", en *Anuario de Filosofía del Derecho*, Madrid, 1989, p. 136.

[49] Al respecto véase de Jill Harsin *Barricades. The war of the streets in revolutionary Paris, 1830-1848,* en particular el capítulo dos titulado "Insurrections" (Palgrave, Nueva York, 2002).

[50] En ese contexto, la "Sociedad de los Derechos del Hombre y del Ciudadano" apremió "a los líderes obreros a que sacaran conclusiones políticas de la derrota; haciéndoles ver [...] que de la Monarquía no iban a recibir ningún apoyo". De ahí que sus esfuerzos debían ser dirigidos a la instauración de una República cuya misión esencial *"sería la de proporcionar a los trabajadores los medios necesarios para crear sus propias asociaciones de productores o cooperativas"* (J. González, art. cit., p. 136). Cursivas nuestras.

[51] Véase, por ejemplo, el prólogo de 1847 a *La organización del trabajo,* donde Blanc distingue claramente la revolución burguesa de 1789 de la revolución de 1793 (Louis Blanc, *Organisation du travail*, Au Bureau de la Société de l'industrie fraternelle, París, 1847, p. 13). Posteriormente la historiografía marxista complicaría las cosas al incluir al movimiento jacobino en el cajón de la revolución burguesa, algo que Blanc y los republicanos franceses de la primera mitad del siglo XIX se habían negado a hacer con toda razón. Otro ejemplo de la influencia jacobina en los republicanos de 1848 es

era una morbosa atracción por el terror, sino la idea de que una verdadera República sólo era posible si se atendían las causas que perpetuaban la dependencia material de las grandes mayorías. De ahí que los republicanos radicales de 1840 no dudaran en criticar el despropósito de quienes osaban llamar libre[52] a un régimen social que, además de no reconocer los derechos políticos del grueso de la población, mantenía a los trabajadores en una situación de miseria perpetua. Así, por ejemplo, Louis Blanc criticaba airadamente esa forma de libertad -defendida tanto por monárquicos liberales como por algunos republicanos moderados- que pasaba por alto las terribles condiciones materiales de los trabajadores:

> Oui, la liberté! Voilà ce qui est à conquérir; mais la liberté vraie, la liberté pour tous, cette liberté qu'on chercherait en vain partout où ne se trouvent pas l'égalité et la fraternité [...] La liberté de l'état sauvage n'était, en fait, qu'une abominable oppression, parce que elle se combinait avec l'inégalité de forces, parce qu'elle faisait de l'homme faible la victime de l'homme vigoureux [...] Or, nous avons, dans le régime sociale actuel, au lieu de l'inégalité de forces musculaires, l'inégalité de moyens de développement; au lieu de la lutte corps à corps, la lutte de capitale à capitale [...] au lieu de l'homme impotent, le pauvre, Où donc est la liberté?[53]

De la misma manera que el jacobinismo radical había rechazado la falsa libertad (moderna) promovida por una minoría deseosa de mantener sus privilegios de propiedad (privada ilimitada), Blanc desdeñaba esa "libertad sin igualdad y *fraternidad*" que enmascaraba la sujeción a la que diariamente estaban sometidos los trabajadores en la monarquía orleanista. Sin

---

Cabet, quien, antes de publicar su famoso *Viaje a Icaria*, escribió una extensa historia de la revolución en la que mostraba a Robespierre como un héroe político (David Harvey, *París, capital de la modernidad*, Akal, Madrid, 2008, p. 94).

[52] No hay que olvidar que la llegada de Luis Felipe de Orleans en 1830 fue saludada con deferencia por los monárquicos liberales, frente al gobierno de Restauración encabezado por Carlos X. De hecho, en sus primeros años, Luis Felipe fue catalogado como un monarca liberal.

[53] L. Blanc, *op. cit.*, p.17.

embargo, a diferencia del jacobinismo de la primera República,[54] los socialistas de 1840 eran testigos de un acelerado proceso de industrialización, un proceso que redefinía la composición urbana de una manera tan profunda como insospechada.[55] Y es que las ciudades del siglo XIX fueron testigos de la aparición de un verdadero ejército de hombres y mujeres obligados a empeñar su propia existencia para no engrosar las filas de la mendicidad y el vagabundeo.[56] Las novelas del siglo XIX nos otorgan un retrato inmejorable del asombro provocado por la aparición de estos inquietantes individuos: desde el acercamiento ingenuo de Dickens en *Tiempos difíciles* hasta la descarnada descripción de Zola en *Germinal,* pasando por la idealización romántica de Victor Hugo o el desprecio de Flaubert en *La educación sentimental,* ningún retrato importante de las ciudades modernas pasa por alto a estos ineludibles personajes.

---

[54] El primer jacobinismo se hallaba especialmente interesado en limitar los privilegios de los propietarios de la tierra. Como afirma Joaquín Miras: "La sociedad europea que precede a la Revolución era una sociedad fundamentalmente feudal y mayoritariamente agraria. La actividad económica era desarrollada por pequeños productores directos que poseían los saberes técnicos que ordenan la producción, y que se organizaban conforme a sus propias tradiciones en gremios artesanos y en comunidades, tanto rurales como urbanas" (Joaquín Miras, "La República de la virtud", en María Julia Bertomeu *et.al* (comps.), *Republicanismo y democracia*, Miño y Dávila editores, Buenos Aires, 2004, p.148).

[55] Inglaterra había mostrado claramente el horizonte que le esperaba a Europa con estas transformaciones: el empobrecimiento generalizado de las clases trabajadoras, el desplazamiento obligado de los trabajadores del campo a la ciudad, la generalización del trabajo fabril y la explotación encarnizada de niños, mujeres y hombres (*Cfr.* Eric Hobswan, *La era de la Revolución 1789-1848*, Crítica, Barcelona, 2003, p. 34 *ss*; Karl Marx, *El capital,* t. I, vol. 2, Siglo XXI, México, 2013, p. 409 *ss*; C. Lis... *op. cit.*, p. 166 *ss*).

[56] Como afirma A. Domènech: "De ser un fenómeno más o menos secundario en los albores del Antiguo Régimen, el trabajo «libre» asalariado se convirtió en una realidad sociológica que cobraba cada vez mayor peso. Un proceso secular proteico [...] cristalizó en unas pocas décadas [...] centenares de millones de personas fueron arrastrados a un gigantesco movimiento migratorio, desprendidas del campo, de la aldea, de la pequeña ciudad, de la familia, de vecinos y de amigos, del paisaje originario, de sus ancestros, de la parroquia y de la comunidad, para ser arrastrados, como forasteros, a los grandes centros industriales" (A. Domènech, *op. cit.*, p. 97).

De ahí que, en lugar de centrar su atención en la limitación de la propiedad agraria, el republicanismo decimonónico se concentrara en los efectos generados por el proceso industrial sobre esa creciente masa de individuos desposeídos.[57] Ahora bien, como lo expresaban los propios afectados, la incorporación de la máquina al lugar de trabajo y el crecimiento de una competencia sin límites jurídicos se presentaban como las principales amenazas para su subsistencia. En efecto, mientras que la incorporación de la máquina los hacía menos relevantes en el proceso productivo, la competencia ilimitada impulsaba a los patrones a bajar los salarios y aumentar la jornada laboral.[58]

En buena medida, *La organización del trabajo* de Louis Blanc debe su éxito a su capacidad para expresar las vivencias diarias de los trabajadores industriales. Uno de los capítulos más célebres del libro denuncia "el imperio de la competencia ilimitada" con estas palabras:

Mais qui donc serait assez aveugle pour ne point voir que, sous l'empire de la concurrence illimitée, la baisse continue des

---

[57] Los nuevos personajes que abarrotaban las urbes carecían de toda propiedad, exceptuando, desde luego, la de sí mismos y la de su *prole*. De hecho, como señala Domenèch, se les llamaba proletariado porque "como los *proletarii* de la Antigua Roma, no tenían otra cosa que ofrecer sino su fuerza de trabajo y (la de) su prole" (*Idem*).

[58] *Cfr*. K. Marx, *El capital*..., p. 451 *ss*. Ciertamente, el proceso de industrialización no convirtió a los desposeídos en trabajadores fabriles de forma inmediata. Hacia 1850 sólo el 3 por ciento de los empleados franceses se desempeñaba en una fábrica (C. Lis, *op. cit.*, p. 180). En su gran mayoría, los asalariados eran trabajadores de oficio cuya vida laboral se desarrollaba en talleres, manufacturas o en la industria doméstica. Esta circunstancia, sin embargo, aumentaba su resistencia a las nuevas dinámicas laborales. Acostumbrados a la "honorabilidad" que otrora les brindaba su carácter de artesanos, los trabajadores franceses resentían como pocos las nuevas transformaciones en las dinámicas laborales. En un principio, las mujeres y los niños fueron los más afectados por ese proceso, como los hombres adultos preferían mantener la "honorabilidad" de sus oficios artesanales a trabajar en las fábricas, los propietarios acudieron a la mano de obra de mujeres y niños, una mano de obra cuyo coste era considerablemente menor (*Ibid.*, p.182). En *El capital* Marx explica este mismo fenómeno como uno de los efectos de la maquinaria sobre la clase obrera, llamándolo: "Apropiación de fuerza de trabajo subsidiaria por el capital" (K. Marx, *El capital*..., p. 489).

salaires est un fait nécessairement général [...]. La population a-t-elle des limites qu'il ne lui soit jamais donné de franchir? Nous est-il loisible de dire à l'industrie abandonnée aux caprices de l'égoïsme individuel, à cette industrie, mer si féconde en naufrages: Tu n'iras pas plus loin?[59]

Más adelante, con una retórica habitual entre los obreros de la época, agregaba:

Une machine est inventée; ordonnez qu'on la brise, et criez anathème à la science; car, si vous ne le faites, les mille ouvriers que la machine nouvelle chasse de leur atelier iront frapper à la porte de l'atelier voisin et faire baisser les salaires de leurs compagnons. Baisse systématique des salaires, aboutissant à la suppression d'un certain nombre d'ouvriers, voilà l'inévitable effet de la concurrence illimitée.[60]

Así, además de ser excluidos de la esfera política, día con día los obreros veían amenazada su propia existencia en el lugar de trabajo. Precisamente fue ante esta realidad que, en la década de 1830, la palabra explotación comenzó a ser utilizada por los trabajadores para denunciar el trato que recibían en el taller y la fábrica. Lejos de ser reconocidos como seres humanos, los obreros se sentían "explotados" como si fueran "factores de producción deshumanizados".[61] Denuncias como ésta abundaban en los periódicos obreros del momento:

Algunos periodistas encerrados en su aristocracia pequeño burguesa insisten en no ver en la clase obrera otra cosa que máquinas que producen sólo para sus necesidades [...] Pero no estamos ya en la época en que los obreros eran siervos, en que un patrono podía vender o matar a su gusto [...]. Cesa, entonces, oh noble burgués, de echarnos de tu corazón porque somos hombres y no máquinas. *Nuestra industria, que has explotado tanto tiempo*, nos pertenece tanto como a ti.[62]

---

[59] L. Blanc, *op. cit.*, p. 32.

[60] *Ibid.*, p. 33.

[61] W. Sewell, *op. cit.*, p. 279.

[62] Citado en *Ibid.*, p. 276. Unos años después un clamor parecido era enunciado en la voz de otro trabajador francés, un tal Ágricol Perdigier. Sus

A pesar de estar revestidas de cierta ingenuidad, estas palabras contenían el germen de una demanda que habría de convertirse en el pilar de la Revolución de febrero. La exigencia de considerar a los obreros como seres humanos esencialmente iguales a sus patrones, suponía un combate frontal contra las dos formas de dependencia en las que los colocaba el proceso de industrialización capitalista. En efecto, el "imperio de la competencia ilimitada" los llevaba a aceptar condiciones salariales absolutamente precarias,[63] mientras que la ausencia de controles en el taller y la fábrica los hacía doblegarse ante la voluntad casi irrestricta de los patrones.[64] Sin embargo, esta doble dependencia no respondía a la falta de "humanidad" de la nueva burguesía industrial, más bien era la consecuencia inevitable de una forma de organización social sostenida en la existencia de una nueva realidad: el mercado de trabajo. Una realidad que, como mostrará Karl Polanyi muchos años después, se volvía tanto más perniciosa cuanto carecía de cualquier limitación jurídico-política.[65]

---

palabras, sin embargo, ya se encontraban teñidas por las tinturas del republicanismo fraternal: "Deberían entender que no estamos hechos de ninguna sustancia menos delicada o menos pura que los ricos, que nuestra sangre y nuestra constitución no es de ninguna manera diferente de la que vemos en ellos. Somos hijos del mismo padre y *deberíamos vivir juntos como hermanos. La libertad y la igualdad* deben venir juntas y reinar en armonía sobre la gran familia que es la humanidad" (Citado en D. Harvey, *op. cit.*, p. 97). Cursivas nuestras.

[63] En el *Manifiesto del partido comunista* que, por lo demás, muestra bastante bien la situación de los trabajadores de la época, se registra este hecho: "La condición de existencia del capital es el trabajo asalariado. El trabajo asalariado descansa exclusivamente sobre la competencia de los obreros entre sí" (K. Marx y F. Engels, *El manifiesto...*, p. 167).

[64] Cosa que igualmente registran Marx y Engels en el *Manifiesto*: "Masas de obreros, hacinados en la fábrica, son organizadas de forma militar. Como soldados rasos de la industria, están colocados bajo la vigilancia de toda una jerarquía de oficiales y suboficiales. No son solamente esclavos de la clase burguesa, del Estado burgués, sino diariamente, a todas horas, esclavos de la máquina, del capataz y, sobre todo, del burgués individual. Patrón de la fábrica" (*Ibid.* p. 163).

[65] En cierto sentido, la modernidad capitalista no se caracteriza tanto por la generalización del mercado de bienes, como por el hecho de que esta generalización sólo fue posible gracias a la irrupción de un mercado de trabajo. Los efectos inmediatos de esta irrupción no fueron nada alentadores,

La organización laboral fue la única forma coherente de resistencia que el incipiente movimiento obrero encontró ante este panorama. Ciertamente no existía un consenso respecto a las modalidades que las asociaciones de trabajo debían adoptar, tampoco existía un acuerdo sobre el grado de participación que debía tener el Estado o sobre las condiciones de la competencia mutua,[66] sin embargo, una cosa resultaba clara: sin ellas era imposible enfrentar la doble dependencia que se les imponía a los trabajadores en el naciente mercado de trabajo. Ahora bien, en las décadas previas el fourierismo y el saintsimonismo habían evidenciado que la asociación otorgaba una dignidad y una fuerza imposibles de alcanzar de forma individual; sin embargo, sólo la tradición republicana logró vincular esa experiencia con un programa político coherente, un programa que, fiel a la tradición ilustrada, se encontraba arropado por el lenguaje del derecho natural.[67]

Así, en lugar de apelar a la benevolencia del "noble burgués", el movimiento obrero[68] comenzó a exigir un "derecho

---

al menos no lo fueron para la clase trabajadora: pauperización, migración colectiva, disciplinamiento del trabajo, ruptura de todas las formas de organización social precedentes, por mencionar sólo las más importantes. Como afirma Domènech, por la irrupción del mercado de trabajo: "[los obreros] estaban forzados a competir [...] con otros compañeros de desgracia a la hora de aceptar un precio para su fuerza de trabajo; [en ese mismo mercado se hallaba] la realidad de la disciplina absolutista de la fábrica, por la que se veían forzados a someterse, durante largas horas de extenuante e insalubre prestación de servicios, a las órdenes de superiores jerárquicos (A. Domènech, *op. cit.*, p. 97).

[66] D. Harvey, *op. cit.*, p. 99 *ss*.

[67] Jaques Donzelot señala que la estrategia discursiva del ala izquierda de los republicanos consistía en retomar el esquema argumentativo de 1789. Así, a los privilegios convencionales de unas minorías debían oponerse los derechos naturales inherentes a todos los seres humanos (Jacques Donzelot, *La invención de lo social*, Nueva visión, Buenos Aires, 2007, p. 28 *ss*).

[68] Aunque parezca chocante, en ese contexto la asociación colectiva se presentaba como la única forma de garantizar la libertad individual de los obreros, mientras que, paradójicamente, aquello que la impedía era precisamente eso que tanto miembros de la monarquía orleanista, como algunos republicanos moderados llamaban libertad. Esta aparente contradicción ha llevado a las más terribles confusiones dentro de los debates de filosofía política. Es preciso mostrar que si los obreros elogiaban la asociación y la colectividad en el siglo XIX, al tiempo que desdeñaban el individualismo, no

natural" como el derecho de asociación para enfrentar los estragos del "impero de la competencia ilimitada". Después de las huelgas de 1833, por ejemplo, la monarquía de Luis Felipe impidió la organización de los trabajadores, como respuesta los mutualistas pidieron el respeto de su libertad y la garantía de sus derechos naturales:

> Considerando como tesis general que la *asociación es un derecho natural* de todos los hombres, que es la fuente de todo progreso.
> Considerando, en particular, que la asociación de trabajadores es una necesidad de nuestra época, que es una condición de existencia [...]
> En consecuencia, los mutualistas protestan contra la ley liberticida de asociaciones y declaran que nunca inclinarán la cabeza bajo ese yugo arbitrario y que sus reuniones no se suspenderán nunca. Basados en el derecho más inviolable, es decir, a vivir trabajando resistirán con toda la energía que caracteriza a los hombres libres.[69]

Las constantes represiones de la década de 1830 dejaron bastante claro que el régimen de la monarquía orleanista era incompatible con el derecho de organización de los trabajadores. Muy pronto, los obreros comprendieron que no habría ninguna transformación en sus condiciones materiales de vida sin que se transformaran los cimientos de la institucionalidad política. Así, la

---

era por una especie de primacía del todo sobre las partes u otro de los tantos lugares comunes usados como fórmulas por cierta filosofía política enteramente desarraigada de los procesos históricos. Si los obreros criticaban la libertad individual ofrecida por liberales monárquicos y republicanos moderados, era simplemente porque en ese contexto eso a lo que ellos llamaban libertad individual era el dispositivo que perpetuaba la dependencia de los trabajadores al mercado de trabajo.

[69] W. Sewell, *op. cit.,* p. 371. Llama la atención que los mutualistas defendieran el derecho de asociación laboral en los términos de una "necesidad de nuestra época". En realidad, parecían tener muy claro que la defensa de ese derecho no dependía de la prioridad de lo colectivo sobre lo individual, sino de las exigencias que imponía la industrialización capitalista, en cuyo seno la ausencia de un derecho (colectivo) de organización laboral impedía gozar de libertad (individual). Cursivas nuestras.

soberanía popular volvía a estar en el centro del tablero político.[70] Sin embargo, su defensa no se presentaba como una alternativa ante un régimen sostenido en la libertad de los individuos, sino como su condición de posibilidad. De forma enteramente distinta a lo planteado por Constant, la mal llamada "libertad de los antiguos" se presentaba como la única vía para permitir que "la libertad de los modernos" se ampliara a las clases populares. Y es que, como los hechos no dejaban de constatar, el mantenimiento de un régimen que constantemente arrebataba los derechos políticos a la clase trabajadora les negaba cualquier instrumento para combatir esas formas de dependencia que restringían su libertad (antigua y moderna) en el mundo del trabajo. En uno de los muchos panfletos escritos en la época un tal Marc Dufraisse afirmaba:

> ¿Cómo queréis alcanzar el bienestar mientras la aristocracia burguesa y financiera sea la única soberana? […] Hace falta, para mejorar definitivamente la condición del pueblo, que éste recobre el ejercicio de su soberanía [...] Entonces el gobierno, propiedad del pueblo, instrumento de los deseos, de los intereses y de las necesidades, no de una fracción de privilegiados, de una minoría de egoístas, sino de todos; el gobierno, centro de una vasta asociación, agrupando alrededor de él todos los brazos y todas las inteligencias, protector de los derechos del pueblo y apoyándose en él, se comprometerá a liberar al proletario. Florecerán las asociaciones de trabajadores, os proporcionará los fondos necesarios para crear vuestros establecimientos.[71]

---

[70] Donzelot afirma que para el discurso republicano de la época la cuestión de la legitimidad del soberano se hallaba estrechamente ligada al funcionamiento del orden social, de ahí que la perpetua negativa a ampliar los derechos políticos a todos los ciudadanos no fuera interpretada sino como un óbice para alcanzar la naturalidad de ese orden. En algún sentido, la soberanía popular había sido construida por el discurso republicano como el orden natural y, por tanto, legítimo de la organización política, de manera que las restricciones a los derechos civiles impuestas por Luis Felipe se leían como la utilización selectiva del derecho para impedir la organización del trabajo entre los sectores más populares. De hecho esas restricciones impedían el traslado definitivo de la soberanía al pueblo y, con él, su capacidad de organización para acabar con los privilegios de las minorías (J. Donzelot, *op. cit.*, p. 30 *ss*).

[71] Citado en J. González, art. cit., pp. 137-138.

Con el paso del tiempo, el deterioro de la monarquía de julio convenció a sectores de la sociedad cada vez más amplios sobre la necesidad de una transformación del régimen político. Los banquetes de 1847 canalizaron el descontento generalizado a través de la petición de una reforma político-civil, sin embargo, muchos de sus partidarios no tenían ningún interés en las demandas de los trabajadores y tampoco estaban demasiado convencidos de que esa reforma debería llevar a la instauración del sufragio universal. El 29 de noviembre de 1847, Engels se esforzaba en explicar a los ingleses las diferencias existentes dentro del movimiento reformista francés de la siguiente manera:

> "¿Pero qué clase de reforma se exigen?", preguntarán ustedes, las propuestas de reformas difieren *tanto como pueden diferir entre sí los matices del liberalismo y el radicalismo*. La exigencia mínima [defendida por los liberales] es la de que el derecho de sufragio se extienda a las *capacidades* -los que en Inglaterra tal vez llamarían ustedes la gente académica-, aunque no paguen los 200 francos de impuestos directos, que son hoy un requisito para poder votar. Los liberales, además, comparten más o menos con los radicales otras propuestas [...].[72]

Según esta caracterización,[73] el ala *liberal* del orleanismo exigía la ampliación del sufragio a un grupo limitado de personas consideradas *capaces* o, en el mejor de los casos, apostaba por la reducción de la renta necesaria para poder votar. En sentido estricto, esto significaba que los liberales se daban por satisfechos con una reforma que ampliara el derecho de participación política para los círculos intelectuales y la pequeña burguesía, pero no para los trabajadores asalariados. Los radicales, por el contrario, exigían

---

[72] F. Engels, "El movimiento en pro de la reforma en Francia", en K. Marx y F. Engels, *Los grandes fundamentos II,* FCE, México, 1988, p. 253. Cursivas nuestras.

[73] Engels utilizaba la palabra *liberal* en el sentido habitual de la época. En lo que corresponde a los derechos políticos, este sentido era el mismo en Inglaterra, Alemania, Austria y España, al menos hasta principios del siglo XX cuando el liberalismo británico, antes monárquico constitucional y antidemocrático, debió virar hacia la democracia, cosa que ni los nacional-liberales alemanes, ni el partido liberal austriaco, ni los liberales españoles hicieron sino muy tardíamente (A. Domènech, *op. cit.*, p. 163).

el sufragio universal porque, entre otras razones, veían en la ampliación de derechos políticos un instrumento para enfrentar los estragos del mercado laboral.[74] En un artículo distinto publicado en la antesala de la revolución de febrero, Engels citaba el discurso pronunciado por Floçon en uno de los pocos banquetes organizados por los *demócratas*:

> Aquí a nuestro lado, *la democracia, con sus veinticinco millones de proletarios*[75] *a los que tiene que liberar y a los que da la bienvenida con los nombres de ciudadanos, hermanos, hombres iguales y libres*; allí la oposición bastarda con sus monopolios y su aristocracia del dinero. Ellos hablan de reducir a la mitad el censo de la fortuna necesario para votar. ¡Nosotros, por nuestra parte, proclamamos los Derechos del Hombre y del Ciudadano![76]

Floçon se refería a la *Declaración de los derechos del hombre y del ciudadano* aprobada por el jacobinismo radical en 1793, en la cual se eliminaba la distinción entre ciudadanos activos

---

[74] Ahora bien, esta vinculación entre las aspiraciones democráticas y las necesidades sociales del trabajo no era un invento francés. Más bien era el sentido habitual que tenía la lucha democrática en Europa en la primera mitad del siglo XIX. Desde 1830, el movimiento cartista compuesto principalmente por trabajadores industrializados encabezaba las exigencias democráticas en Inglaterra (A. L. Morton y George Tate, *Historia del movimiento obrero inglés*, Fundamentos, Madrid, 1971, p. 71 *ss*) Como señala Muniesa: "La palabra *cartismo* define a un amplio movimiento social y político que postuló una recogida de centenares de miles de firmas, al parecer alcanzaron hasta dos millones de ellas, desplegado en Inglaterra a principios de la década de 1830. Las firmas apoyaban una Carta en la que se exigía al Gobierno el derecho de voto para los trabajadores" (Bernat Muniesa, *Libertad, liberalismo, democracia*, El Viejo Topo, Barcelona, 2008, p. 40). Sin duda, en el imaginario de la época los trabajadores pensaban que su irrupción en la soberanía popular les permitiría enfrentar las disposiciones que perpetuaban su dependencia material.

[75] En la Francia de 1848 la palabra proletario no tenía las resonancias que Marx le dará posteriormente, con ella se refería a todos aquellos que se encontraban en situación de dependencia, sin importar su adscripción o no a una forma laboral específica.

[76] F. Engels, "Crónica política de Francia", citado en K. Marx y F. Engels, *Los grandes fundamentos II...*, p. 269. Cursivas nuestras.

y pasivos. Como entonces, la ampliación de derechos políticos era inseparable de la lucha contra la miseria y la dependencia, sólo que ahora esos fenómenos estaban asociados a un mercado de trabajo desregulado.

Uno de los personajes que comprendieron mejor este vínculo fue Alexis de Tocqueville. En un discurso pronunciado en la Cámara de diputados el 27 de enero de 1848, el francés lamentaba que las "pasiones" del republicanismo radical "de políticas, se [hubieran] convertido en sociales", poniendo en riesgo las bases sobre las que reposa "el ordenamiento natural" de la sociedad.[77] Y es que, para Tocqueville, la democracia sólo era defendible si la ampliación de los derechos políticos no implicaba una intervención del derecho en el orden de *lo social*. Aunque partidario del sufragio universal, el autor de *La democracia en América* coincidía con el grueso de los liberales en que la esfera de la "sociedad civil" respondía a un conjunto de reglas económicas incompatibles con la acción del gobierno.

Los republicanos radicales de 1848, en cambio, vinculaban la exigencia del sufragio universal (democracia) con el intento de acabar con las formas ilegítimas de dependencia (fraternidad) generadas por el mercado de trabajo.[78] En 1847, por ejemplo, Marx fue nombrado Vicepresidente de "La Sociedad Democrática para la Unión y Confraternización de los pueblos",[79] un organismo que, a su vez, estaba relacionado con la asociación inglesa *Fraternal Democrats*, ambas partidarias de la lucha por la emancipación de los trabajadores y la búsqueda de una república democrática.[80] De igual forma, durante el gobierno provisional de la II República los

---

[77] *Cfr.* D. Losurdo, *op. cit.*, p. 196.

[78] Formas que, como hemos visto, ahora habían sido desplazadas al mundo del trabajo asalariado. A pesar de que las formas de dependencia patriarcal del Antiguo Régimen parecían haber sido abolidas gracias al derecho, las formas de dependencia *patronal* no sólo se mantenían intactas sino que se presentaban como intocables por el derecho.

[79] Por lo menos hasta 1850, Marx iniciaba cada uno de sus mensajes a la liga comunista dirigiéndose a los miembros con la palabra "hermanos".

[80] Al final del *Manifiesto comunista* se puede leer: "Los comunistas, por último, trabajan en todas partes por la unión y el entendimiento de los partidos democráticos en todo el mundo" (ed. cit., p. 306). Dicho sea de paso, el comunismo surgió en Francia como una corriente ultra-radical del republicanismo, la cual se identificaba con el jacobinismo por su énfasis en la igualdad.

ebanistas se organizaron en una "Asociación fraternal y democrática de ebanistas", la cual reivindicaba "el gran principio de Fraternidad" consistente en "la igualdad de derechos *para todos sin distinciones*".[81] La quinta edición de la *L'Organisation du travail*, escrita por el único socialista que perteneció al gobierno provisional de la II República, fue publicada por la Sociedad de la Industria Fraternal. Los ejemplos podrían proseguir indefinidamente.

En todo caso, lo importante es mostrar que la verdadera confrontación en el escenario político de esa época no tuvo lugar entre un liberalismo democrático partidario de la libertad individual y un colectivismo radical promotor de la igualdad, sino entre dos formas de concebir las atribuciones jurídico-políticas de la república: una absolutamente renuente a extender el derecho a la esfera de lo social y otra cuya pretensión era hacer de las instituciones republicanas instrumentos para acabar con la dependencia material.

Conclusiones

Tanto en 1792 como en 1848 la noción de fraternidad sirvió para hacer frente a aquella concepción de la modernidad que intentaba desvincular el papel del derecho del combate a las formas de dependencia material. Aunque ferozmente derrotado en junio de 1848, el proyecto republicano fraternal instauró la convicción de que, en el mundo moderno, la legitimidad de la democracia era inseparable de la independencia civil de sus ciudadanos. No se trataba, por tanto, de reivindicar una sociedad donde la libertad y la propiedad fueran destruidas en aras de alcanzar la nivelación material de todos los seres humanos, sino de enfrentar los estragos de una concepción de la modernidad dispuesta a llamar "libres" a formas de organización social fundadas en la sujeción de las mayorías. Desde ese punto de vista, la modernidad política quedaría reducida a la universalización de los derechos civiles, aun cuando los ciudadanos estuvieran sujetos a condiciones de dependencia patronal y patriarcal.[82]

---

[81] W. Sewell, *op. cit.*, p. 357. Cursivas nuestras.

[82] Y, las más de las veces, patronal y patriarcal al mismo tiempo. No debe olvidarse que, más allá de la transacción contractual perteneciente a la esfera

Aunque aparentemente reducidas a su aspecto histórico, estas consideraciones no carecen de importancia para una reflexión actual. Tanto el movimiento feminista contemporáneo, como la organización de los pueblos ante las nuevas oleadas de despojo, así como las luchas contra el desmantelamiento de los derechos sociales o las exigencias de medidas político-económicas para la redistribución de la riqueza social, coinciden en reivindicar una visión de la sociedad donde la idea misma de democracia se vuelva inseparable de la lucha contra las formas de dependencia material. Sea mostrando que la perpetuación de una sociedad patriarcal es inseparable de las condiciones que reproducen formas de dependencia material selectiva; sea mostrando que las instituciones de protección social son imprescindibles para la conformación de una sociedad política integrada por ciudadanos autónomos y no por súbditos sujetos a dictados heterónomos; sea defendiendo el derecho de los pueblos a hacer uso de sus recursos naturales para salvaguardar su existencia por encima de la dictadura de un mercado laboral deshumanizado; todas estas demandas asumen una visión de la democracia absolutamente incompatible con el discurso liberal.

En el fondo, la narrativa que vincula el origen de nuestra modernidad democrática con la tradición liberal no es del todo inocua. Al plantear las cosas de esta manera, la idea misma de democracia queda desligada de cualquier vínculo con la lucha frente a la reproducción de las formas de sujeción material. De esta manera, el discurso político dominante no tiene problemas con elogiar las virtudes democráticas de sociedades enteras donde la mayoría de sus habitantes se encuentran sujetos a distintas formas de dependencia material, sea patronal, patriarcal o, más recientemente, a los dictados de instituciones financieras globales que priman las necesidades del capital sobre el derecho a la existencia de hombres y mujeres.

Bibliografía

Alegre, Luis y Carlos Fernández. *El orden de El capital*, Akal, Madrid, 2010.

---

de la sociedad civil, el mundo del trabajo era considerado una extensión del dominio privado donde el patrón podía hacer las veces del *pater familias*.

Arendt, Hannah. *Sobre la Revolución*, Alianza, Madrid, 2006.

Blanc, Louis. *Organisation du travail*, Au Bureau de la Société de l'industrie fraternelle, París, 1847.

Bertomeu, María Julia *et. al.* (comps.). *Republicanismo y democracia*, Miño y Dávila editores, Buenos Aires, 2004.

Bouloiseau, Marc. *La república jacobina. 10 de agosto 1792-9 de termidor año II*, Ariel, Barcelona, 1980.

Castel, Robert. *El ascenso de la incertidumbre*, FCE, México, 2010.

Davidson, Neil. *Transformar el mundo*, Ediciones Pasado y Presente, Barcelona, 2013.

Domènech, Antoni. *El eclipse de la fraternidad*, Crítica, Barcelona, 2004.

Donzelot, Jacques. *La invención de lo social*, Nueva visión, Buenos Aires, 2007.

González, Jesús. "Libertad, igualdad, fraternidad en el socialismo jacobino", en *Anuario de Filosofía del Derecho*, Madrid, 1989.

Greblo, Edoardo. *Democracia*, Nueva Visión, Buenos Aires, 2002.

Harsin, Jill. *Barricades. The war of the streets in revolutionary Paris, 1830-1848*, Palgrave, Nueva York, 2002.

Harvey, David. *París, capital de la modernidad*, Akal, Madrid, 2008.

Hobswan, Eric. *La era de la revolución 1789-1848*, Crítica, Barcelona, 2003.

Jordan, David P. *Robespierre. El primer revolucionario*, Javier Vergara Editor, Buenos Aires, 1986.

Kant, Immanuel. *En defensa de la Ilustración*, Alba Editores, Barcelona, 1999.

Lis, Catharina y Hugo Soly. *Pobreza y capitalismo en la Europa preindustrial (1350-1850)*, Akal, Madrid, 1982.

Locke, John. *Segundo tratado sobre el gobierno civil*, Alianza, Madrid, 2004.

Losurdo, Domenico. *Contrahistoria del liberalismo*, El Viejo Topo, s/l, 2005.

Marx, Karl. *El capital*, t. I, vol. 2, Siglo XXI, México, 2013.

Marx, Karl y Friedrich Engels. *Los grandes fundamentos II,* FCE, México, 1988.

Marx, Karl y Friedrich Engels. *El manifiesto comunista*, FCE, México, 2007.

Morton. A. L. y George Tate. *Historia del movimiento obrero inglés*, Fundamentos, Madrid, 1971.

Muniesa, Bernat. *Libertad, liberalismo, democracia*, El Viejo Topo, Barcelona, 2008.

Olivan, Irene. *La Revolución francesa (1789-1799)*, Editorial Síntesis, Madrid 1997.

Ovejero, Félix. *Incluso un pueblo de demonios: democracia, liberalismo, republicanismo*, Katz, Madrid, 2008.

Rawls, John. *A Theory of justice*, Oxford University Press, Oxford, 1971.

Reyes Heroles, Jesús. *El liberalismo mexicano I*, FCE, México, 2007.

Robespierre, Maximilien. *Discours sur la religion, la République, l'esclavage*, Éditions de l'aube, s/l, 2013.

Robespierre, Maximilien. *Por la felicidad y por la libertad. Discursos,* El Viejo Topo, s/l, s/a.

Sewell, William. *Trabajo y revolución en Francia. El lenguaje del movimiento obrero en Francia desde el Antiguo Régimen hasta 1848*, Taurus, Madrid, 1992.

Sieyès, Emmanuel. *Escritos y discursos de la Revolución,* Centro de Estudios Políticos y Constitucionales, Madrid, 2007.

Soboul, Albert. *Revolución francesa*, Tecnos, Madrid, 1983.

Thompson, E. P. *La formación de la clase obrera*, tomo I, Crítica, Barcelona, 1989.

Wallerstein, Immanuel. *El moderno sistema mundial IV. El triunfo del liberalismo centrista 1789-1914*, Alianza, México, 2014.

La crítica de Marx a la concepción normativa e institucional de la democracia liberal

Eduardo Álvarez

El sentido histórico ante la complejidad de los procesos sociales

Marx sabía muy bien que la organización de la sociedad a través de la ley es una conquista de la civilización, al igual que lo es la escritura o la ciencia, de modo que a este respecto no conviene confundirse cuando enfocamos la cuestión del derecho y de su valor desde una perspectiva que trate de hacer justicia al sentido más genuino del pensamiento de Marx. Pues la crítica de Marx a la sacralización del derecho que lleva a cabo la cultura política liberal no debe llevar a pensar que despreciase lo que significa en última instancia la regulación legal de las relaciones sociales y el conjunto del aparato institucional del Estado, vistos desde una amplia perspectiva histórica. Aunque algunas de sus críticas pueden alentar interpretaciones sesgadas y simplificadoras, no debemos engañarnos a este respecto. Y, por eso, lo primero que conviene señalar es que Marx siempre aborda con sentido histórico la valoración de aquellas realidades sociales y políticas complejas que somete a juicio. Así, por ejemplo, su crítica del capitalismo no es incompatible con su reconocimiento de los muchos logros que promovió su desenvolvimiento en la Europa de los últimos siglos. En efecto, no sólo reconoce el inmenso desarrollo técnico y, en general, de las fuerzas productivas (incluyendo al conocimiento científico y el aprovechamiento humano de las fuerzas de la naturaleza) que el capitalismo ha traído consigo, sino que señala también lo que ha significado desde el punto de vista de la exploración y del desarrollo de los conocimientos geográficos y de navegación, o -en el orden del pensamiento- su significado en cuanto ruptura con el orden feudal y el dogmatismo religioso, así como su importancia en el proceso de secularización y de promoción del pensamiento crítico en general, etc. Y ese mismo sentido histórico que ve en el capitalismo, en términos generales, un progreso respecto de la sociedad feudal, es también lo que lleva a Marx a denunciar el retroceso que supuso en sus inicios, sin embargo, para el modo de vida de amplios sectores de la población europea, que vieron cómo de hecho empeoraba su forma de existencia cotidiana al quedar sometida al trabajo de un modo que suponía una explotación no conocida en épocas anteriores. En efecto, masas de campesinos que bajo el régimen feudal no necesitaban trabajar más que seis u ocho horas se encontraron, cuando el capitalismo alcanza su fase industrial, con que debían emigrar a las ciudades y, para subsistir, emplearse en fábricas donde tenían que realizar interminables jornadas de doce o catorce horas en condiciones penosas, insalubres y de intensa explotación. Y es que Marx piensa que el progreso histórico se compone de avances y retrocesos que deben evaluarse desde una amplia perspectiva histórica que haga justicia a la complejidad con que se presentan los procesos sociales. En este sentido, propio de un pensamiento flexible y de amplia perspectiva, es como debe comprenderse la conquista progresiva de mejores condiciones de trabajo por parte de los asalariados, que sólo penosamente, mediante su sacrificio, su lucha y su sangre, alcanzaron el reconocimiento de algunos derechos sociales. Y esos derechos, tales como el de huelga, el de un salario mínimo, el de la jornada de ocho horas, el de la prohibición del trabajo infantil, así como los derechos políticos de asociación, de libertad de expresión, de sufragio, etc., no los podía despreciar Marx, porque era muy consciente de su significado como conquista histórica así como del inmenso esfuerzo humano que costaron.

Así pues, lo primero que hay que hacer notar es la importancia del sentido histórico general con que hay que enjuiciar los fenómenos sociales, políticos, culturales y humanos en general, si hemos de seguir el ejemplo de Marx, que siempre se preocupó por comprender la complejidad de los problemas, con sus diferentes ángulos y matices. Ésa es una de las principales herencias teóricas del marxismo y así es recogida por algunos de sus más lúcidos seguidores, como Gramsci o el Lukács de *Historia y consciencia de clase*: la apelación al todo social, comprendido en su historicidad, tan sólo desde lo cual se ilumina el sentido de los procesos sociales y de los acontecimientos particulares. Y ese sentido histórico con el que Marx interpreta un fenómeno tan complejo como el capitalismo lo tiene también presente ante otras producciones humanas, como es el caso del derecho. Hay que decir, sin embargo, que no siempre encontramos en el pensamiento marxista, o que se reclama heredero de la obra de Marx, esa misma sensibilidad dialéctica a la hora de abordar realidades complejas como las del Estado de derecho, el ordenamiento jurídico-institucional o, en general, el Estado. Las denuncias por parte de Marx del componente ideológico presente en la concepción liberal del derecho y el Estado, así como la crítica con la que puso de manifiesto el carácter instrumental de éstos, en cuanto medios de los que históricamente se ha servido la clase dirigente para dar una cobertura legitimadora a su dominio social, hay que entenderlas en su contexto histórico y no como posiciones que puedan eternizarse e interpretarse aisladamente sin tomar en cuenta la historicidad de todas las realidades sociales. Pero lo cierto es que llegaron a convertirse en el núcleo de ciertas interpretaciones marxistas de carácter simplificador, que al calor además de las luchas políticas del momento, o bajo la presión de procesos revolucionarios en los que sólo contaba la eficacia del éxito inmediato, perdieron de vista el sentido dialéctico del planteamiento de Marx y llegaron a repudiar sin más las formas de la democracia liberal. Eso condujo al rechazo de principios como el de elección de representantes a través del sufragio, el del valor asignado a las formas del parlamentarismo, el de la división de poderes o el que defiende el Estado de derecho, juzgados todos ellos como principios engañosos sin eficacia democrática real, ya que generan la ilusión de un reparto equitativo del poder a base de desviar la atención hacia el plano superestructural de la ley y de las instituciones, formalmente iguales para todos, al tiempo que ocultan el plano donde en verdad se ventilan las relaciones de poder, que es el de la sociedad civil, donde se halla una fractura en función del acceso a la propiedad y un radical condicionamiento por las relaciones de producción existentes. Sin embargo, esa visión es simplificadora si se aísla de todo lo demás y se convierte en el único frente de la crítica, desatendiendo al significado emancipador que, aunque de manera limitada, traen consigo las conquistas de la democracia liberal, visto el asunto en amplia perspectiva histórica.

Sin embargo, y en términos dialécticos, hay que reconocer el momento de verdad que encierra esa visión que primero describe el hecho objetivo de la fractura que opone a las clases sociales entre sí y que, en segundo lugar, destaca también el hecho igualmente objetivo de que la dinámica de la sociedad de clases genera un velo ideológico que presta legitimidad a dicha fractura con la apariencia de que ante las instituciones del Estado todos los hombres son iguales en derechos. Ese fantasma ideológico, constitutivo del liberalismo, es él mismo también un hecho social objetivo promovido por la realidad social. De tal manera que debe reconocerse que las representaciones que los individuos se forjan acerca de su lugar en la sociedad, de los derechos que creen poseer y de la libertad con que ellos se creen capaces de abordar espontáneamente estas cuestiones, todo eso, tiene un carácter ideológico que responde a la presión de la mentalidad dominante, anclada a su vez en la estructura objetiva de la sociedad. Y destacar que esto último constituye un hecho social objetivo significa señalar que ese velo ideológico arraiga en la realidad objetiva y no es un resultado de la libre conciencia de los individuos. Como ha explicado de modo magistral Norbert Elias, desarrollando viejas ideas de Marx, la sociedad es un *a priori* para el individuo, no sólo en lo que concierne a su forma de vida, a sus costumbres o a sus ideas, sino incluso en lo que respecta a su condición como tal individuo, o sea, a la posibilidad misma de diferenciarse de otros y de constituirse como individuo separado. Por lo tanto, lejos de poder sostener la vieja oposición individuo-sociedad, tan cara a la mentalidad liberal, hay que decir, por el contrario, que el individuo es una forma de la sociedad, uno de los modos a través de los cuales ésta se expresa y se reproduce. La sociedad, en efecto, genera rituales, técnicas, relaciones de cooperación y de dominio, normas, instituciones, mitos, etc., pero también formas posibles de constituirse como individuos.[1]

El significado dialéctico de la crítica de Marx

Sin embargo, decíamos, la crítica que rechaza sin más las formas de la democracia liberal es simplificadora, en tanto se limita a destacar el carácter clasista de las instituciones y del sistema legal y a presentar las apelaciones a la ley, a los derechos ciudadanos y a las libertades conquistadas tras la Revolución francesa como meras estratagemas de la burguesía con las que ésta oculta su dominio de clase, asegura la defensa de la propiedad privada y disfraza la

---

[1] Véanse especialmente sus libros *El proceso de civilización. Investigaciones sociogenéticas y psicogenéticas*, trad. de Ramón García Cotarelo, FCE, México, 1987, y *La sociedad de los individuos*, trad. de José Antonio Alemany, Península, Barcelona, 1990.

injusticia tras discursos moralizantes. Y aunque esta crítica está presente en la obra de Marx y ha inspirado la acción y el pensamiento de muchos de sus seguidores, lo cierto es que de su obra cabe extraer otras interpretaciones que no son incompatibles con el respeto a las conquistas del Estado liberal, siempre que se reconozca el carácter limitado de éstas y la necesidad de alcanzar su complemento en los logros de la democracia social.

La cuestión plantea varias caras y del enfoque que se adopte ante ella se derivan consecuencias muy diversas desde el punto de vista de la filosofía social y política. Pero el asunto de fondo que hay que dilucidar atañe al significado que asignemos a ciertos conceptos clave en la discusión política, que presentan además una dimensión antropológica y filosófica en general. Así, por ejemplo, y en relación con la libertad y la igualdad como valores que suelen recogerse en la parte dogmática de la Constitución de toda democracia liberal, el marxismo señala el carácter meramente formal de esos derechos (la libertad de expresión o asociación, la igualdad de todos ante la ley) cuando se presentan de un modo que hace abstracción de las condiciones materiales que les prestan su contenido y efectividad, sin las cuales quedan desnaturalizados como tales derechos. Pero eso no significa un rechazo al aspecto formal de la libertad o la igualdad, aspecto que también concierne al obrero que quiere expresar *libremente* su protesta o que quiere votar en *igualdad* de condiciones que aquellos pocos que podían hacerlo durante la época en que existía el sistema de sufragio censitario. A no ser que dicho aspecto formal se identifique con el concepto en su totalidad. En términos dialécticos hay que decir que dicho aspecto constituye tan sólo un momento del concepto y, por lo tanto, un momento de su verdad; pero es una falsificación presentar dicho momento aislado y separado como si se tratara del concepto en cuestión considerado en su totalidad. A este respecto, Marx adopta el principio dialéctico ya formulado por Hegel según el cual la verdad es el todo. Y el todo concreto implica siempre la unidad de la forma y el contenido, de manera que se produce una mistificación cuando se pretende definir la libertad o la igualdad por su mera forma y haciendo abstracción del contenido material que corresponde a estos conceptos. El problema radica, por lo tanto, en que el concepto liberal de la libertad o de la igualdad, aun estableciendo un principio irrenunciable, es insuficiente formulado en esos términos por carecer del contenido material que completa el concepto en cuestión y actualiza dichos derechos hasta hacerlos verdadera y efectivamente reales. La crítica de Marx se encamina aquí ante todo a denunciar el discurso alienante que persuade a los individuos de que ya son libres e iguales mientras están sometidos a un sistema que les subyuga al tiempo que genera en ellos esa ilusión.

Así en los *Grundrisse*,[2] por ejemplo, Marx aborda esta cuestión en el contexto de una discusión sobre lo que Lukács, desarrollando esta crítica de Marx, llamará *cosificación* o *reificación* (*Verdinglichung*), como tendencia que promueve el capitalismo. Éste, en efecto, tiende a suprimir la relación de dependencia personal (como la que, en cambio, sí se daba entre el amo y el esclavo en el modo de producción esclavista o entre el señor y el siervo en el feudal) como base del nexo social: los individuos en el capitalismo, y como cuestión de principio, no están sometidos a otras personas que puedan hacer valer un derecho sobre ellos, sino que se encuentran sujetos a una situación del mercado en el que el estado de cosas les induce a contraer determinadas obligaciones en sus relaciones laborales. Es decir, el nexo social les viene determinado por el modo en que se les presentan las cosas, ya que al no disponer de medios propios de producción se ven obligados a vender su fuerza de trabajo a otros durante un tiempo determinado, con lo cual convierten su propio trabajo en una mercancía. De modo que el vínculo que el obrero establece con el capitalista que le contrata tiene el carácter de un contrato libremente acordado por las partes, por mucho que ese acuerdo formalmente libre le venga impuesto por su estado de necesidad, que es además el que le obliga a aceptar las condiciones laborales que propician su explotación. Así que esa relación entre patrón y trabajador, que es la marca distintiva del modo de producción capitalista, supedita las relaciones interindividuales no a vínculos de dependencia personal preestablecidos, sino a la división entre los hombres en función de que sean o no dueños de medios de producción. A partir de ahí, el obrero queda fijado a su trabajo y, sólo de manera indirecta, a aquél que lo contrata y explota para revalorizar su capital. Y eso genera en él la falsa conciencia de su libertad, ya que en principio es en efecto libre de romper el vínculo que lo ata a su tarea, aunque *de facto* no lo haga pues el desempleo sólo lo devuelve a la miseria

---

[2] *Vid.* Karl Marx, *Elementos fundamentales para la crítica de la economía política (Borrador)*, o *"Grundrisse"*, vol. I, trad. de Pedro Scaron, Siglo XXI, Madrid, 1976, pp. 72, 84, 89-92 y 177-186.

en que se encuentran todos cuantos esperan en el "ejército de reserva" la ocasión de ser empleados. A través de esa subordinación a la lógica implacable de las cosas en el capitalismo, de su enajenación en el trabajo y de su sometimiento a la dinámica concreta que le impone la maquinaria y el ritmo de la producción, analiza Marx en diversos niveles el proceso de cosificación -al que él se refiere con el término "fetichismo"- que avanza y corroe el alma del individuo. En este sentido señala que, en general, el capitalismo crea la apariencia de que las relaciones entre individuos son relaciones entre cosas. E ilustra este principio en el famoso pasaje sobre *el fetichismo de la mercancía* del libro I de *El capital*, donde ironiza sobre la pretensión de interpretar el valor de la mercancía como una propiedad natural suya, al igual que lo es su color o su peso, ocultando las relaciones sociales que se encuentran causalmente en el origen de dicho valor. Ha habido en el pasado economías con mercado, pero el capitalismo es la primera economía de mercado que todo lo convierte en mercancía, incluyendo a aquello que eleva al hombre sobre su condición animal y lo convierte en propiamente humano: su capacidad de transformar el medio mediante el trabajo.

Pues bien, a partir del sentido con que Marx aborda esta cuestión sobre la libertad o la igualdad podemos entender mejor su posición en relación con la ética o el derecho y con la concepción que al respecto desarrolla la tradición liberal.

El lugar de la ética en el todo social

Sin embargo, para comprender el fondo de su posición nos parece que hay que atender a toda la complejidad de la cuestión y hacerlo con el sentido histórico del que antes hablábamos. En este punto conviene recordar lo que los más lúcidos seguidores de Marx, como Gramsci, Korsch o el primer Lukács, han señalado acerca de la necesidad de interpretar los procesos sociales desde la perspectiva de la totalidad que configuran. La sociedad constituye una totalidad dinámica en la que cabe distinguir diversos procesos que se desarrollan interconectados entre sí, siendo siempre el todo el que goza de una prioridad lógica, en cuanto está mediando en cada una de sus partes. Y el sentido del conjunto se hace más claro cuando atendemos al modo en que los individuos producen sus condiciones materiales de vida y, con ello, distribuyen los bienes y reproducen su forma de existencia. De tal manera que -en contra de la idea tópicamente repetida, sobre todo por las versiones del materialismo más dogmático- el nexo de dependencia fundamental en la sociedad no es el que de manera simple se señala entre la superestructura y la base material, sino más bien el que existe entre los fenómenos particulares y el todo social al que pertenecen y del cual son expresivos. Como señalaron, entre otros, Gramsci, el primer Lukács o -décadas más tarde- Horkheimer, el gran legado de Hegel en el materialismo marxista consiste en esta apelación a la totalidad social como vía para comprender el sentido de los fenómenos particulares que se producen en ella.

Pues bien, ése es también el enfoque que debe presidir la discusión sobre el asunto que nos ocupa. En términos generales, hay que decir que la ética, al igual que el derecho, la filosofía o la ciencia, es un fenómeno en el que el todo social encuentra una expresión concreta. Su radical inmanencia a la historia y al modo en que se desenvuelve en ella el conjunto de la dinámica social significa que -como en su día destacó Gramsci mejor que nadie- no existe un punto de vista trascendental privilegiado en el que se constituyan los principios jurídicos o los valores morales, como si fueran independientes de la historia. Por eso, a partir de este planteamiento de Marx no tiene sentido aferrarse a la separación entre el ser y el deber-ser al modo en que lo hicieron algunos marxistas de la II Internacional que buscaron en Kant el fundamento filosófico de su llamada a la revolución, haciendo de ésta una especie de imperativo categórico como si el cumplimiento de la justicia fuera una exigencia ética que había que considerar en el plano del deber-ser, concebido como autónomo e irreductible al plano de la realidad social que describe y analiza el científico. Por el contrario, el legado de Hegel en el marxismo significa que el deber-ser surge del ser. ¿De dónde si no? Y expresa el conjunto de aspiraciones e ideales que se forjan los hombres en una situación histórico-social dada. Porque la conciencia que los individuos se forman sobre la realidad -incluida la conciencia moral y política que incita a su transformación- es ella misma también parte de esa realidad. La conciencia sobre los hechos sociales es también un hecho social. Las representaciones acerca de la realidad son también una parte expresiva de ésta. Y, por eso, la cuestión de la moralidad no puede remitirse a ningún tipo de conciencia trascendental ni a una razón pura que pudiera determinar la voluntad *a priori*; o sea, no puede entenderse de manera ahistórica.

En relación con la ética, en la perspectiva de Marx sólo cabe hacer una doble consideración:

1) Los seres humanos disponemos de la capacidad moral, la cual implica el poder de despegarnos de los hechos inmediatos para hacer posible su enjuiciamiento, trascendiendo así aquello que es para verlo desde lo que podría o debería ser. Esta consideración antropológica de carácter universal no está explícitamente formulada por Marx, pero es un supuesto que se deriva del conjunto de su obra y que comparte buena parte de la filosofía moderna. Y que se deduce además del respeto que Marx sentía por Darwin. Hoy podríamos enunciar esta consideración indicando el carácter estructural que la disposición moral tiene para el hombre en tanto producto de la evolución biológica. Y esta consideración es además acorde con la concepción marxiana del hombre como el animal que produce sus propias condiciones de vida rebasando así lo meramente dado por la naturaleza: el hombre produce también sus condiciones morales de vida.

2) Esa capacidad moral como rasgo estructural humano de carácter universal se actualiza con unos contenidos particulares u otros (valores, normas, ideales, etc.) en función de las pautas culturales dominantes en una sociedad, pautas que se corresponden con el todo social en cuanto modo de producción, que varían históricamente y de unas sociedades a otras, y que tampoco son uniformes en las sociedades complejas. Esos contenidos morales adoptan la forma objetiva que revisten las normas o los valores compartidos (la *eticidad* o *Sittlichkeit*, en el lenguaje hegeliano), pero originan también una vivencia subjetiva en la conciencia individual (es lo que se corresponde con el momento de la *moralidad* o *Moralität*), vivencia que se explica a partir de aquella capacidad moral como rasgo antropológico general junto con la interiorización de las pautas culturales objetivamente existentes.

Esta apelación al todo social concebido en su historicidad como vía de explicación en el terreno de la ética ha de hacerse extensiva a la consideración del derecho.

La cuestión del derecho y las instituciones en la democracia liberal

Recordemos que el Estado de derecho implica que se cumpla con las prescripciones que marca la ley, entre las cuales se hallan por cierto aquéllas que obligan al patrón a pagar un salario mínimo o a respetar el límite establecido de horas de trabajo. El que dichos derechos se reconocieran en leyes escritas es un logro del movimiento obrero. Sin embargo, como hemos dicho, la cuestión del Estado de derecho a partir de la crítica de Marx al liberalismo presenta diversos ángulos, algunos de los cuales fueron destacados por él de manera más enfática que otros, debido a las vicisitudes de las luchas en que se vio envuelta la vida de Marx. De entrada, hay que decir que el ordenamiento jurídico-institucional del Estado es un componente particular del todo social y, como tal, debe entenderse también como una expresión limitada de éste. Por otro lado, el carácter de realidad histórica de las leyes y de las instituciones se pone de manifiesto en cuanto comprendemos su origen en la dinámica de la sociedad, así como la función que vienen a cumplir en ésta como respuesta a las aspiraciones de los hombres de fijar normativamente formas de conducta que satisfacen a las relaciones de poder dominantes. La fijación por escrito de la ley en el proceso de codificación y en el movimiento histórico que da lugar a las constituciones de los Estados surge para limitar o incluso someter el poder absoluto del soberano en la crisis del *Ancien Régime*, cuyo crepúsculo corre en paralelo a las revoluciones burguesas que se desarrollan a lo largo de todo el siglo XIX. El auge del parlamentarismo y de los sistemas políticos de corte liberal regulados por la división de poderes responde a esa misma dinámica. Pero el reconocimiento del carácter burgués con que históricamente aparece ese sistema de ordenación legal-institucional no significa para Marx que dicho sistema haya de ser descalificado sin más, por mucho que la crítica revele que su razón de ser última se encuentre en determinadas relaciones de poder. Aquí hay que apelar de nuevo al sentido histórico que preside el enfoque de Marx.

Sin duda este reconocimiento del interés material -y, en última instancia, de clase- y del estado de fuerza que se encuentra en la génesis de las leyes e instituciones y que subyace siempre a éstas es un punto clave de la crítica de Marx. Y en este punto conviene recordar que mucho antes que Foucault ya Marx puso de manifiesto cómo el poder fluye en el plano de las relaciones sociales y en qué modo su fijación en leyes e instituciones debe entenderse como la apariencia de un orden que esconde el ejercicio de la violencia social y las relaciones de dominio. Pero no lleva este enfoque hasta el punto de relativización al que llega Foucault, para quien finalmente el poder no se detenta, sino que tan sólo fluye, de manera que se hace imposible discriminar en términos valorativos entre democracia y dictadura, ya que ambas serían por igual apariencias ilusorias, insustanciales y carentes de verdadera importancia que se superponen a lo que realmente importa, que es la "microfísica del poder" fluyente e intangible. Pues aunque Marx revela el modo en que el Estado se constituye como superestructura de poder en relación con la sociedad civil, eso no significa para él que la forma que pueda adoptar el Estado sea irrelevante ni tampoco que se trate de una mera apariencia ilusoria. Por el contrario, Marx reconoce a diferencia de Foucault que aquella genealogía sigue un proceso de acuerdo con el cual ciertas relaciones de poder que se encuentran en la sociedad civil se canalizan a través de instituciones, mismas que llegan a ser así centros donde el poder se detenta. De modo que no es irrelevante ni mucho menos la forma en que se organiza políticamente el Estado para consolidar y justificar en el nivel superestructural las relaciones de poder existentes en el plano de la sociedad civil. No es lo mismo, por tanto, el totalitarismo fascista que la democracia liberal.

Así pues, Marx descubre el carácter relativo de los sistemas normativos y su dependencia respecto del conjunto de la totalidad social a la que pertenecen. Esa relatividad explica en qué modo fueron históricamente posibles y aclara de paso por qué toda sacralización del derecho positivo o de las instituciones y formas del Estado entraña la adopción del enfoque trascendental que, como hemos visto, Marx rechaza por ser incompatible con la inmanencia al devenir histórico de todas las creaciones humanas. Pero el reconocimiento de las relaciones de poder que se ocultan tras las conquistas jurídicas e institucionales -reconocimiento que impide su sacralización- no tiene por qué conducir a su descalificación. Del mismo modo que el reconocimiento de que los llamados "derechos humanos" son una conquista alcanzada en una cultura y época particulares no pone en cuestión su aspiración a la universalidad. No existen leyes o instituciones que puedan justificarse apelando a sentidos absolutos de valor extrahistórico. La superación de la metafísica y de la filosofía trascendental pone de manifiesto que no existen más sentidos en el mundo que aquéllos que los hombres han logrado introducir en él a través de sus luchas para regular las relaciones sociales. Pero la historicidad de las conquistas humanas no significa que éstas no puedan aspirar a la universalidad, aunque se trate de una universalidad fundada no en términos metafísicos sino en el ideal compartido -y aparecido progresivamente en la historia- de la esencial igualdad entre los hombres.

En ese contexto hay que plantear el sentido de la crítica que sostuvo el marxismo clásico en contra de la vía parlamentaria como medio de emancipación política. He aquí una cuestión que ha desatado numerosas polémicas y ha alentado en el pensamiento liberal la idea de que el marxismo es incompatible con el ideal democrático. Sin embargo, esta interpretación nos parece superficial, aparte de interesada, y como tal ha sido frecuentemente utilizada como arma dialéctica en el debate político. Pues bien, frente a ello lo primero que hay que señalar es que, de hecho, Marx no pone en cuestión la democracia como ideal político, sino más bien la expresión limitada y parcial de la misma, que deja fuera a la inmensa mayoría del acceso a los derechos sociales y que trata además de imponerse como si esa versión limitada ya constituyera por sí misma el cumplimiento realizado de dicho ideal. Y hay que recordar además que ya desde sus textos juveniles se invoca el comunismo como la más plena y radical realización de la democracia, y no como una alternativa a ésta. En ese sentido, tanto el rechazo del parlamentarismo, juzgado como expresión de la cultura política burguesa, como también la propuesta de su sustitución por el sistema de los consejos obreros, que realizaría el ideal de la democracia social -que fue la posición de Marx, con la que él valora la experiencia de la Comuna de París, pero también la posición de los clásicos del marxismo, como Lenin, Gramsci y Lukács, entre otros- tiene que entenderse, vista la cuestión en una amplia perspectiva histórica, como una expresión del rechazo de aquellas formas de la democracia liberal que fueron usadas para imponer *de facto* y *de iure* un dominio de clase que en la práctica negaba el acceso a los más elementales derechos a la gran mayoría de la población. Es decir: la pretensión de organizar el poder político mediante los consejos obreros significaba no tanto el repudio del ideal de una representación de la voluntad popular interpretada en términos verdaderamente democráticos, sino más bien el reconocimiento de que la institución parlamentaria no representaba en la práctica dicho ideal igualitario. En ese sentido, el rechazo del parlamentarismo no ha de entenderse como la negación de la democracia, sino, al contrario, como el rechazo de la pretensión de hacer pasar por democracia lo que sólo constituye un elemento particular de su definición: el aspecto formal que se abstrae y se quiere hacer valer de manera separada, estrategia que siempre guio al pensamiento político liberal. Pero la verdad es el todo y la fijación en uno de sus momentos particulares, como si éste valiera por la totalidad misma, es una falsificación del concepto.

Y en esa amplia perspectiva histórica hay que decir que hoy, en los países en los que el capitalismo desarrollado se combina con la cultura liberal en la organización del Estado, sigue habiendo una importante franja social de excluidos y una enorme desigualdad en el disfrute real y efectivo de los derechos humanos, ya que una minoría sigue imponiendo su poder económico y social a la mayoría con la sanción legitimadora del poder político. Las instituciones y las leyes siguen teniendo un tufo clasista, como se aprecia si nos fijamos en el origen social de los condenados por la justicia o en el modo como se sacraliza el derecho a la propiedad y no así el derecho al trabajo o a la vivienda. Las leyes que amparan las operaciones especulativas de los grandes poderes económicos, que facilitan la explotación en el trabajo y que permiten la desigualdad en el modo en que se organiza la información de los medios para controlar la opinión pública son las mismas que declaran solemnemente la igualdad de todos ante la ley. Por eso, aun cuando el reconocimiento de las conquistas de la democracia liberal (el sufragio universal, la libertad de expresión, las garantías judiciales, etc.) deba admitirse como algo irrenunciable, tras el enorme esfuerzo y sufrimiento que costó su logro, ha de reconocerse al mismo tiempo su radical insuficiencia mientras no se completen con el acceso igualitario y universal a los derechos sociales para que aquellas conquistas no se queden en formas meramente abstractas y sin efectividad real. La democracia liberal, en cuanto momento parcial del ideal democrático, más allá de toda sacralización mistificadora e interesada, sólo se legitima si se desarrolla al mismo tiempo como democracia social, completando así el concepto de la democracia. Lo cual, por cierto, plantea la necesidad histórica de superar el capitalismo, cuya razón de ser es finalmente incompatible con el acceso igualitario a los derechos sociales y, por ende, con el ideal democrático.

Derecho, sociedad civil, Estado y reconocimiento en la relación crítica de Hegel con el liberalismo

Guillermo Flores Miller

Introducción

Este texto lleva a cabo la revisión de algunos de los momentos centrales de tres apartados de la filosofía del espíritu objetivo hegeliana, a saber: el derecho abstracto, la sociedad civil y el Estado. Ello sirve también para acercarnos a algunas críticas que realiza Hegel a los supuestos o fundamentos en los que descansa el liberalismo. Para ello, recurrimos a los argumentos que Hegel desarrolla para criticar algunos aspectos torales del liberalismo como son el contractualismo y la propiedad. Al mismo tiempo, recuperamos la perspectiva crítica que Hegel mantiene de la sociedad civil burguesa y de la economía, misma que él denomina «sistema de las necesidades». En este último aspecto veremos el papel que desempeña el Estado frente a la sociedad civil. El texto también contiene una lectura basada en el reconocimiento. Aunque éste era un concepto bastante promisorio en otras partes del sistema hegeliano, parece diluirse y no lograr atender los problemas y contradicciones que aquejan al mundo moderno, esto parece inyectarle un carácter trágico a la que sería una tensión permanente y propia del mundo moderno. A pesar de que posteriormente Hegel intenta resolver las contradicciones a través de una filosofía del espíritu absoluto que recurre a una pretendida reconciliación, más que una solución filosófica parece una plegaria agónica ante la vorágine de un mundo que adviene y supera dialécticamente en su inmanencia los esfuerzos reconciliatorios del filósofo. De cualquier modo, nos parece que es central abordar algunos planteamientos de Hegel, pues mucho de lo contenido en ellos mantiene su vigencia y puede considerarse para articular una postura crítica respecto a algunos supuestos básicos del liberalismo y de los fundamentos propios de la modernidad. Desde luego, el planteamiento del Estado y del derecho en Hegel se mantiene dotado de una potencia filosófica suficiente para arrojar ciertas luces a la actualidad política de un mundo en crisis.

El fundamento del derecho en Hegel es la libertad, misma que implica el recorrido completo de la voluntad libre a través de todo su desarrollo, desarrollo que es el propio del espíritu objetivo o, en términos de la lógica, de la concreción del concepto, y en este caso, del concepto de la libertad -aunque ya decir concepto implica necesariamente libertad. Hegel comienza el proceso del desarrollo de la voluntad desde su momento más pobre en determinaciones y en el que la voluntad contiene una determinación elemental para su libertad: la propiedad. La propiedad no es en Hegel el fundamento de la libertad, como lo es en otras filosofías, es simplemente una determinación que contiene la exterioridad y objetividad que permiten que la voluntad haga existente su libertad subjetiva. Dado que es una determinación de lo más abstracta, pero que tiene su lugar en el mundo moderno como la relación más básica dentro del ámbito del derecho, es entonces la determinación precisa para representar el derecho de la persona jurídica.

El derecho abstracto

Se sabe que Hegel al referirse al derecho abstracto está considerando el desarrollo del derecho en la modernidad. El derecho abstracto es el derecho efectivo de la época de Hegel. Es un resultado propio de la modernidad. Hegel piensa en el derecho positivo y en las formulaciones propias del derecho racional natural que llegan hasta Kant y Fichte. Ya no es el derecho abstracto del mundo romano que Hegel había abordado en la *Fenomenología del espíritu*.[1] Aunque Hegel ha considerado al derecho romano como el primer momento del desarrollo del derecho abstracto formal y de la aparición del concepto jurídico de persona, de cualquier modo, el derecho y la persona serán mediados por el desarrollo propio de la modernidad y de la aparición de la subjetividad moderna como voluntad, así como de las formas de libertad que le son propias. Si bien no coincide con la secuencia de la *Filosofía del derecho*,[2] el momento del derecho abstracto en el mundo romano en la

---

[1] GWF Hegel, *Fenomenología del espíritu*, trad. de Wenceslao Roces, FCE, México, 1966.
[2] GWF Hegel, *Principios de la filosofía del derecho*, trad. de Juan Luis Vermal, Edhasa, Barcelona, 2005. En adelante, esta obra será citada como FD acompañada del parágrafo correspondiente.

Fenomenología del espíritu representa un momento clave para el surgimiento de la subjetividad. Ese sería el momento inicial del derecho subjetivo, aspecto que después tendrá un mayor desarrollo en el derecho occidental hasta nuestros días. Es, por así decirlo, el origen del derecho moderno. También son los comienzos de lo que conocemos como Estado de derecho, es decir, de un Estado que tiene como base el apego a un orden político constituido por el derecho.

El término de persona jurídica en la *Fenomenología del espíritu* se refiere al reconocimiento formal, por parte del derecho romano, del ciudadano como una personalidad jurídica individual. El individuo a través del mero reconocimiento jurídico será solamente un individuo abstracto y un simple átomo entre tantos, lo cual conlleva un vacío y escisión del individuo que lo convierte en uno más de los átomos que, de manera impersonal, conforman ese mundo, mismo que cuenta con un derecho vacío de contenido sustancial y es puramente formal. Es así que el sentido de contingencia y contradicción se hará presente en el individuo como persona jurídica del derecho abstracto romano. En el capítulo IV inciso A, de la *Fenomenología del espíritu*, Hegel ya había manifestado su crítica al concepto jurídico de persona, como una forma de reconocimiento insuficiente: "El individuo que no ha arriesgado la vida puede sin duda ser reconocido como persona, pero no ha alcanzado la verdad de este reconocimiento como autoconciencia independiente".[3] Hegel nos dice que, al haber alcanzado el reconocimiento jurídico, la persona no ha puesto en juego su propia vida, no ha asumido el riesgo; por lo que aún no ha realizado su libertad como autoconciencia autosuficiente. En esta parte de la *Fenomenología del espíritu* a Hegel no sólo le interesa la formalidad del reconocimiento legal, sino el reconocimiento directo entre autoconciencias que se quieren como subjetividades. Más allá del derecho abstracto, llevado al plano del espíritu objetivo, tal reconocimiento tiene que ser interpersonal, formal. Y se podría añadir que hasta político, dentro de una eticidad; aunque lo mismo busca que el sujeto sea plenamente libre y no sólo que sea reconocido como simple sujeto del derecho formal. Hay que recordar que, en la *Fenomenología del espíritu*, Hegel nos habla de una lucha entre autoconciencias que buscan el reconocimiento, pero como meras subjetividades que no han dado el paso a la

---

[3] GWF Hegel, *Fenomenología del espíritu…*, p.116.

formación de un mundo ético que tenga como momento de la realización de la libertad al derecho moderno.

En todo caso, en la *Fenomenología* se halla una explicación de cómo se ha desarrollado la experiencia de la conciencia humana; pero además contiene una argumentación filosófica que intenta acabar con las estrategias argumentativas del contractualismo, el cual pretende encontrar en el contrato el fundamento del derecho y del Estado. Hegel mostrará que las justificaciones del iusnaturalismo-contractualista son arbitrarias si las consideramos desde una perspectiva filosófica estricta. Es decir, para Hegel, las instituciones humanas como el Estado o el derecho han sido construidas históricamente y de manera permanente por los seres humanos; y eso no ha sido porque los individuos se pongan de acuerdo por medio de un contrato, sino porque la misma voluntad de libertad de los sujetos les ha ido mostrando, por medio de la razón efectiva de su época histórica, que el reconocimiento se construye y se conquista efectivamente por los mismos sujetos como voluntades que se quieren libres. Es de cualquier manera necesario enfatizar que al hablar de derecho abstracto en la *Filosofía del derecho* nos encontramos ante el primer momento del espíritu objetivo, mientras que el capítulo IV de la *Fenomenología del espíritu* es todavía parte del desarrollo fenomenológico del espíritu subjetivo, y aparece en su argumentación como momento de un mero reconocimiento formal que no permite el ejercicio real de la libertad. Aclarado lo anterior, damos paso al primer momento del derecho abstracto: la propiedad.

El tema de la propiedad en Hegel es un tema que ha sido interpretado de muy diversas maneras, por lo cual es un aspecto polémico y discutido dentro de su filosofía del derecho. Inclusive es posible que se pueda señalar que hay un tratamiento distinto del tema de la propiedad al de otras de sus obras, tema que aquí no abordaremos por salir de nuestra intención y también por salir de la extensión de este trabajo.

Hegel explica que para que el concepto de persona jurídica tenga existencia y, con ello, su idea, "tiene que darse para su libertad una esfera exterior".[4] Esta esfera exterior constituye su primera determinación abstracta que permite que la persona se exteriorice y se relacione con lo diferente e inmediato exterior. Esto es como "voluntad infinita existente en sí y por sí en su

---

⁴ GWF Hegel, FD, § 41.

primera determinación aún totalmente abstracta, lo diferente de ella, que puede constituir la esfera de su libertad, se determina al mismo tiempo como lo inmediatamente distinto y separable".[5] Tal esfera exterior está conformada por algo que es inmediatamente distinto al espíritu libre que constituye a la voluntad, es lo otro que en tanto no es espiritual, no es lo libre en sí, pero que al entrar en relación con la voluntad como su cosa exterior, le permite a la voluntad como persona manifestar, de modo externo y existente, es decir, de modo objetivo, su libertad a través de esta determinación; la cual existe como elemento que introduce a la voluntad a la esfera del derecho por medio de su personalidad jurídica en una relación que contiene la libertad abstracta, que aun y cuando sea una relación abstracta, ya es propia del terreno del espíritu libre en su inmediatez. El siguiente pasaje ilustra bastante bien el esfuerzo de Hegel por pensar este momento, el más abstracto, en su relación más elemental con la cosa exterior:

> La persona en cuanto concepto inmediato y por ello esencialmente individuo, tiene una existencia natural, por un lado en sí misma y por otro como aquello con lo que se relaciona como mundo exterior. Respecto de la persona, que se encuentra ella misma en su primera inmediatez, sólo se habla de las cosas tal y como son inmediatamente, y no como pueden llegar a ser por la mediación de la voluntad.[6]

Se puede apreciar cuál es la intención de Hegel al presentar a la persona en su condición inmediata de individuo en su existencia natural y no como voluntad ya directamente en su desarrollo espiritual. Esta manera de iniciar por el momento más básico de la voluntad y de su primera determinación externa, representa un abordaje filosófico que procura comenzar por las determinaciones más universales y abstractas, lo cual nos recuerda al estado de naturaleza contractualista que cuenta con sus determinaciones iniciales, y que no por ello son las más espirituales en cuanto a contenido se refiere.

A partir de la relación de la voluntad como persona con la cosa exterior, Hegel lleva a cabo la distinción entre lo que es propio del espíritu libre en su interioridad y lo que, en cambio,

---

[5] *Idem.*

[6] *Ibid.*, § 43.

pertenece a la esfera de la exterioridad en su inmediatez y que por lo mismo no contiene espiritualidad. A raíz de esta distinción Hegel señala un aspecto sumamente importante para la filosofía crítica contemporánea: la cosificación o reificación de los seres humanos al rebajarlos a condición de cosas. Hegel recurre al ejemplo del derecho romano en el cual los niños eran considerados como cosas, con lo que se intentaba tipificar jurídicamente como cosa lo que evidentemente no era tal. Hegel llama claramente a esto "injusta e inmoral determinación".[7] El tratar como cosa a los infantes no sólo habla de una falta de reconocimiento jurídico-formal de los mismos, sino que implica también una falta de reconocimiento ético. Con ello queda fijada la posición de Hegel respecto a lo que sería propio del espíritu, lo cual no puede ser degradado a una reificación, pues como él mismo menciona: "lo que es del espíritu es libre". Por lo tanto, no puede reducirse a un ser humano a la condición de cosa, por más legal y formal que se presente tal cosificación, ya que contendría una injusticia y una falta de reconocimiento a su derecho.

Por otro lado, Hegel considera contradictoria la situación de la persona jurídica al reconocerse su libertad -solamente en la esfera exterior formal- y no reconocer en toda su dimensión el aspecto espiritual de la libertad. Es en ese momento que Hegel se concentra en el tema de la posesión. La persona es poseedora de bienes que son reconocidos jurídicamente como propios de ella y que pueden ser intercambiados o enajenados con otra u otras personas. He ahí la limitación del concepto de persona al referirse simplemente a la exterioridad y a un reconocimiento que se restringe a la esfera formal, por lo que, según Hegel, priva una falta de espiritualidad en la relación jurídica propia de la posesión.

Hegel explica que "el que yo tenga algo bajo mi poder exterior constituye la posesión".[8] El alemán distingue entre dos aspectos de la posesión: 1) El interés particular de la posesión, en el que el yo obtiene algo que considera como suyo movido por "las necesidades naturales, los instintos o el arbitrio".[9] 2) El segundo aspecto es el del yo como voluntad libre objetiva, y que contiene "lo que en la posesión es verdadero y justo, la determinación de la

---

[7] *Ibid.*, § 43, Obs.
[8] *Ibid.*, § 45.
[9] *Idem.*

propiedad".[10] Lo anterior da pie para que Hegel realice una distinción muy valiosa acerca del tema de la propiedad contenida en la *Filosofía del derecho*:

> Respecto de la necesidad, en la medida en que ella se convierte en lo primero, el tener propiedad aparece como un medio; pero la verdadera posesión es que, desde el punto de vista de la libertad, la propiedad, en cuanto primera existencia de la libertad misma, es un fin esencial para sí.[11]

En este pasaje se aclara que para Hegel la verdadera posesión no se queda en la mera necesidad natural de poseer una cosa externa que sirva como simple medio para satisfacer una necesidad o deseo, sino que la posesión sirve para que la voluntad se apropie de algo que le permita exteriorizarse y con ello realice su libertad; libertad que se encuentra en una instancia todavía muy abstracta, pero que al fin es un primer paso; es así que una verdadera posesión conduce a la propiedad, y es esa forma de existencia externa como posesión lo que le permite a la voluntad estar ya en consecución de un fin y no de un simple medio. Tal fin consiste en que al poseer la cosa externa y ser propietario de la misma, la voluntad se está dirigiendo a un fin espiritual: su libertad. Libertad que se encuentra en un momento primario y necesitado todavía de un amplio recorrido, pero, de cualquier modo, es una primera instancia necesaria para llegar al fin espiritual de una libertad con mayor contenido.

Hegel hace una distinción importante respecto a la propiedad privada y a la propiedad común. El autor nos dice que en la propiedad la voluntad "deviene objetiva en cuanto voluntad personal y por lo tanto del individuo, aquélla adquiere el carácter de propiedad privada".[12] Lo que Hegel está señalando sobre la propiedad privada son tres aspectos: 1) que la voluntad por medio de la propiedad se objetiva, se exterioriza y está realmente en su mundo espiritual, lo cual es una condición de la libertad de la voluntad; 2) que la voluntad es siempre una voluntad personal, es decir, de un individuo, y ello sucede también al ser propietario, es decir, al objetivarse, la voluntad lo hace como persona individual,

---

[10] *Idem.*

[11] *Ibid.*, § 45, Obs.

[12] *Ibid.*, § 46.

y el propietario es persona individual; 3) por lo que la relación de la voluntad con la cosa que posee es, en primera instancia, una relación directa del individuo con la cosa, una relación de propiedad de un individuo respecto a una cosa. Constituyéndose dicha relación en la *propiedad de la persona sobre la cosa que posee*: la propiedad privada. En la voluntad de la persona está presente la necesidad del fin de la libertad, lo cual significa que la propiedad otorga libertad al individuo, ya que ser propietario de algo le permite objetivarse en el mundo espiritual, y también permite que dicha propiedad sea de ese individuo en particular respecto a otros que no son propietarios de esa cosa pero que formalmente le reconocen su propiedad.

En el caso de la propiedad común, Hegel señala que dicha forma de propiedad consiste en que "tiene la determinación de una comunidad en sí disoluble, en la que el abandono de mi parte depende sólo de mi arbitrio".[13] Tal comunidad es libre y voluntaria, por lo que tiene su fundamento en la libertad de la voluntad como arbitrio. Es decir, es anterior el individuo que decide participar o no en tal forma de propiedad, dado que la propiedad individual es la relación directa y primaria de la persona con las cosas. Este es un punto controvertido, dado que se podría señalar que una propiedad colectiva no necesariamente consiste en que las voluntades decidan estar o no dentro de tal comunidad, aunque pareciera que de cualquier modo tal argumento le daría razón a nuestro autor, al probarse que no hay ejercicio pleno de la libertad en tal forma de propiedad, a diferencia de la propiedad privada. Este sigue siendo un tema de discusión, puesto que se podría entender que en la propiedad colectiva existe un proceso de reconocimiento distinto al de la propiedad privada y en el que todos los individuos serían propietarios solidarios. Y es polémico porque Hegel considera que la propiedad privada es una forma de derecho más racional que la propiedad común, al ser aquélla garante de la libertad de la persona, pues una comunidad está conformada por individuos que requieren ser libres para sí (libertad subjetiva), si no la libertad del individuo quedaría sojuzgada.[14] Aunque se podría pensar de modo contrario: el participar de una propiedad colectiva de modo voluntario también representa la realización de la libertad subjetiva

---

[13] *Idem.*

[14] En el mismo § 46, Hegel critica la idea del Estado platónico contenido en la *República*, Estado en el que no habría propiedad privada.

pero en relación con otras subjetividades donde el reconocimiento de lo individual también se convierte en el reconocimiento de lo colectivo, es decir, que una propiedad colectiva no tendría por qué anular la libertad subjetiva si hay un ejercicio libre de la voluntad en el que sea reconocida por otras voluntades como co-propietarias o como comunidad propietaria, lo que llevaría a considerar un estatus distinto del concepto de persona tal como ha sido planteado por el derecho subjetivo.

Habría que añadir que aunque Hegel comenta que el derecho ha considerado que la propiedad privada contiene una racionalidad, el mismo Hegel parece limitar la racionalidad propia de la propiedad privada, ya que por encima de esa racionalidad limitada se encuentran "esferas más elevadas del derecho".[15] Con ello Hegel insinúa ya el papel del derecho público que forma parte de la eticidad y de la instancia propia de ese ámbito: "el organismo racional del Estado".[16] Pensamos que con lo anterior Hegel no está limitando el derecho de la propiedad privada de modo arbitrario, sino que estaría considerando que para garantizar una libertad efectiva no basta con sólo quedarse en el mero reconocimiento de la propiedad privada, pues existe la necesidad y responsabilidad social de las instituciones públicas de garantizar la libertad plena de todos los individuos, y para ello se tiene que apelar a un bien social mayor que el de la simple propiedad de los individuos y su reconocimiento formal. Esto significa que una forma del derecho más desarrollado espiritualmente también permite que la voluntad logre un plano de reconocimiento cualitativamente superior al del derecho abstracto. Esto último parece tema propio de la sección del Estado, y de hecho lo es; aunque es adecuado plantear, por un lado, la relación entre individuo y Estado y, por otro, entre libertad subjetiva como mera libertad de propiedad de la persona y una libertad que busca el ejercicio pleno de una libertad social, política y hasta económica en donde el reconocimiento efectivo no es el mismo que el del derecho abstracto. De hecho, Hegel es quien en el parágrafo 46 de las "observaciones" ha mencionado al Estado, al derecho y a la razón propia de éste y también de aquél en contraste a la libertad de la persona y su propiedad.

El tema del contrato en Hegel es fundamental no sólo para entender que éste forma parte del derecho privado, sino que la

---

[15] *Ibid.*, § 46.
[16] *Idem.*

colocación del mismo en esta parte del derecho abstracto permite considerar la importancia que en la filosofía de Hegel tiene la crítica al contractualismo. Es decir, el contrato no puede ser el fundamento o principio de la organización política o del Estado. En nuestra lectura de esta parte de la *Filosofía del derecho* nos parece que es más relevante el aspecto político que seguir el desarrollo del contrato como un trato jurídico entre personas; aunque es a través de conocer cómo es que Hegel conceptualiza al contrato como momento del derecho abstracto que podemos entender que en Hegel el contrato no puede ir más lejos del ámbito del derecho abstracto; por lo que pretender, como ya lo señalábamos, colocar al contrato como el principio que permite dar el paso del estado de naturaleza a la conformación del estado social y político, como lo pretende el iusnaturalismo contractualista, implica incurrir en una arbitrariedad categorial respecto al derecho y al Estado. Es por ello que en esta parte de la *Filosofía del derecho* recurriremos a algunos momentos de la argumentación hegeliana que permitan dejar sentado de modo claro que el contrato no es el fundamento de la organización política, ni del Estado. Es decir, un momento de particularidad no puede contener ni la universalidad ni la racionalidad necesarias para dar paso a la justificación filosófica del Estado y del derecho.

El contrato para Hegel sería simplemente un trato entre particulares, es decir, la voluntad de personas en el ámbito del derecho abstracto que requieren el reconocimiento jurídico respecto de sus propiedades. Es una relación entre voluntades que por medio del contrato establecen quién es propietario y quién no lo es o deja de serlo. Y por lo cual, el contrato, propio del derecho privado, no puede ser la base del derecho y del Estado. El contrato tiene su base en el arbitrio, el cual es uno de los momentos de la voluntad, pero la voluntad como arbitrio tiene como su libertad a la libertad propia del entendimiento que es sólo para sí y que carece de la unidad de pensamiento y existencia. Es la mera formalidad abstracta, así como la actuación de la voluntad conforme a lo particular y a la finitud del arbitrio, y por lo tanto la voluntad de la persona no es todavía una voluntad libre en sí y para sí. No se puede pedir que este grado de desarrollo de la voluntad, que corresponde precisamente a la libertad liberal del iusnaturalismo-contractualista moderno, sea el que se pueda considerar como el origen de la organización política y estatal. Kant -entre otros, entre los que estarían Fichte y algunos liberales, por ejemplo- sería uno de los iusnaturalistas-contractualistas que pretende, en base al entendimiento, al arbitrio y a la representación del contrato carente del concepto, acudir a éste último para explicar el fundamento del Estado. Eso significa llevar el trato entre particulares referente a la propiedad privada como fundamento del Estado. Esto implicaría colocar las cosas al revés de como racionalmente son ya en sí. Es poner apriorísticamente a la propiedad privada, tal y como lo hace el liberalismo, como el fundamento de la libertad y del Estado. Se puede comprender claramente que tal proceder no es el de Hegel; por el contrario, Hegel es quien cuestiona lo endeble del argumento contractualista. Por ello, entre otros motivos, Hegel no puede ser considerado como un liberal iusnaturalista, pues eso sería tan imprudente como colocarlo en el nivel argumentativo de Locke.[17] Aunque Hegel haga suyo el momento de la propiedad privada, como un momento en el que la voluntad está formando su libertad externa, pero todavía en un nivel abstracto y limitado, no puede por ese aspecto considerársele como liberal.

Entonces tenemos que para Hegel apelar a un contrato de todos con todos para formar al Estado significa comenzar por el arbitrio particular y no por la razón. Siendo que para Hegel el Estado contiene la racionalidad que lo aleja del arbitrio de las voluntades en el nivel de personas jurídicas del derecho abstracto, pues si no, lo que tenemos es el predominio de lo privado por sobre lo común y público. Y a eso no podría llamársele concepto de Estado, ni tampoco contendría razón, sino que sería mero arbitrio particular y entendimiento de una representación formal de lo que, según algunos apelando a un supuesto (como lo hacen los contractualistas), debería ser el Estado, en lo que sería más bien una apariencia de Estado carente de contenido real y no un Estado real racional. Repetimos lo que ya esbozábamos en nuestra argumentación: el grado de reconocimiento de la esfera del derecho abstracto no es un grado de reconocimiento suficiente desde los puntos de vista moral, social y político. Es muy simple: el grado de desarrollo de la libertad de la voluntad dentro de la esfera del derecho abstracto es muy pobre en sus determinaciones, y ese

---

[17] Véase la argumentación iusnaturalista del contrato, de la propiedad y de la voluntad en Locke para entender bien esta crítica al contractualismo: J. Locke, *Segundo tratado sobre el gobierno civil*, trad. Carlos Mellizo y estudio preliminar de Peter Laslett, Tecnos, Madrid, 2006.

grado de desarrollo de la libertad de la voluntad también se corresponde con un nivel de reconocimiento muy abstracto.

El contrato social, para Hegel, sería una ficción. En todo caso, el origen o génesis del desarrollo efectivo de la sociedad humana, en cuanto a la conformación de la sociedad política y la organización de la misma, ha sido más bien producido por relaciones de poder en las que hay una lucha por el reconocimiento.[18] No se trata de un recorrido terso y consensual en el que se llega a acuerdos, sino que representa una lucha histórica. Este aspecto tiene una relación directa con la concepción de libertad en Hegel. Para Hegel, a diferencia de la tradición iusnaturalista-contractualista, los derechos son una construcción humana que se han ido conquistando a través del tiempo, y para ello es necesario referirnos a una lucha por el reconocimiento de los derechos. Al hablarse de esa lucha se echa abajo el supuesto consenso a través de un contrato originario en el que todos los individuos han sido reconocidos en sus derechos. Por el contrario, la historia muestra la lucha por el reconocimiento de los derechos, por ejemplo: el sufragio universal (que Locke y los liberales reducían a los ciudadanos propietarios), los derechos de las mujeres, de las minorías, de los indígenas, la abolición de la esclavitud y del racismo, entre otros, contradicen el idílico pacto inicial entre todos los individuos.

Pero ahora veamos el tratamiento que hace Hegel del desarrollo de la sociedad civil como el lugar en el que se dan las interacciones económicas y políticas entre los individuos del mundo burgués moderno. Es el terreno propio de las contradicciones del sistema capitalista que se empeña en separar el mercado como terreno económico, de la política como ámbito de la participación de los ciudadanos en la conformación de un orden político.

---

[18] Hegel expresa en la *Enciclopedia de las ciencias filosóficas* algo que resulta de gran relevancia para el análisis del reconocimiento desde una perspectiva política, pero también para el derecho: "La lucha por el reconocimiento y el sometimiento a un señor es el fenómeno con el que ha brotado la vida en común de los humanos como comienzo de los estados". GWF Hegel, *Enciclopedia de las ciencias filosóficas*, edición, traducción y notas de Ramón Valls Plana, Alianza, Madrid, 1999, § 433.

La sociedad civil

En el análisis que lleva a cabo Hegel en la *Filosofía del derecho*, la sociedad está constituida por individuos independientes a los que sólo los unen, por un lado, sus necesidades, en particular las necesidades materiales y, por otro lado, las leyes, el derecho que rige dichas relaciones. Es decir, la protección y garantía jurídica de las relaciones impersonales de la propiedad y de los contratos celebrados por los individuos. A esta etapa Hegel la considera como la de un Estado exterior, en el que los individuos se interesan por su propio beneficio, todavía sin asumir el compromiso de la sustancialidad ética contenida en el Estado interior, el cual sería la realización del ideal hegeliano. De cualquier forma, la sociedad civil como momento intermedio entre la familia y el Estado significa el desarrollo de los aspectos fundamentales de la modernidad como forma de vida, no sólo política, sino que conforma la relevancia y dominio de lo económico a través del mercado, del trabajo y las relaciones laborales; del derecho a rango de ley y del reconocimiento jurídico entre los individuos particulares que así ejercen sus garantías para convenir contratos y proteger su propiedad e incrementar su patrimonio; de la conformación de las instituciones civiles y ciudadanas defendiendo sus intereses a través de organizaciones solidarias para el beneficio del conjunto de individuos que las conforman voluntariamente, entre otros tantos aspectos. Con estos pocos datos parece quedar clara la importancia de la sociedad civil y el papel que juega en la eticidad moderna.

Debemos comenzar por lo que Hegel comenta acerca de la sociedad civil.[19] En el primer parágrafo en el que Hegel aborda el

---

[19] Para tratar el tema de este capítulo hay material que lo aborda de una manera crítica y que, me parece, arroja luz sobre una posible interpretación que da para mucho más que lo que me dispongo a hacer en este trabajo. En realidad, las distintas partes que componen a la sociedad civil serán tratadas aquí de una manera muy esquemática y descriptiva. Para una lectura más amplia de la sociedad civil véase Shlomo Avineri, *Hegel's theory of the modern state*, Cambridge University Press, Cambridge, 1972; también véase Enrique Serrano, *Filosofía del conflicto político. Necesidad y contingencia del orden social*, UAM-I, México, 2001. Para estudios un tanto exhaustivos y hasta eruditos sobre el tema véase Manfred Riedel, «El concepto de la «sociedad civil» en Hegel y el problema de su origen histórico», en Gabriel

tema de la sociedad civil nos indica que ésta se encuentra conformada por personas particulares, las cuales se ven a sí mismas como fines y además se encuentran en interacción con otras particularidades que tratan de satisfacer sus necesidades:

> La persona concreta que es para sí un fin particular, en cuanto totalidad de necesidades [*Bedürfnisse*] y mezcla de necesidad [*Notwendigkeit*] natural y arbitrio, es uno de los principios de la sociedad civil. Pero la persona particular está esencialmente en relación con otra particularidad, de manera tal que sólo se hace valer y se satisface por medio de la otra y a la vez sólo por la mediación de la forma de la universalidad que es el otro principio.[20]

En el agregado del mismo §182 Hegel nos indica que la sociedad civil, aunque se ubique en medio (término medio) de los otros dos momentos de la eticidad que son la familia y el Estado, resulta antecedido por este último, dado que el orden estatal es necesario para que la sociedad civil exista como momento independiente que ostenta la particularidad en relación con el universal concreto representado como Estado, el cual encierra el *concepto* que escala en la conformación de la *Idea*. Hegel lo explica del siguiente modo:

> La sociedad civil es la diferencia que aparece entre la familia y el Estado, aunque su formación es posterior a la del Estado. En efecto, por ser la diferencia supone el Estado, que ella necesita tener ante sí como algo independiente para existir. La concepción de la sociedad civil pertenece por otra parte al mundo moderno, que es el primero que hace justicia a todas las determinaciones de la idea [...] En la sociedad civil cada uno es fin para sí mismo y todos los demás no son nada para él. Pero sin relación con los demás no puede alcanzar sus fines; los otros son, por lo tanto, medios para el fin de un individuo particular. Pero el fin particular se da en la relación con otros la forma de

---

Amengual Coll (ed.), *Estudios sobre la filosofía del derecho de Hegel*, Centro de Estudios Constitucionales, Madrid, 1989, pp. 93-120. Y también Giuliano Marini, «Estructura y significado de la sociedad civil hegeliana», en la misma obra editada por Gabriel Amengual Coll, pp. 223-248.
[20] GWF Hegel, FD, §182.

la universalidad y se satisface al satisfacer al mismo tiempo el bienestar de los demás.[21]

Por otra parte, Hegel tiene bien claros los argumentos liberales que hablan del conjunto de átomos individuales que están, a su vez, en relación con otros átomos, los cuales, por medio de su autocentramiento, edifican la posibilidad de que ese conjunto de egoísmos se convierta en un resultado que contribuya al beneficio de los intereses de cada uno de ellos. Estos individuos al verse como fines en sí mismos consideran a los otros individuos como medios para la consecución de sus fines, es decir, su relación es la propia de una racionalidad con arreglo a fines (como le llama Max Weber) como característica del mundo moderno.[22] Esta descripción que efectúa Hegel tiene referencia clara en Adam Smith, quien, en otras palabras, considera que bajo este orden social de individuos egoístas se constituye el estado óptimo de los beneficios sociales.[23] Hay en esa relación de individuos una universalidad conformada por las particularidades que componen los átomos individuales de la sociedad civil. Por ello agrega en el siguiente parágrafo:

> En su realización, el fin egoísta, condicionado de ese modo por la universalidad, funda un sistema de dependencia multilateral por el cual la subsistencia, el bienestar y la existencia jurídica del particular se entrelazan con la subsistencia, el bienestar y el derecho de todos, se fundamentan en ellos y sólo en ese contexto están asegurados y son efectivamente reales. Se puede considerar este sistema en primer lugar como estado exterior, como el estado de la necesidad y del entendimiento.[24]

Es así que enseguida pasamos revista del primer momento de la sociedad civil como un *sistema de necesidades* en el que está

---

[21] *Ibid.*, § 182, agregado.

[22] Max Weber, *Economía y sociedad. Esbozo de sociología comprensiva,* trad. de José Medina Echavarría, Juan Roura Parella, Eugenio Ímaz, Eduardo García Máynez y José Ferrater Mora, 2ª. ed., FCE, México, 1964.

[23] Adam Smith, *Investigación sobre la naturaleza y causas de la riqueza de las naciones,* 2ª. edición, trad. y estudio preliminar de Gabriel Franco, FCE, México, 1958.

[24] GWF Hegel, FD, § 183.

presente el mecanismo del mercado como motor de la interacción social. En esta parte Hegel está hablando de la economía como un sistema de satisfacción de las necesidades en dos modalidades: la satisfacción de la necesidad del individuo que es mediada y que, a la vez, es recíproca. Nos encontramos ya ante el mercado capitalista y las relaciones e interacciones que se dan en torno a él:

> La particularidad es en primer lugar, en cuanto determinada frente a lo universal de la voluntad *necesidad subjetiva*. Esta alcanza su objetividad, es decir, su satisfacción, por medio de cosas exteriores que son igualmente la propiedad y el producto de otras necesidades y voluntades, y de la actividad y el trabajo como lo que media entre los dos aspectos. Puesto que su finalidad es la satisfacción de la particularidad subjetiva, pero en la relación con las necesidades y el libre arbitrio de los otros se hace valer la universalidad, la apariencia de racionalidad que surge en esta esfera de la finitud es el entendimiento. Este es el aspecto que hay que considerar y que constituye en esta esfera el factor de conciliación.[25]

Asimismo, Hegel es consciente de la importancia de la economía política que se encarga del estudio del proceso mismo de la operación de la economía y de las regularidades que están presentes en esta forma de interacción económica. La economía política, según nos dice Hegel, parte de un pensamiento que recoge y procesa aquella "realidad" que acaece en el terreno propio del *entendimiento*, el cual vislumbra el *fenómeno* tal y como parece ser. Hegel no deja de presentar una postura cautelosa ante esta forma de ciencia, a la cual le añade adjetivos desdeñosos que nos indican que no le concede un carácter científico en el sentido filosófico, para lo cual tendría que ir más allá del ámbito del entendimiento y de la apariencia de las cosas: la razón contenida tanto en el pensamiento como en la realidad efectiva.

> La economía política es la ciencia que tiene en estos puntos de vista su comienzo, y que tiene que presentar luego la relación y el movimiento de la masa de datos contingentes en su determinación cualitativa y cuantitativa y en su desarrollo. Es una de las ciencias que ha encontrado en la época moderna su

---

[25] *Ibid.*, § 189.

terreno propio. Su desarrollo muestra el interesante proceso de cómo el pensamiento (véase Smith, Say, Ricardo) descubre, a partir de la infinita cantidad de individualidades que en un primer momento tiene ante sí, los principios simples de la cosa, el entendimiento que actúa sobre ella y la gobierna. Si bien reconocer esta apariencia de racionalidad que reside en la cosa y actúa en ella es en esta esfera de las necesidades lo que produce la conciliación, por otra parte éste es el terreno en el que el entendimiento ligado a los fines subjetivos y a las opiniones morales descarga su descontento y su fastidio moral.[26]

La referencia que Hegel hace a "los fines subjetivos y a las opiniones morales" es una crítica al subjetivismo propio del entendimiento liberal que considera el aspecto moral como uno de los fundamentos del sistema de las necesidades. Más importante que la pura referencia al tema moral es que Hegel considera que la moralización del mercado y de las interacciones económicas es insuficiente y unilateral, al encontrarse este moralismo determinado a su vez por un factor *objetivo* que supera en la realidad al subjetivismo propio del entendimiento. Nos referimos a las condiciones estructurales que dan sentido a la totalidad social y económica a la cual llamamos sistema capitalista. Es decir, el gesto moralista para fundamentar o, por el contrario, criticar la operación del sistema, es a todas luces insuficiente. Ese camino es el propio del entendimiento en su mala infinitud; en cambio el curso seguido por una crítica sólida tendría que hacerse desde la totalidad de la infinitud propia de la unidad dialéctica del pensamiento con la realidad más dura (*efectiva*) en su propio proceso, en el que son las determinaciones de ese proceso *real* quienes nos muestran su desenvolvimiento interno, sin elementos externos, tal como suele proceder el entendimiento. Es por ello que Hegel cuestiona la apariencia de racionalidad del entendimiento, el cual, de cualquier modo, sirve para mostrarnos un aspecto central, pero todavía unilateral, de la realidad propia de la sociedad civil burguesa capitalista: el mercado y las interacciones sociales ligadas al mismo.

Habría que añadir otro elemento más: este sistema se edifica con base en el *trabajo* como mediación que produce los elementos que satisfacen las necesidades humanas. Ello conlleva diferencias

---

[26] *Ibid.*, § 189, Obs.

sociales que van produciendo mayores desigualdades, por ejemplo, la desigualdad de patrimonios. Es por ello que se dan las diferencias de clases.

Los análisis de Hegel sobre la pobreza o sobre el derecho de emergencia son cruciales para comprender la contradicción según la cual un mayor desarrollo económico al interior de la sociedad capitalista arroja como resultado mayor pobreza y desigualdad. Ella no ha permitido reparar en el aspecto central de cualquier economía, incluida la de mercado: ¿para qué y quién se produce? La respuesta del mercado ha sido propia del cálculo individualista: para el individuo que quiere satisfacer sus deseos, cualesquiera que sean, sin considerar que estamos hablando de la cobertura de las necesidades básicas de seres humanos para que puedan llevar a cabo una vida plena en sus diferentes esferas. Es entonces que nos encontramos ante la supremacía y desvinculación del ámbito económico, y su consiguiente autonomización, de los demás ámbitos, incluido el político.

Por otro lado, al ser éste un terreno en el que los desacuerdos están presentes, y al haber una nula posibilidad de que se den relaciones basadas en la confianza recíproca de los individuos que ponen en juego su racionalidad instrumental, es entonces que se da paso al segundo momento de la sociedad civil, el cual se refiere a la necesidad de que exista la garantía del cumplimiento de los acuerdos por medio de la celebración de contratos civiles y mercantiles que son propios de la esfera judicial, así como la protección de la propiedad privada: hablamos del derecho. En una sociedad en la que las particularidades no buscan realizar su universalidad por medio de una cooperación social, sino que más bien buscan realizar su provecho a través de los otros individuos, se dificulta garantizar que los tratos llevados a cabo en esas interacciones sean cumplidos cabalmente por la simple voluntad de las partes involucradas; así como también se complica que la propiedad de los individuos sea respetada por los otros. Así, se vuelve necesario recurrir a una instancia encargada de cumplir lo estipulado en los contratos entre particulares para que ese orden social siga funcionando. De manera que la institución sancionadora, reguladora y encargada de velar por el cumplimiento de lo convenido en los tratos entre particulares, es otro momento importante en la conformación de una sociedad civil que pende de equilibrios más bien frágiles. Estamos hablando del derecho que garantiza la protección de la propiedad. Al estar en una cultura y al ser también reconocido por los individuos como tal, este derecho es más que el simple derecho abstracto formal, es además real y positivo en el sentido jurídico. En la sociedad civil, este derecho no deja de ser formal, pero es, asimismo, algo más concreto y objetivo al formar parte de una cultura. Hegel señala: "[...] es esta misma esfera [...] la que, en cuanto cultura, da existencia al derecho, al ser universalmente reconocido, sabido y querido, y tener validez y realidad objetiva por la mediación de este ser sabido y querido".[27] Es por ello que este derecho se considera como *válido* al ser construido y pensado como parte integrante del sistema social, es decir, como una institución propia de la sociedad civil. Hay en ello, un carácter de *autopoiesis* o de validez social del derecho al responder a la necesidad de los mismos individuos preocupados por su seguridad. Más adelante Hegel agrega lo siguiente:

> [...] la *lesión* de la propiedad privada y la personalidad. [...] lo que tiene como consecuencia la total *seguridad* de la *persona* y la *propiedad*, como que se *asegure* la subsistencia y el bienestar del individuo, es decir, que el *bienestar particular* sea tratado como *derecho y realizado*.[28]

Este derecho es, entonces, un derecho que responde a la garantía que requieren los individuos que pretenden la protección de su propiedad y de la integridad de su misma persona. Ello como manera de resguardar el orden social que permita, a través del funcionamiento de esa administración de justicia del derecho, el bienestar de los individuos particulares. Aunque es pertinente enfatizar que a partir de esa necesidad de regular las relaciones entre los individuos, se ha dado pie a un sistema jurídico con todas sus instancias y legislaciones a través de la administración de la justicia por parte de tribunales que se encargan de aplicar el derecho.

Al estar siempre latente la posibilidad de que las acciones, decisiones y las contingencias que son provocadas por aquellas voluntades que se inclinen y actúen hacia el mal[29] se hagan efectivas,

---

[27] *Ibid.*, §209.

[28] *Ibid.*, §230.

[29] Para Hegel el mal se refiere precisamente a las afectaciones que produce sobre otros aquel individuo autocentrado u ocupado en sí mismo y que no es capaz de colocarse en el lugar de los demás individuos, por los que no siente

se requiere de la instancia que contenga la capacidad para actuar respecto a esas contingencias. En una sociedad organizada en torno a la actividad mercantil no es posible saber cuándo es que se cometerán actos injustos de unos individuos sobre otros por fines meramente particulares. Es por ello que existe el poder de policía como medida para contrarrestar los actos injustos o daños que como contingencias se puedan presentar. Estos actos pueden ser delitos u otras acciones que violenten la legalidad:

> Además del delito, que el poder general debe evitar o llevar a un tratamiento judicial, es decir, además de la contingencia como voluntad del mal, existen acciones legales y usos privados de la propiedad que son permitidos y que ponen también al arbitrio personal en relación exterior con otros individuos y con instituciones públicas de fin común. Por este aspecto general las acciones privadas se convierten en una contingencia que escapa a mi poder y puede ocasionar u ocasiona daños o injusticias a otros.[30]

Por otra parte, es importante el papel que la policía juega en la sociedad civil hegeliana, ya que aquí se ventilan los asuntos administrativos que tienen que ver con la vida cotidiana de los ciudadanos. Hay asociaciones de ciudadanos que ayudan a hacer política o que se vinculan entre sí para la solución de problemas concretos que atañen directamente a la comunidad. Es una especie de salvaguarda de la sociedad civil como instancia previa al Estado interior, lo que permitiría que muchos conflictos se encaucen, se destensen y posiblemente se resuelvan sin tener que llegar a manos del Estado. Este es un aspecto un tanto extraño y relevante en la institucionalización de la sociedad civil en Hegel. Aunque habría que destacar que esto no supone que dentro de la sociedad civil se estén usurpando atribuciones o facultades que son propias del Estado, sino que es más la tarea de complemento de aspectos que están en la esfera de la misma sociedad civil y que el Estado no tiene como propios, pues su tarea corresponde a funciones más específicas que son de otro tipo y en el que el momento universal no sea confundido con la particularidad de la sociedad civil.

---

el menor respeto y que, por lo mismo, transgrede y vulnera su derecho. En otras palabras, es la incapacidad del reconocimiento del otro.

[30] GWF Hegel, FD, § 232.

Los grupos económicos que intervienen en el proceso productivo tienen como finalidad proteger al individuo del mercado. El fin es universal, pues defienden el todo común, es decir, al conjunto de los individuos que pertenecen a las corporaciones. Las corporaciones serían una especie de mediación semejante a la que jugaba la familia frente a la sociedad civil. Se pretende la protección de los individuos que voluntariamente han decidido pertenecer a una de estas corporaciones de ciudadanos. Para Hegel las instituciones intermedias son importantes y son un contrapeso frente al poder del Estado, por lo que también tienen una finalidad universal:

> En cuanto limitada y finita, la finalidad de la corporación tiene su verdad -al igual que la separación existente en el exterior orden policial y su identidad sólo relativa- en la finalidad universal en y por sí y en su absoluta realidad. La esfera de la sociedad civil pasa así al Estado.[31]

El Estado

El Estado y el derecho en sentido moderno se constituyen como tales a partir de que de manera efectiva el Estado respete y haga valer el derecho, en lo que sería un Estado de derecho. A su vez, el Estado de derecho no puede existir si no parte del fundamento político más básico de la sociedad política que es la Constitución; por lo que el Estado de derecho tiene su verdad y su unidad plena cuando es éste un Estado constitucional, un Estado constitucional del derecho.

En Hegel, el Estado juega un papel relevante respecto a la libertad y a su realización subjetiva y objetiva en las voluntades de los ciudadanos. Dicho lo anterior es menester acudir a la cita del parágrafo con que inicia la parte del Estado en la *Filosofía del derecho*:

> El Estado es la realidad efectiva de la idea ética, el espíritu ético como voluntad sustancial revelada, clara para sí misma, que se piensa y se sabe y cumple aquello que sabe precisamente porque lo sabe. En las costumbres tiene su existencia inmediata

---

[31] *Ibid.*, § 256.

y en la autoconciencia del individuo, en su saber y en su actividad, su existencia mediata; el individuo tiene a su vez su libertad sustancial en el sentimiento de que él es su propia esencia, el fin y el producto de su actividad.[32]

Hegel nos está hablando del Estado como Idea, es decir, como algo que para ser real requiere que se den varios aspectos de manera efectiva, esto es, que lo constituyan como tal. Entre estos aspectos encontramos una idea que es ética (que responda a una eticidad) y que es realizada de manera objetiva dentro de un mundo ético como algo que está ahí o existe (*dasein*) en sí y que, a su vez, implica la autorreflexión y acción del sujeto autoconsciente que sabe que es para sí y que se concreta por medio de la realización efectiva de la libertad.

La idea ética es el Estado como la unidad de la vida ética de una sociedad política. Es decir, ya sabemos que para la aspiración hegeliana de la libertad es necesaria la unidad y reconciliación de lo objetivo con la subjetividad que realiza efectivamente, con su saber y su acción, la libertad humana. Lo que pretendería Hegel es precisamente la ambición de la reconciliación en el Estado del singular (universal concreto) que contiene la unidad de los dos anteriores momentos: 1) la *universalidad abstracta*, tanto del derecho abstracto, como de la familia dentro de la eticidad; y 2) la *particularidad*, presente en la moralidad, y también en la sociedad civil dentro de la esfera de la eticidad. Lo que Hegel quisiera ver realizado a través de la Idea de Estado sería la convergencia de los intereses particulares del sujeto con los intereses comunes, es decir, la unidad de lo particular con el universal concreto como singular.

El Estado al que Hegel aspira sería, en todo caso, el Estado en el que se realice de manera efectiva la libertad del sujeto y la libertad de la sociedad política dentro del Estado de derecho. Es por ello que Hegel pide no confundir la tarea del Estado con el papel de la sociedad civil. Es decir, en el momento en el que los intereses particulares se anteponen a un interés mayor como es el interés común, entonces se podría sostener que no existe el Estado como idea ética, sino como sociedad civil, que es la idea del Estado liberal. Lo que implica que hay unos intereses presentes en la sociedad civil y sin arreglo a fines comunes que obstaculizarían la realización de la libertad de las voluntades en general; ya que si

---

[32] *Ibid.*, § 257.

en el Estado el ejercicio directo del poder es realizado por parte de la sociedad civil es que entonces nos encontraríamos con el gobierno de los intereses particulares y no con un Estado como idea ética. Hegel sabe que confundir esta tarea fundamental del Estado significa la claudicación misma del concepto de Estado como idea ética y, agregaríamos, de la esencia de la política misma, y también del concepto de lo público. Porque en el caso de un Estado liberal que se confunde a sí mismo con la sociedad civil, nos encontramos postrados ante el poder y los intereses de lo particular por encima de lo general y común. Hegel tiene esa inquietud y es por eso que dice:

> Cuando se confunde el Estado con la sociedad civil y es determinado en base a la seguridad y protección personal, el interés del individuo en cuanto tal se ha transformado en fin último [...].[33]

La tarea del Estado sería contrarrestar esta forma de entender lo particular como lo único o más importante para un sujeto. Por el contrario, el sujeto autoconsciente es aquel que sabe que participa de una sociedad política y que existen instituciones estatales que coadyuvan a que los individuos realicen su libertad. Es por eso que Hegel considera que "el Estado es la realidad efectiva de la libertad concreta".[34] Y abundando más sobre la libertad concreta de la voluntad en el Estado dice lo siguiente:

> [...] la libertad concreta consiste en que la individualidad personal y sus intereses particulares, por un lado, tengan su total desarrollo y el reconocimiento de su derecho (en el sentido de la familia y la sociedad civil), y por otro se conviertan por sí mismos en interés de lo universal, al que reconozcan con su saber y su voluntad como su propio espíritu sustancial y toman como fin último de su actividad.[35]

En ese sentido, el Estado no tiene por qué oponerse a la realización de los intereses particulares de cada uno de los individuos, o sea, a las expresiones concretas de la realización de esa

---

[33] *Ibid.*, § 258, Obs.
[34] *Ibid.*, § 260.
[35] *Idem.*

libertad como subjetividad, como a veces critican los detractores de Hegel; sino que ese Estado es el que precisamente garantiza que se desarrolle el individuo en sus actividades privadas. Pero, por otro lado, Hegel busca que ese interés privado no sea el único aspecto que importe al individuo, sino que ese individuo sea partícipe de una vida cívica común. Es decir, dar el paso de lo particular a la universalidad concreta del espíritu. A las expresiones concretas de la realización de esa libertad como voluntad libre se les encuentra dentro de una realidad intersubjetiva, es decir, en una eticidad como configuración de un espíritu objetivo conformado a partir de las voluntades que integran dicha realidad social y política. Como se puede ver, el Estado hegeliano no es el Estado totalitario que no deja que el individuo desarrolle sus libertades, por el contrario, la tarea del Estado es precisamente que se realice la libertad de cada sujeto. Así, tampoco el Estado hegeliano es el Estado que pretende defender los intereses de grupos particulares que se encuentran en la sociedad civil, por el contrario, el Estado hegeliano pretende frenar el dominio de grupos particulares que quieran imponer su poder al resto de la sociedad, es decir, no puede haber nadie, por más poderoso que sea, por encima del Estado como garantía de la sociedad política y de su libertad.

Por otra parte, el Estado hegeliano es un Estado racional en el sentido de un Estado de derecho que está conformado por instituciones óptimas para que el sujeto viva dentro de un clima de libertad, tanto privada como pública. Esto sólo puede suceder en lo que Hegel llama "la unidad de la libertad objetiva", es decir, cuando la racionalidad deja de ser algo abstracto y externo y avanza hacia una universalidad que es sustancial. En esta libertad confluye la libertad subjetiva junto a una universalidad concreta conformada por el conjunto de voluntades que se saben libres. Hegel dice al respecto: "Esta idea es el eterno y necesario ser en sí y para sí del espíritu".[36]

La filosofía del Estado en Hegel es la de un Estado sustancial entendido como aquél en el que hay contenido de pensamiento y reflexión como razón, además de que realiza la misma idea de Estado. Por lo que no es simplemente pensamiento abstracto y carente de contenido y, por lo tanto, externo y entendido como contingente, es decir, como incapaz de avanzar hacia la conciencia de la libertad y su realización concreta. Hegel, en su crítica a

---

[36] *Ibid.*, § 258, Obs.

diferentes teorías del Estado, establece distinciones que muestran el contraste al pensar al Estado desde el entendimiento y no desde la razón como la sustancia del Estado:

> [...] suprimir en la exposición todo pensamiento y mantener así la totalidad en una sola pieza carente de pensamiento. De esta manera desaparece la confusión y la molestia que debilitan la impresión que causa una exposición cuando entre lo contingente se mezcla una alusión a lo sustancial, entre lo meramente empírico y exterior un recuerdo de lo universal y racional, evocando así en la esfera de lo mezquino y sin contenido lo más elevado, lo infinito. Esta exposición es, sin embargo, consecuente, pues al tomar como esencia del Estado la esfera de lo contingente, en vez de la de lo sustancial, la consecuencia que corresponde a semejante contenido es precisamente la total inconsecuencia de la falta de pensamiento que permite avanzar sin una mirada retrospectiva y que se encuentra igualmente bien en lo contrario de lo que acaba de afirmar.[37]

Con ello se pone de manifiesto la distinción necesaria para comprender que la contingencia del Estado no coincide necesariamente con su Idea. Como vemos, para Hegel el Estado es la Idea que contiene la sustancia en tanto razón y por ello no es ni puede ser lo mismo que el abordaje al problema del Estado que se hace desde la inesencialidad de la contingencia de los diferentes momentos y aspectos que conforman las diversas determinaciones que están presentes dentro del desarrollo dialéctico de la realidad. La confusión que se presenta entre la contingencia y la idea del Estado ético-racional de Hegel lleva a ofuscamientos en el tratamiento del tema del Estado. Por otra parte, hay que aclarar que el Estado ético-racional es una idea que requiere su realización, es decir, su concreción en tanto realidad efectiva como existencia del concepto. Este es un nivel argumentativo -aunque hay que decir que no muy explícito- ontológico y de orden normativo por la necesidad de su realización y que, asimismo, se actualiza en la realidad. Es decir, Hegel al igual que Kant o Fichte, por ejemplo,[38]

---

[37] *Idem.*

[38] Véase I. Kant, *La metafísica de las costumbres*, trad. de Adela Cortina y Jesús Conill, Tecnos, Madrid, 1989. En la «Introducción a la doctrina del derecho» § B llamada ¿Qué es el derecho?, Kant apela a la razón para llegar

está hablando del Estado en términos de razón práctica. Pero con la diferencia de que en Hegel estamos hablando del espíritu objetivo que contiene tanto el espíritu teorético como el espíritu práctico como unidad que conforma a las voluntades que legitiman a la institución del Estado de derecho, en el desarrollo racional que el Estado ha experimentado en su proceso histórico-contextual. Es decir, el Estado en Hegel es un universal concreto, no es el universal abstracto trascendental kantiano.

Otro aspecto que hay que considerar es que a través de la historia se han dado y se siguen dando desarrollos de esa razón, pero para que se realice esa razón ya está presupuesta la idea como concepto que requiere su realización concreta. Es por ello que ese Estado de derecho tiene que ser un Estado racional, pues solamente ese tipo de Estado sería el que podría garantizar que se realizara la aspiración de la libertad.

En su formulación del Estado, Hegel indica que en el derecho político interno se encuentra una parte fundamental de todo Estado: 1) su forma de organización política y, 2) la constitución política, las cuales representan la racionalidad que se halla presente en las instituciones políticas del Estado y en su estructura jurídica y política, y por medio de las cuales las voluntades alcanzan un grado de universalidad producto de la libertad que es garantizada desde el derecho público.

Así también, el Estado contiene a su vez al derecho, el cual, al igual que aquél, es también una idea y representa los deberes y derechos de los ciudadanos, es decir, es la expresión de una normatividad cívica. Así que el derecho en Hegel es la institución que plasma la normatividad en su mayor expresión a través del Estado,

---

al concepto del derecho y, asimismo, critica a aquellas doctrinas que dicen basarse en principios empíricos. Kant dice: «Una doctrina jurídica únicamente empírica es una cabeza, que puede ser hermosa, pero que lamentablemente no tiene seso». Hay que señalar que, de cualquier manera, Hegel critica la concepción de la razón en Kant, por las que considera son sus limitaciones (tema por demás estudiado y en el que no voy a entrar), y porque además Hegel consideraría la concepción del Estado en Kant como abstracta, formal, producto del entendimiento y, por lo mismo, limitada. Es decir, la concepción kantiana del Estado no es todavía la Idea del Estado racional. Aunque la pretensión en Kant es, efectivamente, la conformación de la esfera de la razón práctica en la que el derecho y el Estado juegan un papel fundamental.

el cual cuenta a su vez con la máxima instancia del derecho y de la organización del Estado y de la sociedad política: la constitución política.

La constitución contiene la organización institucional y política del Estado. Hegel señala: "la constitución es la organización del Estado y el proceso de su vida orgánica en referencia a sí mismo; en ellos el Estado diferencia sus momentos en su propio interior y los despliega hasta que alcanzan una existencia firme".[39] Hegel está consciente de que la constitución política es el organismo que tiene que producir y conservar lo universal dentro de las diferencias de las particularidades, por ello recurre a la idea de organismo en el que los distintos elementos que lo conforman tienen una función que, como parte de la totalidad, se encargan de que el organismo se equilibre y opere óptimamente.

En la constitución política se encuentra fundamentado el derecho como sistema general de normas básicas de la comunidad política y del Estado. Asimismo, en la constitución se encuentran reconocidos los derechos fundamentales de las personas como sujetos de derecho. Además, en la constitución se encuentran contenidos los deberes del ciudadano para con las leyes e instituciones de su comunidad política y con el Estado.

En cuanto a la esfera del derecho político externo, Hegel duda de las buenas intenciones kantianas que apelan a las ideas regulativas, las cuales nos permitirían alcanzar mejores relaciones internacionales que llevarían a la paz perpetua. Por el contrario, en Hegel hay un escepticismo fundado o un realismo político que no le permite confiar cándidamente en alcanzar la finalidad del reconocimiento universal entre Estados. Más bien, entre Estados lo que prevalece es la particularidad de los pueblos que los conforman. Es decir, las culturas serían incapaces de dejar su particularidad para reconocerse dentro de una comunidad universal de todos los seres humanos. La racionalidad de los Estados tiene aquí una característica: es instrumental. En ella persiste una parte que sería más bien ajena al ejercicio de la razón en el sentido de la razón práctica kantiana y predominaría, lo mismo que en el caso de Hobbes, un estado de naturaleza entre las naciones. Para Hegel difícilmente existe la posibilidad de que se llegue a hacer uso de tal razón en este ámbito. Es entonces que el alemán parece encontrar los límites del espíritu objetivo y los límites del reconocimiento (reconoci-

---

[39] GWF Hegel, FD, § 271.

miento que nuevamente sólo sería formal). Es cuando parece que Hegel propone que en lugar de aspirar a algo que contradice a la misma condición del espíritu en este nivel de desarrollo, se vuelve necesario pasar al siguiente momento, que es el del espíritu absoluto. Es así que nos encontraríamos en los terrenos de la historia universal. Este es el gran escenario del mundo en el que se pone en juego la trama compleja de relaciones y conflictos, no obstante, sigue apareciendo como idea rectora la aspiración de la libertad que tiene su forma de concreción en los pueblos. El reconocimiento entre pueblos y Estados es, sin duda, una cuestión fundamental para una filosofía práctica para estos tiempos. En el caso de Hegel, la cuestión queda abierta para la polémica, dado que difícilmente se podría interpretar que Hegel sea un filósofo de la guerra. Más bien podría decirse que se coloca del lado de los filósofos que apelan a un realismo en la política internacional. Tal realismo no permite que Hegel piense en instituciones internacionales como las del mundo actual, mismas que otorgan reconocimiento a un derecho supranacional en un sentido que pretende una universalidad. Universalidad que en algunos momentos suele ser, o una universalidad abstracta, o bien, acaba en un uso particular del derecho en términos del propio beneficio.

Después de este recorrido, hemos constatado que la filosofía del derecho y del Estado de Hegel contiene críticas respecto a formulaciones básicas del liberalismo en su vertiente contractualista, aunque también hay críticas hacia la economía que, aun siendo insuficientes y limitadas, plantean una sociedad civil que se encuentra envuelta en sus propias contradicciones internas, y, por lo cual, requiere de una instancia político-jurídica que atempere sus resultados: el Estado moderno. Por otra parte, a lo largo de este texto se ha tratado de mostrar la tensión conceptual que representa el reconocimiento en Hegel, el cual, estando presente en la *Filosofía del derecho*, no logra dejar de ser un concepto formal que no termina de realizar la tarea de soporte conceptual ético-político dentro de la filosofía del espíritu objetivo de Hegel, pues aparecen más categorías y conceptos que se traslapan con el reconocimiento. Con ello se muestra que en la etapa final de la filosofía del espíritu hegeliana el reconocimiento pierde fuerza, pues en realidad el concepto central es el de libertad, como lo es prácticamente en toda la obra de Hegel.

Bibliografía

Amengual Coll, Gabriel (ed.). *Estudios sobre la filosofía del derecho de Hegel*, Centro de Estudios Constitucionales, Madrid, 1989.

Avineri, Shlomo. *Hegel's theory of the modern state*, Cambridge University Press, Cambridge, 1972.

Hegel, GWF. *Fenomenología del espíritu*, trad. de Wenceslao Roces, FCE, México, 1966.

Hegel, GWF. *Enciclopedia de las ciencias filosóficas*, edición, traducción y notas de Ramón Valls Plana, Alianza, Madrid, 1999.

Hegel, GWF. *Principios de la filosofía del derecho*, trad. de Juan Luis Vermal, Edhasa, Barcelona, 2005.

Kant, Immanuel. *La metafísica de las costumbres,* trad. de Adela Cortina y Jesús Conill, Tecnos, Madrid, 1989.

Locke, John. *Segundo tratado sobre el gobierno civil*, trad. de Carlos Mellizo y estudio preliminar de Peter Laslett, Tecnos, Madrid, 2006.

Marini, Giuliano. «Estructura y significado de la sociedad civil hegeliana», en Gabriel Amengual Coll (ed.), *Estudios sobre la filosofía del derecho de Hegel*, Centro de Estudios Constitucionales, Madrid, 1989, pp. 223-248.

Riedel, Manfred. «El concepto de la «sociedad civil» en Hegel y el problema de su origen histórico», en Gabriel Amengual Coll (ed.), *Estudios sobre la filosofía del derecho de Hegel*, Centro de Estudios Constitucionales, Madrid, 1989, pp. 93-120.

Serrano, Enrique. *Filosofía del conflicto político. Necesidad y contingencia del orden social*, UAM-I, México, 2001.

Smith, Adam. *Investigación sobre la naturaleza y causas de la riqueza de las naciones*, trad. y estudio preliminar de Gabriel Franco, 2ª. ed., FCE, México, 1958.

Weber, Max. *Economía y sociedad. Esbozo de sociología comprensiva,* trad. de José Medina Echavarría, Juan Roura Parella, Eugenio Imaz, Eduardo García Máynez y José Ferrater Mora, 2ª. edición, FCE, México, 1964.

Izquierdas(s), Estado de derecho(s) y democratización de la justicia

Juan Jesús Garza Onofre
Octavio Martínez Michel

Introducción

Actualmente, uno de los conceptos más recurrentes para hablar de la salud institucional de una nación es el de Estado de derecho. En la medida en que los presupuestos de dicho concepto se presenten en una nación, se concluye que ésta tiene una buena o una mala salud. Tanto es así que asociaciones como *The world justice project* encaminan sus esfuerzos a construir parámetros con los que se pueda valorar la salud del Estado de derecho en el mundo, generando estudios como el *Rule of law index*. La mayoría de los políticos utilizan el concepto como un ideal que debería alcanzar todo Estado moderno que aspire a legitimarse de forma democrática.

Significativamente, en el discurso político, el ideal parece estar más allá de disputas ideológicas de izquierdas y derechas, es decir, se asume como un concepto neutral desde el cual se puede construir una sociedad justa. Pareciera que el Estado de derecho fuera un molde que puede llenarse con los ingredientes que se quiera. Con todo, resulta desconcertante que izquierdas y derechas, normalmente dispuestas a rivalizar ante cualquier concepto de justicia que se presente en un debate político, puedan suscribir el ideal del Estado de derecho sin mayores dificultades. Resulta más significativo aún que la izquierda, a pesar de suscribir el discurso de los derechos ínsito en la concepción del Estado de derecho, ha dejado muchas veces que sea la derecha quien defina los contenidos de ese concepto, lo cual ha provocado que sea la lógica de la mercantilización y la de la seguridad la que prime en las discusiones sobre justicia en el Estado de derecho. Ante tal evidencia proponemos dos reflexiones que nos parece pueden arrojar cierta luz sobre la problemática. La primera sería: ¿qué papel han tenido los movimientos denominados de izquierda en la construcción del Estado de derecho? La reflexión sobre este tema es importante porque suele pensarse que es desde el liberalismo desde donde se ha construido dicho ideal, lo cual ha justificado en innumerables ocasiones que las izquierdas -especialmente las identificadas con el marxismo- hayan renunciado a participar de forma activa en el debate sobre los derechos propio de la idea de *Estado de derecho*. La segunda pregunta sería: los jueces, personajes protagónicos del Estado de derecho, ¿pueden *ser de izquierda*? Esta pregunta se torna significativa porque en países como México, España o Colombia donde ha sido complicado avanzar en la batalla por los derechos por la vía legislativa, han sido las Cortes Supremas quienes han abanderado por momentos luchas consideradas como progresistas o de izquierda (matrimonio igualitario, justicia distributiva, legalización de las drogas, etc.), lo cual ha generado la idea de que *la avanzada* se encuentra en el poder judicial. Sin embargo, dentro de los poderes del Estado, el poder judicial es el que más recuerda a un estamento aristocrático de un Estado monárquico. Así, pareciera que si los jueces pueden volverse los portadores de la agenda de derechos de izquierda estarían entonces encabezando una verdadera revolución judicial.

La ruta trazada para situar estas reflexiones es la siguiente: conceptualizamos brevemente los conceptos de *izquierda* y *Estado de derecho*, perfectamente conscientes de que son conceptos dinámicos y que se resisten a una definición "dura", pero con el objetivo de encuadrar las reflexiones dentro de un límite claro. Una vez hecho esto analizamos el papel de la izquierda en el Estado de derecho y la posibilidad de que en dicha configuración política existan jueces de izquierda.

Ser "de izquierda"

Plantear una definición que pretenda ser definitiva sobre la izquierda es una labor que supera por mucho los alcances de este escrito. Con todo, consideramos que es necesario comenzar con alguna aproximación al término con la finalidad de ser claros sobre las reiteradas referencias a este concepto que se harán a lo largo del artículo.

Si atendemos a la historia del concepto, la *izquierda* aparece como una categoría política que surge con la Revolución francesa y que se utilizó en la Asamblea Constituyente para designar a las facciones que abogaban por sistemas democráticos radicales aunque con distintos grados, mientras su contraparte *la derecha* designaba a las facciones anti-democráticas de la Asamblea. La designación correspondía al espacio ocupado en la Asamblea: entre más a la izquierda más radicalmente democrático, entre más a la derecha más radicalmente anti-democrático. Lo cierto es que esa categoría hoy resulta insuficiente para designar lo que es la izquierda, pues grupos moderados, centristas, conservadores o derechistas son igualmente capaces que la izquierda de defender la democracia, aunque ciertamente sería la izquierda la que con mayor frecuencia defiende la posibilidad de una democracia directa y con una participación constante del pueblo. En ese sentido vale la pena recordar que algunos de los argumentos más comunes en tiempos de la Revolución francesa contra la democracia, consistían en argumentar que permitir que el pueblo participara constantemente en los asuntos del Estado lo único que generaría sería anarquía y espíritu de facción. Así, un rasgo de izquierda que parece permanecer en el tiempo es la apuesta por un pueblo activo capaz de renovar el espíritu democrático las veces que sea necesario.

Ahora, conforme se fueron asimilando y ordenando las distintas fuerzas de la Revolución las izquierdas fueron consolidando un programa social que no sólo era radicalmente democrático, sino también profundamente crítico con las condiciones económicas generadas por el capitalismo y la burguesía. Esto generó la conformación de una izquierda socialista sólida que en Francia tendría sus momentos estelares en la Revolución de 1848, misma que daría paso a la Segunda República Francesa, y en la llamada Comuna de París de 1871 que se conjuró tras las humillaciones militares sufridas frente a Alemania entre 1870 y 1871. A su vez, en Inglaterra, en Italia, en Estados Unidos y en la propia Alemania esa izquierda iría conformándose con los movimientos obreros surgidos durante los mismos años como respuesta a la Revolución industrial.[1] Así, para finales del s. XIX la izquierda pugnaba ya no

---

[1] Definitivamente no se trata de un movimiento uniforme y homogéneo, sino de uno plural en el que hubo disputas, tensiones y rupturas que en alguna medida colaboraron a la desarticulación de la izquierda que, dicho sea de paso, es uno de los problemas más hondos que han aquejado a este movimiento. Baste recordar la polémica entre anarquistas y marxistas en el

sólo por democracia, sino por justicia y equidad social. Durante el s. XX a la izquierda democrática y socialista fueron sumándose los movimientos pacifistas, feministas, anti-racistas, anti-fascistas, anti-imperialistas y los de liberación en América Latina, África y Asia, etc. Así, las coordenadas de la izquierda en la segunda mitad del s. XX apuntaban obligadamente a las de revoluciones como la de Cuba y al desarrollo de las grandes naciones comunistas como la Unión Soviética y China, pero también apuntaban a las luchas por los derechos civiles de los afrodescendientes en Estados Unidos y a las luchas contra las dictaduras militares en Argentina, Brasil, Uruguay, Chile, etc. La izquierda se asentó una vez más como una postura de liberación frente a los intereses de los grandes capitalistas, frente a la violencia militar y la violencia social. A finales de los años 80's del s. XX cayeron los gigantes comunistas europeos, lo cual, junto con la derrota del Partido Laborista en Inglaterra a manos de Margaret Thatcher, pareció dejar camino libre para los partidos de derecha en Europa y el mundo. Con todo, la izquierda se había configurado ya como una postura política plural que luchaba por erradicar las desigualdades sociales a través de cierta base material que se garantizaría mediante la constitucionalización de derechos sociales (derecho al trabajo, a la salud, a la educación, al retiro, a la vivienda, etc.). En algunos países como Suecia y Dinamarca esto dio origen a sistemas políticos donde el Estado intervenía para la repartición de los recursos, cuyas prerrogativas parecían coincidir con las agendas políticas y económicas de las izquierdas, pero que a la vez luchaban por diferenciarse de los comunismos al garantizar condiciones para un libre mercado limitado.

Lo que presentamos es un breve panorama histórico (primordialmente europeo) con el que pretendemos mostrar por un lado la heterogeneidad (a veces inefabilidad) de la izquierda y, por otro lado, su cariz profundamente democrático encaminado a la justicia social. Desde esta perspectiva, la izquierda defiende la *libertad* en la medida en que busca la participación activa de los ciudadanos en las decisiones del Estado, la *igualdad* en la medida en que rechaza la preservación de privilegios e inequidades económicas y la *fraternidad* en la medida en la que condena la violencia contra las mujeres, la diversidad racial, la diversidad

---

seno de la Primera Internacional como muestra de la heterogeneidad de propuestas.

sexual, etc. Con esta mínima y problemática definición partamos al siguiente concepto: *Estado de derecho*.

El Estado de derecho.

En términos generales, podríamos decir que *Estado de derecho* es una forma de organización del Estado en la que las decisiones políticas están limitadas por el derecho y en la que el derecho funciona como el regulador legítimo de las relaciones sociales. La idea central es que ninguna autoridad puede colocarse por encima del derecho y que en ese sentido todos los individuos estarán protegidos contra la arbitrariedad de los particulares o de los agentes del Estado. Para lograrlo, se requiere un entramado institucional complejo cuyos ejes principales serían la división de poderes y la protección de derechos humanos o derechos fundamentales.

Según Elías Díaz, el Estado de derecho es un fenómeno histórico que se ha presentado en tres fases: *Estado liberal de derecho*, *Estado social de derecho* y *Estado democrático de derecho*. La primera se caracterizaría por la no intervención del Estado (al menos en el plano económico), comprende una sociedad no estamental donde se consolida el poder de la burguesía, se sacraliza la propiedad privada, la protección jurídica de libertades y derechos civiles-políticos, así como las garantías de seguridad penal y procesal; el *Estado social de derecho*, por su parte, se caracterizaría por la intervención del Estado para hacer realidad las demandas de participación e igualdad real (*i.e.* sufragio universal), el sometimiento de la economía al marco jurídico del Estado (*i.e.* aumento del gasto público e ingresos fiscales para generar empleo, consumo, ahorro) y hacer universales los derechos sociales, económicos y culturales (salud, educación, vivienda, pensiones, etc.); finalmente el *Estado democrático de derecho* tendría la característica de la intervención selectiva en las actividades sociales, una sociedad civil más vertebrada, sólida y fuerte donde el campo de acción de las corporaciones económicas, profesionales, laborales, se complementa y compensa con la actividad de movimientos sociales (ecologistas, feministas, antirracistas) y de las ONG con su tan decisiva acción a través del voluntariado social. A esto se agregaría una nueva dimensión a los derechos fundamentales: los de las minorías étnicas, sexuales, lingüísticas, derechos de los inmigrantes, ancianos, niños, mujeres, del medio ambiente, la paz, el desarrollo económico de los pueblos, las nuevas tecnologías, etc. Desde esta óptica y si la comparamos con la aproximación que dimos del concepto de izquierda, parecería que el Estado de derecho en su devenir histórico se ha ido *izquierdizando*.

En una tónica similar a la de Díaz, Gustavo Zagrebelsky, juez de la corte constitucional italiana, explica que el *Estado de derecho* (*Rechsstaat*) es una manifestación particular del s. XIX, que se fundamenta en la pretensión de desmontar al *Estado absoluto* del s. XVII (*Machtstaat*) y al *Estado policía* o *despotismo ilustrado* (*Polizeistaat*) del s. XVIII. *Estado de derecho* es, según Zagrebelsky, "una de las expresiones más afortunadas de la ciencia jurídica", cuyo propósito es "la eliminación de la arbitrariedad en el ámbito de la actividad estatal que afecta a los ciudadanos".[2] Sin embargo, el *Estado de derecho* no se mantendrá inamovible desde el s. XIX hasta el XXI, sino que sufrirá *un cambio genético profundo*. Mientras el *Rechstaat* decimonónico es un proyecto liberal que parte del "condicionamiento de la autoridad del Estado a la libertad de la sociedad, en el marco del equilibrio recíproco establecido por la ley",[3] el *Rechstaat* de los siglos XX y XXI aspira a subordinar la ley a un derecho que se considera superior a ella: el establecido por la Constitución. En ese derecho constitucional se vierten principios de convivencia para una sociedad pluralista que se resiste a la unificación homogeneizante y cuyos grupos entran constantemente en conflicto. Se trata de una transformación que apunta a una comprensión más compleja de la democracia, tan temida por las tendencias políticas conservadoras del s. XIX, una democracia en la que se comprende que *el pueblo* no puede conceptualizarse como un cuerpo uniforme con una voluntad precisa (como pretendieron los revolucionarios franceses del s. XVIII), sino como un cuerpo integrado por grupos heterogéneos que luchan por intereses que no son fácilmente empatables. Si observamos con atención, también la propuesta de Zagrebelsky nos indicaría que el Estado de derecho ha ido acercándose a la izquierda con el paso del tiempo.

Ahora, el desarrollo histórico fue haciendo cada vez más claro que era necesario plantear una alternativa a la idea de democracia que suponía la homogeneidad del pueblo. Así, el mundo

---

[2] Gustavo Zagrebelsky, *El derecho dúctil,* Trotta, Madrid, 2001, p. 21.
[3] *Ibid.*, p. 23.

occidental se fue encaminando a la democracia de partidos, con la que se pretendió dar cauce a las diversas ideologías y movimientos sociales que habían estado fortaleciéndose desde el siglo XVIII. El propio Hans Kelsen describió la democracia de partidos como la mejor forma de reproducir el conflicto entre los distintos intereses y la mejor forma para dar una solución pacífica a ese conflicto.[4] El jurista austriaco ponía así sus esperanzas en la República de Weimar, que esperaba que se convirtiera en un parteaguas histórico que pudiera darle un cimiento empírico sólido a las democracias de partidos. La realidad fue que el experimento de Weimar se derrumbó al poco tiempo tras las dificultades económicas provocadas por el *crack* económico de 1929, primero ante los conservadores anti-republicanos y luego ante los fascismos populistas que supieron aprovechar la crisis económica para obtener un enorme avance electoral en 1930, el cual culminaría con la toma del *Führer* del poder en 1933.[5] Con todo, a pesar de la derrota política de la República, la Constitución emanada de ella (1919) sigue siendo considerada como un documento fundacional del *Estado democrático de derecho* propio de los siglos XX y XXI que menciona Elías Díaz. Una anotación importante en este sentido es que dicha Constitución fue la primera en Europa[6] en establecer la justicia social (derechos sociales) como un principio constitucional, lo cual debe entenderse como un triunfo de los movimientos de izquierda. Significativamente los Estados, en la medida en que se han acercado a la derecha, han desmantelado los sistemas de justicia social (piénsese por ejemplo en el modelo de Margaret Thatcher implantado en Inglaterra en los años 80 del s. XX), pero han mantenido el discurso democrático que caracterizó a las izquierdas en el seno de la Revolución francesa. La democracia dejó de ser una amenaza para la mayoría de los movimientos políticos conservadores y de derecha en el transcurso del s. XX, pero no así el avance de los movimientos obreros y campesinos que fomentaron la construcción de los derechos sociales.

En lo que sigue vale la pena anotar dos cuestiones para poder

---

[4] *Vid.* Maurizio Fioravanti, *Constitución. De la Antigüedad a nuestros días*, Trotta, Madrid, 2001, pp. 156-159.

[5] *Vid.* Antoni Domènech, *El eclipse de la fraternidad. Una revisión republicana de la tradición socialista*, Crítica, Barcelona, pp. 331- 350.

[6] La Constitución de los Estados Unidos Mexicanos contenía principios similares y había sido promulgada dos años antes (1917).

reflexionar sobre el papel de la izquierda en estas transformaciones. La primera es que los contenidos del *Estado de derecho* contemporáneo se explican sólo si atendemos las luchas que encabezaron los movimientos de izquierda; en efecto, la incorporación de derechos sociales y protección de minorías en el esquema del *Estado de derecho* no puede comprenderse sin todos los diversos enfrentamientos que tuvieron los obreros, los campesinos, las minorías raciales, las feministas o las diversidades sexuales con los poderes constituidos o fácticos; la segunda es el lugar que ha tenido el poder judicial -tradicionalmente visto como un territorio exclusivo de las élites- en la consolidación de un modelo de *Estado de derecho* y en la protección de las minorías.

Movimientos sociales, poder judicial y Estado de derecho

Tras la Revolución francesa y la guerra de Independencia de Estados Unidos, fue importante para los revolucionarios definir el papel que tendría el poder judicial en los nuevos Estados. El problema primordial estribaba en determinar cómo justificar un poder que requería la integración de personas que contaran con educación jurídica de élite, sin romper con ello el programa revolucionario que obligaba a la democratización del poder.

La Revolución francesa, en su insistencia por deshacerse de toda institución del *Antiguo Régimen,* procuró que en el diseño de la República los jueces estuvieran supeditados al poder legislativo, no pudieran intervenir en la creación del derecho y que las personas que acudieran ante la justicia fueran juzgadas de forma igualitaria (es decir, sin que pesaran títulos nobiliarios o poder económico en los procesos). Esto es lo que dio pie a la famosa imagen del juez como *boca de la ley*. Desde esta perspectiva, el juez está completamente constreñido por la *voluntad popular* y su función es la de defenderla, para ello debe renunciar a todo intento de interpretación del derecho más allá de una exégesis que permita solucionar las contradicciones internas del ordenamiento jurídico. Aunque la Revolución se encontró con voces distintas al respecto, fueron los grupos de izquierda quienes ganaron en esta batalla. En general, la idea era que salvaguardar el programa revolucionario democratizador suponía que el poder judicial que había operado para el *Antiguo Régimen* como protector de los privilegios, estuviera fuertemente limitado. Paradójicamente, la construcción de este tipo de judicatura fue útil también para el régimen imperial napoleónico y sirvió en el s. XIX para consolidar un formalismo jurídico de élite que nada tenía que ver con los programas revolucionarios de izquierda. El juez como *boca de la ley* se convirtió en un perpetrador de la voluntad de poderes económicos o políticos que configuraban el derecho con el fin de preservar privilegios de clase que nada tenían que ver con programas de izquierda. *Los miserables* de Victor Hugo y *Oliver Twist* de Charles Dickens nos presentan retratos inolvidables de esos jueces formalistas al servicio de los grandes poderosos, jueces que aplican leyes injustas a rajatabla sin la menor piedad hacia los más débiles y desfavorecidos. La izquierda democrática de la Revolución francesa, al otorgarle la *razón absoluta* a la *voluntad popular* dejó desprovisto al juez de herramientas para proteger al débil no sólo de las injusticias de las mayorías populares, sino de quienes en el futuro gobernaron de forma engañosa en *nombre del pueblo*. Es por ello que, a la larga (al final del s. XX y principios del s. XXI), las posturas progresistas dentro del derecho pugnaron fuertemente por la *liberación del juez*.

Por su parte, la independencia de Estados Unidos arrojó un resultado sumamente distinto en cuanto al papel de los jueces se refiere. Fieles a la tradición inglesa, los independentistas estadounidenses plantearon que los jueces estarían encargados de interpretar el contenido de la Constitución y de proteger a las minorías de los abusos que a través del poder legislativo pudieran concretarse frente a ellas. Se trata del famoso sistema de *checks & balances* (pesos y contrapesos). Esta concepción sobre el poder judicial ha tenido una fuerte influencia en la construcción del *Estado de derecho* y hoy suele aceptarse como una condición indispensable para la consolidación de éste. Con todo, la historia del poder judicial en Estados Unidos, tal y como relata Roberto Gargarella en su libro *La justicia frente al gobierno*, nos indica que en sus inicios fue un poder que fortalecieron las élites económicas y políticas con la finalidad de protegerse de las decisiones *abusivas* que tomaban las asambleas legislativas locales contra los grandes propietarios.[7] Fueron los llamados *Federalistas* (Hamilton y Madison a la cabeza) quienes profundizaron en la idea de que

---

[7] *Vid.* Roberto Gargarella, *La justicia frente al gobierno: sobre el carácter contramayoritario del poder judicial*, Centro de Estudios y Difusión del Derecho Constitucional, Quito, 2011, pp. 34-63.

otorgarle demasiado poder a las asambleas locales -fuertemente vinculadas con la población a la que representaban- en materias como la mercantil y la económica que sólo podían ser entendidas de forma cabal por las personas instruidas, era un sinsentido. De esta forma, se fue construyendo una teoría de la democracia en Estados Unidos en la que se justificaría que la *opinión pública* o la *voz del pueblo* debía poder ser rebatida por el poder judicial, si éste consideraba que el pueblo se había expresado de forma imprudente o irracional. Así, fue arraigándose la idea de que la democracia dependía de ciertas élites ilustradas que pudieran encausar la *voluntad popular* más allá de las pasiones de facción.

Para la izquierda, los derroteros de la función del poder judicial en los estados democráticos que se formaron del s. XVIII en adelante tienen pertinencia en al menos dos sentidos: en cuanto diseño institucional de la democracia y en cuanto medio para conquistar demandas sociales históricas (como por ejemplo los derechos laborales). Sobre el primero habría que recordar que uno de los objetivos primordiales de las llamadas izquierdas de la Revolución francesa era precisamente el de la construcción de una democracia no censitaria, es decir, una democracia en la cual el pueblo en su totalidad -y no sólo los propietarios- tuviera los derechos políticos de voto y participación política. En el fondo de esta concepción descansaba el ideal rousseauniano que indicaba que el pueblo jamás podría gobernar contra sí mismo.[8] Ahora, este ideal democratizador impedía a los revolucionarios franceses considerar un sistema de pesos y contrapesos donde el poder judicial tuviera un lugar preponderante para la consecución de la democracia. El ideal del *pueblo iluminado* implicaba por fuerza el protagonismo del poder legislativo en el escenario del Estado y la subordinación del poder judicial a éste. Tras los descalabros del proceso revolucionario, pensadores como Sieyès aceptaron la necesidad de un *control constitucional* al poder legislativo, sin embargo, para las izquierdas ha sido difícil quitarle al poder judicial la

---

[8] Aunque la historia no le dio la razón ni a Rousseau, ni a los revolucionarios franceses en este aspecto, pues se comprobó con el paso del tiempo que el pueblo no es un cuerpo unitario y con voluntad homogénea, hay que reconocer que el ideal democrático que en el s. XVIII se presentaba como radical, en los siglos XX y XXI terminó por ser aceptado incluso por los grupos conservadores.

etiqueta de *poder aristocrático* que carga desde los convulsos años de la Revolución en Francia.

No fue sino hasta los triunfos de Martin Luther King, y el movimiento por la igualdad racial en los años 60 del s. XX en Estados Unidos, que se empezó a comprender las posibilidades que el poder judicial ofrecía a las luchas de la izquierda. Y aquí hemos entrado ya de lleno en el segundo punto que anotamos líneas atrás: el poder judicial como medio para consolidar luchas sociales. Es cierto que la agenda de izquierda que se construyó con la Revolución francesa siguió apostando a la conquista del poder legislativo y la conquista de la economía antes que la del derecho o el poder judicial. Con todo, solamente una vez que las luchas obreras, campesinas o raciales fueron apropiándose del discurso de los derechos pudieron asegurar victorias que trascendieran las coyunturas políticas. Pensemos de nuevo en el caso de los derechos civiles de los afrodescendientes en Estados Unidos: ¿habría sido posible conquistarlos por la vía electoral?, ¿qué habría pasado si estos derechos hubieran estado a merced de la voluntad de las mayorías en Estados Unidos? La respuesta es que la vía electoral hubiera significado una derrota difícilmente revocable. Fue por ello que Luther King optó por la vía judicial, específicamente la de la revisión constitucional, con lo cual se logró dar pasos definitivos hacia el desmantelamiento del sistema de segregación. Fue la Suprema Corte de los Estados Unidos, y no el Congreso, quien en primera instancia tomó las decisiones que favorecerían en adelante las políticas de igualdad racial.

Según lo que hemos desarrollado hasta ahora, izquierda y Estado de derecho son dos fenómenos que fueron desenvolviéndose de manera conjunta. La izquierda dando contenido al Estado de derecho y éste dando herramientas institucionales a la izquierda para la obtención de victorias sustantivas en materia de derechos. Como ya se ha sugerido, el juez parece jugar un papel fundamental en el Estado de derecho. A continuación exploraremos las relaciones que tiene este personaje con la izquierda y las posibilidades que tiene una persona con dicha postura de mantenerla si se incorpora a la judicatura.

¿Puede una persona "de izquierda" ser juez?

En una reciente entrevista realizada al célebre académico Duncan Kennedy,[9] principal exponente de uno de los movimientos *antiformalistas* más vigorosos dentro de la teoría jurídica en la época contemporánea (los *Critical legal studies*),[10] explica los motivos que lo llevaron a decantarse por dedicar su vida profesional a la enseñanza del derecho. Después de describir los diferentes trabajos que tuvo antes de dedicarse a la docencia, mencionó que justo antes de involucrarse en una universidad ejerció como funcionario judicial en la Suprema Corte de los Estados Unidos de América.[11] En el relato explica que en la Corte, a pesar del alto grado de libertad otorgado por su superior para argumentar sobre los casos planteados y de la fascinación por resolver asuntos relevantes para su entorno, terminó por descubrirse como *un simulador que sirve para preservar la injusticia*; ejecutando un rol que evocaba muchos de sus anteriores trabajos (que detestaba), entre los que destacan colaboraciones en una multinacional, en un banco, en la Agencia Central de Inteligencia de Estados Unidos (CIA), en un gran despacho de abogados e incluso en la administración pública. Todos ellos trabajos que servían para preservar los privilegios de clase y profundizar un sistema de injusticia.

Entonces, si aceptamos la tesis de Kennedy y asumimos que los diferentes operadores jurídicos del poder judicial son simuladores que preservan la estratificación, así como la subsistencia de una casta de privilegiados, tendríamos que admitir que los jueces juegan en contra de la izquierda y ponen en problemas la consecución del ideal del Estado de derecho.

---

[9] *Vid.* Tor Krever, Carl Lisberger y Max Utzschneider, "Law on the left: a conversation with Duncan Kennedy", en *UNBOUND. Harvard Journal of the Legal Left*, vol. 10: 1, Harvard Law School, Cambridge, 2015.

[10] Para abordar las generalidades de los *Critical legal studies*, así como también cuestiones específicas relacionadas con temas de filosofía política y teoría del derecho dentro de dicho movimiento, quizá la obra más exhaustiva en Iberoamérica sobre el tema es la tesis doctoral escrita por el profesor de la Universidad de Alicante Juan Antonio Pérez Lledó. *Vid.* Juan Antonio Pérez Lledó, *El movimiento Critical legal studies*, Tecnos, Madrid, 1996.

[11] *Vid.* Tor Krever, Carl Lisberger y Max Utzschneider, "Law on the left: a conversation with Duncan Kennedy"…, pp. 7-10.

Lo revelado por Kennedy no sólo resulta consecuente con su trayectoria y producción académica,[12] sino que también sirve para ejemplificar y criticar una de las concepciones sobre la función jurisdiccional que en las últimas dos décadas (especialmente en México) cuenta con un fuerte arraigo popular: la idea de que ante un poder legislativo sesgado y parsimonioso y un poder ejecutivo turbiamente comprometido con intereses de diversa índole, son los jueces quienes bajo un *cariz de neutralidad* dan un mejor cauce a la justicia, y, por consiguiente, están más comprometidos con el bienestar de la sociedad.

Bajo esta lógica, consideramos importante hacer un intento por *desenmascarar el papel de los jueces* y exponer que existen razones suficientes para dudar de la posibilidad de un *juez de izquierda*.

Presupuestos lógicos

Imaginemos un pirómano que aspira a ser bombero. Las incompatibilidades, además de resultar manifiestas por develar un impedimento de tipo patológico, colisionan de manera frontal con normas sociales elementales. Así las consecuencias de dichas pretensiones laborales resultan difícilmente justificables.

Ahora bien, pensemos en los mismos términos la relación entre los jueces y la izquierda ¿es posible deducir las mismas con-

---

[12] Uno de los principales postulados de este jurista, en relación con el tema de la función jurisdiccional en el contexto estadounidense, se encuentra en sintonía con la creencia de que todo actuar ejecutado por parte de los tribunales es un "actuar estratégico", consistente en decidir cómo desplegar el trabajo de investigación y razonamiento jurídicos con base en una determinada ideología política, ya sea conservadora o liberal. Así Kennedy identifica tres tipos de jueces ideales a los que llama: activista (restringido), mediador, y bipolar. El primero es aquel que a partir de su ideología interpreta y argumenta a favor de la misma, a pesar de conocer lo legislado; el segundo pretende encontrar un punto medio que pueda conciliar posturas encontradas; y el último, sencillamente no concibe que sus decisiones sean conocidas con anterioridad, oscilando entre extremos ideológicos. Para profundizar en el tema: *Vid.* Duncan Kennedy, "El comportamiento estratégico en la interpretación jurídica", en *Izquierda y derecho. Ensayos de teoría jurídica crítica*, Siglo XXI, Buenos Aires, 2010, p. 38 *ss.*

clusiones?, ¿es incompatible el ejercicio de la judicatura con la izquierda? No, en definitiva, porque "ser de izquierda" ni es una cuestión patológica, ni tampoco resulta del todo incompatible con el acto de emitir una sentencia. Incluso, se podría afirmar que algunos jueces utilizan la maquinaria jurisdiccional para impulsar y beneficiar una determinada concepción sobre el derecho identificable con una agenda de izquierda. Como lo ha afirmado José Ramón Cossío (uno de los actuales ministros de la Suprema Corte mexicana): el juez es un profesional del derecho, entrenado en ciertos modos de pensar, acotado por límites institucionales y capaz de ejercer su propia subjetividad en varios extremos.[13] Precisamente, dentro de esos extremos podría encontrar lugar en el poder judicial una persona "de izquierda". Las posibles discrepancias que surjan entre su labor y su ideología pueden ser sorteadas si ese *juez de izquierda* ejerce sus labores de forma comprometida con las más altas virtudes que exige su profesión: respetando y perpetuando la ley, aunque no siguiendo al pie de la letra los designios de la ley, sino moldeándola a discreción según su perspectiva política. Es decir, jugando en los *bordes del derecho* pero nunca fuera de los mismos, subordinando sus pensamientos al sistema y aparentando opiniones asépticas, ideológicamente neutrales, pero bajo ninguna circunstancia desobedeciéndolo. Porque desobedecer envuelve una idea que disminuye y corrompe el acto de juzgar; porque desenmascara y revela que la labor de los jueces es la de funcionarios dotados de poder para afectar a todo el campo social: en suma, porque desobedecer implicaría permear las estructuras jurídicas en función de una serie de factores exógenos (no-legislativos y posiblemente no-democráticos) de los cuerpos normativos.

Siguiendo tal prerrogativa, la pregunta ¿*es posible que una persona "de izquierda" sea juez?* todavía no puede ser contestada en forma negativa, pues cabe la posibilidad de que el juez realice un juego en el que pueda *simular neutralidad*, pero en el que al mismo tiempo *practique una tendencia política determinada.*

A continuación, y sin ánimos de ser exhaustivos, se exponen diversos aspectos sociológicos que, a nuestro entender, colisionan entre una persona "de izquierda" y el rol de juez, que se con-

---

[13] José Ramón Cossío Díaz, "La ley del menor", en *El País*, 13 de enero de 2015.

traponen y hacen improbable que alguien comprometido con dicha orientación pueda justificar sus anhelos profesionales.

El juez y su incompatibilidad *de facto* con la izquierda

Comencemos con una anotación sociológica: alrededor del mundo, jueces y juezas suelen recibir altos sueldos por realizar sus labores, ¿son compatibles estas remuneraciones con una postura de izquierda?

Estas elevadas compensaciones económicas, bajo una perspectiva social, suelen justificarse argumentando que sus actividades requieren un alto grado de compromiso con el derecho y la justicia, así como con una mayor responsabilidad hacia la sociedad. Tener funcionarios judiciales bien pagados, según el argumento citado, genera que juezas y jueces se sientan con la suficiente libertad de emitir sus decisiones al no estar sujetas a ninguna clase de *estímulo externo*. Es decir, si no están tentados a recibir dádivas a cambio de decisiones que beneficien injustamente a alguien, realizarán su tarea de forma más independiente. Sin lugar a dudas es un argumento justificable bajo un criterio pragmático: en la práctica es menos probable que un juzgador sucumba ante los sobornos o incluso ante presiones políticas si tiene los medios materiales para sentirse libre. Sin embargo, al analizar este argumento desde una óptica de justicia distributiva, parece que el argumento se tambalea para una persona de izquierda. En efecto, ¿en qué sentido sería justificable ganar 75% más que los más desfavorecidos si ideológicamente se defiende la equidad social? Es común afirmar que el derecho incluye una pretensión de corrección, de justicia. No es que sea justo en sí mismo, pero al menos en las democracias constitucionales pretende serlo. Siendo esto así, el juez debe aplicar el derecho con una pretensión de justicia en mente, debe resolver los casos a los que se enfrenta de tal modo que la interpretación de los mismos lo muestre en su mejor faceta moral. Siguiendo nuestro argumento, el juez debería ser un puente que conduzca a una sociedad donde rija la justicia distributiva. Pongamos un parámetro de justicia distributiva en los términos menos exigentes posibles: una sociedad donde no prevalezcan diferencias distributivas aberrantes. Los jueces y juezas alrededor del mundo no parecen cumplir el parámetro, las diferencias del salario de los jueces en relación al de la mayoría de los ciudadanos son o parecen ser aberrantes. Se entiende así que un juez deudor de una injusticia estructural no está en condiciones de interpretar el derecho como debe ser interpretado, como una herramienta que nos permita acercarnos cada día un poco más a una sociedad justa, puesto que sus intereses de clase le impondrán barreras que hagan imposible su neutralidad.[14]

Cuando en nuestro país alrededor de 53 millones de pobres cohabitan junto a cientos de funcionarios judiciales con sueldos exorbitantes, como el Presidente de la Suprema Corte (cuyos ingresos ascienden a los 25 mil dólares mensuales) o los muchos Magistrados de Circuito (quienes obtienen cerca de 15 mil dólares al mes), es oportuno cuestionarse: ¿no existe una profunda contradicción entre ser beneficiario de un sistema social injusto y pretender, desde ese lugar, juzgar y administrar justicia sobre los que están del lado de los perjudicados por ese sistema? Reiterando nuestra pregunta inicial: en dichas condiciones de desigualdad ¿es posible mantenerse ideológicamente en la izquierda siendo un funcionario judicial? Esa contradicción es la que una persona de "izquierda" reprocharía al momento de ejercer funciones jurisdiccionales, porque esta orientación, como dijimos al principio del texto, contempla un enfoque igualitario que aspira "a reducir las desigualdades sociales y a convertir en menos penosas las desigualdades naturales".[15]

Las contrastantes diferencias salariales entre impartidores de justicia y justiciables abren una profunda sospecha: la de que los juzgadores tenderán a beneficiar más a quienes pertenecen a su estrato social, comprometiendo así la imparcialidad de la justicia. Justamente por eso, para las izquierdas marxistas el sistema de *checks & balances* resulta intrascendente si antes no existe una

---

[14] Gran parte de las ideas postuladas en este apartado corresponden a un artículo de opinión desarrollado en colaboración con Juan Iosa, Profesor de Filosofía del Derecho en la Universidad Nacional de Córdoba, Investigador del Consejo Nacional de Investigaciones Científicas y Técnicas (CONICET) y de la Universidad Empresarial Siglo 21, a quien corresponde, en gran medida, la génesis de estas ideas. *Vid.* Juan Iosa y Juan Jesús Garza Onofre, "Jueces, privilegios y legitimidad para administrar justicia", en *Derecho en Acción,* blog de la División de Estudios Jurídicos del Centro de Investigación y Docencia Económicas (CIDE), México, noviembre 18 de 2015.

[15] Norberto Bobbio, *Derecha e Izquierda. Razones y significados de una distinción política*, Taurus, Madrid, 1995, pp. 20 y 21.

equidad en las condiciones materiales de subsistencia. Más aún, si consideramos la creciente tecnificación a la que está sometida la práctica jurídica llegaremos fácilmente a la conclusión de que la mejor defensa requiere una suma considerable de dinero. Así, la judicatura tiende a convertirse cada vez más en un negocio guiado por el dinero y subordinado a los intereses de los nuevos grupos de poder en el mercado, antes que desarrollarse de manera plena como actividad transformadora de índole social. Esto pone no sólo a juezas y jueces fuera del horizonte de la izquierda, sino que también a todo el poder judicial.

Ahora, otro aspecto sobre el que vale la pena llamar la atención en la relación entre judicatura y orientaciones políticas es el de la estética aceptada por el gremio. Quizá de inicio parecería un asunto menor o incluso banal, pero no lo es. Pues visto bajo una perspectiva crítica de la cultura, sirve para seguir develando las oposiciones entre la izquierda y la judicatura. Ese análisis cultural implica observar *el cuadro de la judicatura*, no como un fenómeno contingente, sino como uno donde las formas decorativas contienen una profunda carga simbólica y emiten un mensaje en el que se exige la uniformidad del gremio.

Pensemos por ejemplo en la toga, vestimenta característica de los romanos y utilizada por juezas y abogados.[16] Dicha indumentaria ha tenido un rol destacado en la construcción de la *identidad de lo jurídico*. Se podría llegar a pensar que se trata de una simple prenda de vestir con meras funciones prácticas, o acaso ornamentales y que en el fondo nada tuvo que ver en las cuestiones relacionadas con el derecho, ni con la sociedad romana en general. Sin embargo, la toga reflejó la condición de quien la portaba, distinguiendo inicialmente a los ciudadanos de los extranjeros y después categorizando de forma general las distintas funciones

---

[16] Pese a que algunos niegan el parentesco de la toga romana con la indumentaria del abogado, es pertinente suponer que debido a la preeminencia del derecho en tales épocas, éste terminó por delinear aspectos que encontrarían cauce de manera colateral en la eventual profesionalización de la abogacía. Como afirma Diego Muñoz-Cobo González, la toga "es algo atávico que nos retrotrae a otra época, aquella en la que se construyeron los símbolos de nuestros sistemas de valores, los que conformaron los cimientos de nuestro actual sistema del estado de derecho y que han posibilitado la grandeza de la democracia". *Vid.* "La toga", en Diego Muñoz-Cobo González (coord.), *Sobre el alma de la toga*, Tirant lo Blanch, Valencia, 2009, p. 262.

sociales y políticas desarrolladas en Roma. La indumentaria, como dice Bengoa Vázquez, forma parte del ser humano y tiene una significación social evidente.[17]

Aunque dependerá del cargo que se ostente dentro del poder judicial, lo cierto es que la mayoría de los jueces están obligados a vestir un atuendo específico al momento de ejercer sus funciones. En todos los países del mundo la acción de la justicia se asocia con el uso de ciertas ropas y la utilización de determinadas enseñas,[18] tal como "en la puesta en escena, el vestuario también tiene su dramaturgia y cuenta una historia, por medio del lenguaje visual con el espectador que comunica y se convierte en signo de lo que quiere decir".[19] Por tanto, el uso de togas en la actividad forense romana cumple una embrionaria función de diferenciación social, en aras de mantener un cierto respeto en estas actividades.

La diferenciación social que predican los jueces encuentra apoyo en elementos que van desde sus vestimentas, pasando por el manejo de un lenguaje críptico o *de iniciados*, hasta la preservación de ciertas tradiciones y ritos. Así, la arraigada idea de que "las formas en el derecho son importantes" y que "el ejercicio profesional va unido a una serie de requisitos que no se exigen en otras profesiones",[20] afianzan la idea de la exclusividad en el gremio judicial como barrera para romper la idea divergente, heterogénea y pluralista que exhorta una persona de izquierda.

La tensión entre izquierda y gremio jurídico se recrudece cuando observamos, por un lado, que el poder judicial aspira a conformar una especie de casta y, por el otro, una persona de izquierda pretende pertenecer a la misma. Esto, tanto porque dicha persona no encuadra en los estándares de uniformidad e institucionalismo a los que obliga desde un plano social y jurídico dicha corporación elitista, como porque una de las principales

---

[17] Bengoa Vázquez Varela, *El vestido como inspiración: El carácter ambivalente de la indumentaria en la definición de la identidad*, E-Prints Complutense, Madrid, 2011, p. 13.

[18] Luis Zarraluqui, "De togas, pelucas y otros adminículos", en *Lex Nova. La Revista*, núm. 27, enero-marzo 2002, pp. 28-29.

[19] Julián Axat, "Algunos apuntes sobre el arte de vestir la toga (abogados, alta y baja costura)", en blog de Activismo, Derecho, Poesía y Política, *El Niño Rizoma*, Argentina, enero 9 de 2013.

[20] Marcelino Alamar Llinas, "La sensibilidad del abogado", en Diego Muñoz-Cobo González (coord.), *Sobre el alma de la toga …*, p. 84.

ideas que evoca una persona de dicha orientación ideológica sería la de hacer el derecho más transversal y menos hermético, eliminando así trincheras que distingan jerarquías en los involucrados y abogando por la horizontalidad y el pluralismo.

Un último aspecto que podemos tomar en cuenta para analizar la relación entre izquierda y derecho es el de la *obediencia al derecho*. Carlos María Cárcova ha afirmado que presuponer que se conoce la ley por el mero hecho de su publicación es una quimera, puesto que los modelos actuales de legislación son tan vastos y complejos que ni aun los expertos pueden conocerla de manera integral. Desde esta perspectiva, el conocimiento de la ley no es lo que tiene un papel preponderante en la dinámica social, lo que es protagónico es el hecho de que la ley es obligatoria.[21]

Pero más allá del respeto y el cumplimiento de los mandatos formales establecidos por la institución jurisdiccional, la obediencia referida al derecho entendida en términos de sometimiento provoca que éste sea contemplado como mecanismo prodigioso de solución de cualquier tipo de controversias y, a su vez, origine de manera irremediable que, quienes sean los encargados de manejarlo, lo divisen como algo indispensable para regular la vida social. La inercia sobre esta visión de la obediencia al derecho ha provocado mecanismos lo suficientemente estructurados para que cualquier intento por promover un cambio, o presentar alternativas creativas frente a lo dominante, sea oprimido en forma automática. Dentro de dichos estándares, una persona de izquierda queda inhabilitada por su tendencia a la subversión, al cuestionamiento crítico de los parámetros de normalidad que generan estos sistemas.

Durante la Ilustración, dicen Alejandro Nieto y Tomás Ramón Fernández, el jurista preponderantemente "creía en las normas positivas como emanación directa de la voluntad popular y se sometía a ellas pasivamente, con absoluto respeto, convencido de que su función era entenderlas o, a lo sumo, aplicarlas. En cualquier caso, las aceptaba tal cual eran, sin entrar en su contenido, que consideraba fuera de su alcance e incluso de su juicio. La manipulación que el jurista hacía de las normas era meramente

---

[21] *Vid.* Carlos María Cárcova, *La opacidad del derecho*, Trotta, Madrid, 1998, p. 28.

formal".[22] Así, al retrotraer dicho panorama y actualizarlo resulta que muchos operadores jurídicos, donde destacan los jueces, parecen seguir realizando las mismas labores bajo los mismos esquemas. Es decir, como si por el solo hecho de existir, más allá de sus contenidos, el derecho se contempla por muchos como una herramienta que garantiza el orden y el control, como elemento que brinda seguridad ante cualquier situación que se presente. Esto resulta problemático, ya que el derecho si bien puede ser eso, también puede constituirse como un discurso cuya narrativa promocione los intereses de un determinado grupo social para invisibilizar a otro. Las múltiples relaciones de poder en el derecho manifiestan que dentro de ellas se distinguen intereses contrapuestos y hasta contradictorios, buscando la obtención de los mayores beneficios posibles. En una sociedad en la que el poder, la riqueza y la categoría social están distribuidos de manera muy desigual, las ideas de los grupos que ostentan el poder, la riqueza y la categoría social, no son sino la expresión ideal de las relaciones dominantes.[23]

Pero de esto no debe concluirse que juezas y jueces están incapacitados moralmente. Es cierto que se encuentran imposibilitados de ordenar que se aplique la fuerza pública sobre las víctimas de la injusticia estructural y que eso podría traducirse como una *discapacidad moral*. Pero más bien, lo que habría que concluir es que se encuentran *inhabilitados sistémicamente* para ejercer sus labores como contrapeso que cuestione las leyes que resultan injustas. Esto termina develando al derecho, y al sistema jurídico en general, como una forma monopólica de ejercer violencia contra los más vulnerables. Es decir, parece que el propio diseño institucional inhabilita a jueces y juezas para ejercer un rol que precisamente correspondería a una persona de izquierda. Hay quien argumentará que precisamente eso es lo que le da estabilidad al ordenamiento jurídico y a la vez permanencia al Estado de derecho. Con todo, vale la pena preguntarse si es deseable la inmovilidad del juez ante la presencia de la injusticia.

---

[22] Alejandro Nieto y Tomás-Ramón Fernández, *El derecho y el revés. Diálogo epistolar sobre leyes, abogados y jueces*, Ariel, Barcelona, 1998, p. 14.
[23] *Vid.* James Paul Gee, *La ideología en los discursos: lingüística social y alfabetizaciones*, Ediciones Morata, Madrid, 2005, pp. 18 y 20.

Los tres aspectos aludidos: inequidad en salarios, indumentaria jerárquica y la función jurisdiccional dirigida a la reproducción del sistema de obediencia, resultan interesantes para contraponer la función jurisdiccional y el rol que debe desempeñar una persona de izquierda en el actual contexto de profundas desigualdades sociales. Tal vez, al no existir correspondencia entre las ideas que profesa una persona y las posibilidades de desarrollo que ofrece un trabajo, emergen riesgos que terminan por hacer incompatibles ambas facetas (como el caso del pirómano que desea ser bombero). Así, no es que una persona de izquierda no pueda ejercer la judicatura, sino que cuando una persona de izquierda es juez, deja de ser de izquierda.

Conclusiones: la democratización de la justicia

En los apartados anteriores hemos intentado ilustrar dos cuestiones principalmente: la primera, es que no es posible entender el modelo de *Estado de derecho* sin observar la influencia que han tenido las luchas y movimientos de las izquierdas en él; la segunda es que juezas y jueces se encuentran seriamente constreñidas en dicho modelo para promover de forma activa una agenda de izquierda.

Esta realidad nos indica que es necesaria una reflexión profunda sobre las limitaciones que tiene el derecho en sede judicial para poder encauzar las demandas de justicia social de la izquierda. Esto es necesario, porque el ideal democratizador de la Revolución francesa debería poder alcanzar a todos los poderes del Estado, si es que no se quiere tener democracias parciales con cuerpos aristocráticos encriptados. Es decir, si como vimos en el texto la izquierda suscribe una agenda democratizadora progresiva, ésta debe alcanzar también al más aristocrático de los poderes del Estado: el poder judicial.

Sabemos que el ideal de independencia e imparcialidad que se erige sobre juezas y jueces tiene el objetivo de garantizar que en nombre de la *voluntad popular* no se cometan injusticias contra minorías étnicas, religiosas o de cualquier otra clase. Es decir, entendemos que la idea de que la judicatura en el Estado de derecho debe estar lo más apartada posible de las querellas políticas y electorales está justificada por la pretensión de procesar los conflictos sociales de forma pacífica a través de una justicia neutral. Sin embargo, eso no debería implicar que la izquierda renuncie a una crítica a la posición privilegiada de juezas y jueces respecto de la sociedad, ni mucho menos renunciar a criticar el carácter elitista del lenguaje de los derechos. En ese sentido es un reto para la izquierda del s. XXI la democratización de ese lenguaje, porque sólo así podrá llevarse a cabo una deliberación pública profunda sobre la función de la justicia en el *Estado democrático de derecho*. La izquierda definitivamente ha ganado batallas sustantivas en la definición de la *agenda de derechos* en el Estado de derecho, ahora el reto es socializar esa agenda para que la ciudadanía pueda entablar un diálogo franco con las judicaturas que están encargadas de proteger esos derechos.

Bibliografía

Axat, Julián. "Algunos apuntes sobre el arte de vestir la toga (abogados, alta y baja costura)", en blog de Activismo, Derecho, Poesía y Política, *El Niño Rizoma*, Argentina, enero 9 de 2013.

Bobbio, Norberto. *Derecha e Izquierda. Razones y significados de una distinción política*, Taurus, Madrid, 1995.

Cárcova, Carlos María. *La opacidad del derecho*, Trotta, Madrid, 1998.

Caute, David. *Las izquierdas europeas desde 1789,* Guadarrama, Madrid, 1965.

Cossío Díaz, José Ramón. "La ley del menor", en *El País*, 13 de enero de 2015.

Díaz García, Elías. *Estado de derecho y democracia,* Anuario de la Facultad de Derecho, Núm. 19-20, 2001-2002, pp. 201-217.

Fioravanti, Maurizio. *Constitución. De la Antigüedad a nuestros días*, Trotta, Madrid, 2001.

Gargarella, Roberto. *La justicia frente al gobierno: sobre el carácter contramayoritario del poder judicial,* Centro de Estudios y Difusión del Derecho Constitucional, Quito, 2012.

Gee, James Paul. *La ideología en los discursos: lingüística social y alfabetizacione*s, Ediciones Morata, Madrid, 2005.

Iosa, Juan y Juan Jesús Garza Onofre. "Jueces, privilegios y legitimidad para administrar justicia", en *Derecho en Acción,* blog de la División de Estudios Jurídicos del Centro de Investigación y Docencia Económicas (CIDE*)*, México, noviembre 18 de 2015.

Kennedy, Duncan. *Izquierda y derecho. Ensayos de teoría jurídica crítica*, Siglo XXI, Buenos Aires, 2010.

Krever, Tor, Carl Lisberger y Max Utzschneider. "Law on the left: a conversation with Duncan Kennedy", en *UNBOUND. Harvard Journal of the Legal Left*, vol. 10:1, Harvard Law School, Cambridge, 2015.

Muñoz-Cobo González, Diego (coord.). *Sobre el alma de la toga*, Tirant lo Blanch, Valencia, 2009.

Nieto, Alejandro y Tomás-Ramón Fernández. *El derecho y el revés. Diálogo epistolar sobre leyes, abogados y jueces*, Ariel, Barcelona, 1998.

Pérez Lledó, Juan Antonio. *El movimiento Critical legal studies*, Tecnos, Madrid, 1996.

Vázquez Varela, Bengoa. *El vestido como inspiración: El carácter ambivalente de la indumentaria en la definición de la identidad*, E-Prints Complutense, Madrid, 2011.

Zagrebelsky, Gustavo. *El derecho dúctil*, Trotta, Madrid, 2001.

Zarraluqui, Luis. "De togas, pelucas y otros adminículos", en *Lex Nova. La Revista*, núm. 27, enero-marzo 2002.

SECCIÓN II

Frente al Estado capitalista

La lucha política en las nuevas condiciones del capitalismo[1]

Enrique González Rojo

El neoliberalismo es una de las muchas máscaras que se pone el capitalismo. Millones de personas estamos en contra del entronizamiento y la universalización del régimen neoliberal, y no podemos dejar de tener en cuenta el hecho de que, hoy por hoy, y quién sabe por cuánto tiempo más, es el enemigo principal de los pueblos. Sin embargo, este sistema, que es una de las modalidades más bárbaras y depredatorias del capitalismo, no es su única forma. Estoy en contra, por tal razón, de hablar sólo o preferentemente del neoliberalismo y silenciar el capitalismo, de aludir al fenómeno y olvidar la esencia, de hacer alusión a la formación social y dejar de lado el modo de producción. Si se cae en la ilusión óptica[2] de no advertir que el neoliberalismo es una de las vestimentas que emplea el capital, hay el peligro de luchar contra un capitalismo "malo", "inhumano" y "feroz" para que sea sustituido, tras una transformación "democrática", por uno "bien educado", "gentil" y de "buenos modales". Hablar de neoliberalismo y dejar de mencionar el capitalismo[3] significa el abandono estratégico de la lucha contra la **explotación**. Ciertamente que no podemos olvidar el combate prioritario contra los aspectos más bárbaros del capitalismo;[4] pero, para trascender el régimen en que rige la explotación del hombre por el hombre hay que volver a hablar, discutir, hacer ruido en torno a la noción de capitalismo.

El tema central de este texto es, por eso mismo, el de la **explotación**. No sólo son víctimas de ésta los proletarios industriales y los jornaleros agrícolas, sino **prácticamente toda la fuerza de trabajo utilizada en todas las ramas de la economía nacional**.

---

[1] Este texto es la tercera parte de la obra "La actualidad de Marx en el siglo XXI y el resurgimiento de la autogestión", misma que está disponible en la página web http://www.enriquegonzalezrojo.com/.

[2] ¡Y cuántos han caído!

[3] O, lo que tanto vale, identificar neoliberalismo y capitalismo.

[4] Porque un programa máximo no puede ser realizado de golpe y sin mediaciones.

Algo de esto se intuye en los medios combativos y contestatarios de la sociedad.

Ahora se piensa que el sujeto histórico encargado del cambio social es la **sociedad civil** o, más vagamente, la ciudadanía. Ahora bien, ¿qué es, desde el punto de vista de clase, la sociedad civil? La pregunta resulta un poco extraña porque normalmente se tiene la pretensión de que la sociedad civil no es un concepto clasista sino pluriclasista. Pero podemos afirmar contundentemente que la **inmensa mayoría de la llamada sociedad civil está formada por trabajadores asalariados, productivos y sometidos a la explotación del hombre por el hombre**.[5] Forman parte de la sociedad civil, además de los obreros y campesinos, los burócratas, los empleados bancarios, los trabajadores de la circulación, los operarios de las empresas de servicios, etcétera. Si se examina atentamente la composición de la sociedad civil se advierte que en ella hay -como excepción- poquísimos capitalistas o dueños de los medios de producción, el comercio y los servicios. **La sociedad civil es, en lo fundamental, la sociedad de los explotados modernos**. ¿Por qué se juzga habitualmente que se trata de una noción pluriclasista? Porque se parte del prejuicio de que sólo los trabajadores confinados a la esfera de la producción -o de la productividad- son explotados y los otros no: quizás sean pequeño-burgueses, intelectuales, pequeños comerciantes, etcétera, pero no forman un contingente homogéneo ni pueden reemplazar, como sujeto histórico, a la clase obrera.

Las aseveraciones que he hecho hasta aquí conducen a una concepción nueva, inédita, compleja, de la lucha social de los desposeídos, de los menesterosos, de los millones de víctimas del capitalismo en su fase actual, más que nada neo-liberal, de desarrollo. **A la mundialización del capital**[6] **tendrá que corresponder, tarde o temprano, la universalización de la lucha proletaria y popular**. La noción de **desarrollo desigual y combinado** del universo mundo, que se adaptaba perfectamente a la exégesis del siglo XX -con su bipolaridad de regímenes sociales y la supervivencia de **mercados exteriores** al sistema prevaleciente- tiene que reformularse ahora mediante un cambio cualitativo: se

---

[5] Se trata, en realidad, de dos grupos clasistas -trabajadores manuales e intelectuales- integrados en un **frente asalariado** víctima de la explotación capitalista.

[6] Tanto intra-nacional como inter-nacional.

trata de un **desarrollo desigual y combinado** de un mundo en que ya no coexisten, pacíficamente o no, diversos modos de producción y formaciones sociales, **sino del desarrollo desigual y combinado del capital-imperialismo en su fase superior**. A pesar de esta desigualdad de desenvolvimiento, los trabajadores de todos los países tendrán frente a sí -¡ya lo están teniendo!- al mismo enemigo. En el siglo XXI habrá de renacer -estoy seguro de ello- la fórmula clásica de la Asociación Internacional de Trabajadores,[7] convertida en bandera permanente de lucha por la emancipación del trabajo; pero resurgirá, corregida y aumentada, poseyendo un nuevo contenido. Y es que la fase superior del capitalismo, o sea su mundialización,[8] tendrá que elevar la lucha a niveles desconocidos. Deseo, por eso mismo, formular esta tesis: **la universalización de la explotación provocará a la larga la universalización de la lucha de los explotados y oprimidos de toda suerte**. No es algo disparatado afirmar que tal vez el siglo XXI se vea en la necesidad de resucitar la idea de una Internacional de los Trabajadores, de los humillados, de los parias, de los ofendidos, de las víctimas, en fin, del capital-imperialismo.

Pero detengámonos un momento. Antes de hablar y para hablar de la lucha anticapitalista,[9] se requiere volver a hacer énfasis en la **conciencia de clase**. Hay que poner de nuevo en la mesa de la discusión el problema de la conciencia. Si la diferencia entre empresas donde impera la explotación y en las que no existe carece de sentido en la actualidad, sobrevive no obstante como prejuicio. De ahí que los empleados, los burócratas, el personal de los supermercados y los hospitales, etcétera, se sientan como trabajadores de un estrato superior y a veces privilegiado en comparación con los obreros fabriles. Si los proletarios industriales se saben, por lo menos, explotados, los creadores de las **mercancías de circulación** se imaginan pertenecientes a otro nivel o a otra categoría social, y aunque sienten y resienten la opresión, la enajenación, la vida unidimensional a que se les somete, creen que

---

[7] La Primera Internacional, la Internacional de Marx y de Bakunin.

[8] En que los países poderosos y las transnacionales operan como un imperialismo universalizado.

[9] Y no sólo antineoliberal. Primero antineoliberal, pero después anticapitalista.

la índole, el carácter, la forma de su trabajo[10] los sitúa **en otra parte**. Es necesario, sin embargo, desilusionarlos. Ayudarles a entender que ellos son, como los otros, también víctimas de la explotación, que se les paga tan sólo el valor de su fuerza de trabajo, que generan plusvalía y que tienen el mismo enemigo que todos los trabajadores. La conclusión de este ensayo es, por eso mismo, un llamado a poner en primer plano la **psicología social**. Una psicología que combata denodadamente el prejuicio de que algunos trabajadores, integrados a las empresas de mercancías de servicio, escapan a la explotación, y que esclarezca, en derivación de ello, la comunidad estructural de intereses entre todos los trabajadores de quienes se obtenga **trabajo no retribuido**. Una psicología social que pugne contra la ideología del capital-imperialismo y a favor del surgimiento o resurgimiento en los trabajadores de la **conciencia de clase**, de la convicción de que, a pesar de las diversas condiciones laborales[11] en el tiempo de trabajo, en la porosidad del mismo, en la tipología, en la distinta remuneración, etcétera, forman todos un gran ejército de ciudadanos explotados por el capital.

La lucha de los explotados contra los explotadores tendrá que adquirir un nuevo sentido y un alcance insospechado. Los argumentos decisivos para llevar a cabo esta lucha están en la misma explotación generalizada, en la irracionalidad convertida en sistema mundial, en la toma de conciencia de tal situación y en la necesidad de emancipar al trabajo que, globalizada y mundializadamente, ha sido víctima de la **invasión de las empresas**. No sé qué papel les esté reservado a los partidos (los partidos de izquierda y de vocación democrática) porque en la actualidad muchos advertimos las deformaciones y limitaciones estructurales que trae consigo, necesariamente, la forma organizacional del partido político. Pero hay algo que me parece indubitable: el peso central de la pugna habrá de desplazarse tarde o temprano de los partidos políticos a los ciudadanos víctimas de la explotación, que se autoorganizarán para autogobernarse y autovigilarse y desplazar del poder político y económico al capital cosmopolita.

La autoorganización y autogobierno de los ciudadanos será una de las manifestaciones del rechazo a lo que podríamos llamar

---

[10] Que a veces, pero sólo a veces, es menos ruda que la de los operarios fabriles.

[11] Derivadas de la ubicación del trabajo en su rama económica específica.

el carácter "representativo" de los partidos políticos: partidos de composición obrera que dicen representar, además de los propios, los intereses de los campesinos; partidos de extracción campesina que, por lo contrario, se autoproclaman defensores no sólo de las demandas agrarias sino también obreras; partidos obrero-campesinos que pretenden ser portavoces no sólo de los requerimientos de los sectores que los integran, sino de los trabajadores asalariados del comercio y los servicios, y finalmente, y sobre todo,[12] partidos en que los dirigentes, de origen intelectual, declaran representar los anhelos de las clases populares. La organización auto-gestionaria de los explotados da al traste con la manifestación tramposa, o por lo menos difícil o limitada, de la representación exógena de sus intereses. En los consejos obreros, las comunidades agrarias, los comités de trabajadores del comercio y los servicios, los círculos universitarios, etcétera, **cada agrupamiento representará sus propias exigencias y no dependerá de la defensa que de ellas hagan, si es que lo hacen, las organizaciones partidarias**.

La autogestión puede surgir, y de hecho está surgiendo, de manera espontánea o semiespontánea: los problemas inherentes a la actividad laboral de los trabajadores los conduce naturalmente a asociarse en consejos, comités o cooperativas para luchar no individual sino colectivamente por tales o cuales demandas. Pero esta forma espontánea de organización no basta: es muy primitiva, limitada y de precaria consistencia. Estoy convencido de que se requiere la **promoción** de la idea y las formas fundamentales de organización de la práctica auto-gestionaria. Es deseable, por eso, que surjan uno o varios comités empeñados en difundir los principios de la auto-organización popular y en promover, sugerir o facilitar la formación de una **red** de tales agrupamientos. Esta red estará constituida, entonces, por una serie de comités, grupos, consejos, comunidades, o como se quieran llamar, que no serán otra cosa que células; pero células sin partido, confederadas y formando una organización democrática, cohesionada y militante.

Concibo la autoorganización de la sociedad civil y los trabajadores como un entramado o una red. Conviene, por eso mismo, explicar el tejido empezando por la célula. La célula, a la que

---

[12] Ya que detrás de todos ellos se halla la **clase intelectual** y los intereses que a ella corresponden.

conviene dar el nombre de comité, de comunidad o de consejo[13] se autoorganiza a partir de una o varias **tareas**. Un comité es la libre asociación de ciertos individuos para llevar a cabo un plexo de tareas determinadas. Los comités pueden ser grandes o pequeños; políticos, sociales o culturales, hallarse en la "esfera de la producción"[14] o en las industrias de servicio; encontrarse en el campo o la ciudad, etcétera. Puesto que tienen como faro o como guía la autogestión, los comités auto-organizados no van a buscar o a consentir subordinarse a una instancia dirigente cualquiera, sino que se autoorganizan **para** autogobernarse. Característica esencial de un comité (o una célula no partidaria) es, pues, que se gobierna a sí misma. Por desgracia, en México no predomina, ni con mucho, lo que podríamos llamar la **cultura de la autoorganización**. Con la salvedad de los pueblos indios,[15] la gran mayoría del pueblo mexicano, presa del individualismo capitalista, no tiende en general a agruparse. Aunque en la actualidad ha cambiado un tanto la situación, los sectores populares que buscan autoorganizarse para llevar a cabo ciertas tareas son aún muy pocos. De ahí la importancia de elevar a primer rango la **promoción** y la educación destinadas a convencer a los trabajadores y la sociedad civil de la necesidad de asociarse libremente en consejos y comités. De ahí también la necesidad de combatir, en los comités ya constituidos, el **sectarismo de la no coordinación**, la actitud complaciente con el aislamiento, la vanidad de creerse los mejores o la estulticia de imaginarse que no se necesita a los demás.

Una elocuente síntesis[16] entre el marxismo y el anarquismo, en cuestiones de organización,[17] nos la proporciona la tesis de la **democracia centralizada**. Existen dos maneras de organizar los agrupamientos políticos: a) de arriba abajo y del centro a la

---

[13] Para diferenciarla de la "célula de partido" del pasado.

[14] Como los consejos obreros.

[15] En que sus formas de vida y organización precapitalistas han sido una condición favorable para conservar y reproducir una autoorganización comunal.

[16] O, mejor, **sincretización productiva**. Entiendo por **sincretismo productivo** la búsqueda del espacio teórico-político en que pueden coincidir dos discursos aparentemente contrastantes, y proseguir unificados, su marcha. La prehistoria del sincretismo productivo es el **eclecticismo**.

[17] Teniendo buen cuidado siempre de no caer en el eclecticismo.

periferia y b) de abajo arriba y de la periferia al centro. La primera forma es antidemocrática y centralista. Puede fingir cierta democracia (como ocurre con las versiones no estalinistas del centralismo democrático) pero, en fin de cuentas, y en esencia, se finca en el verticalismo y la heterogestión.[18] La segunda es democrática y federalista. Estoy decididamente a favor de la segunda. Rechazo, pues, el llamado centralismo democrático,[19] a favor de un tipo de organización que tenga como propósito no "democratizar" el centralismo, sino centralizar la democracia.

La primera forma responde, en México, a las viejas culturas priísta o de izquierda ortodoxa, que ya en la actualidad no pueden decir lo que son. Por eso se maquilla y se vuelve demagógica. El centralismo democrático es, en todos los casos, democrático de dientes afuera y centralista de dientes adentro. A veces, sin dejar de ser centralista y heterogestionario, hace algunas concesiones a la democracia. Las otras es franca y decididamente verticalista y despótico. Pero en lo fundamental, e independientemente de sus diferencias, el centralismo democrático **es la forma heterogestionaria más socorrida que asume la organización partidaria o el estado mayor del "sector histórico" de la clase intelectual**, aunque las más de las veces oculte su nombre.

Pero frente al error centralista hay otro no menos grave: el **horizontalismo a-centralista**. El viejo anarquismo preconizaba la formación de una red de comités o consejos confederados que eliminara todo centro directivo a favor de una mera **coordinación** de las comunidades. La historia ha demostrado, sin embargo, y prosigue demostrándolo, que con una organización de este tipo no se garantiza la unidad de acción, la coherencia y la disciplina que, en la feroz lucha de clases que existe y habrá de profundizarse necesariamente, se necesita para combatir contra el régimen dominante y sus instrumentos de represión fuertemente centralizados.

La tesis de la democracia centralizada niega y al propio tiempo conserva ciertas tesis organizativas del viejo marxismo y del viejo anarquismo. ¿Qué acepta del marxismo? La necesidad de una lucha disciplinada y coherente, esto es, centralizada. ¿Qué recoge del anarquismo? La denuncia del carácter suplantador de toda vanguardia. Pero veamos el otro lado de la moneda. ¿Qué rechaza del marxismo (sobre todo en su versión leninista)? La tesis

---

[18] Lo contrario de la autogestión.

[19] Y todas las formas, franca o veladamente verticalistas, de centralismo.

del partido como el "jefe político" del proletariado (y de las masas) y la práctica de una dirección que sustituye a la base. ¿Qué repudia del anarquismo? El horizontalismo a-centralista que opone a la férrea disciplina del enemigo la desorganización y la incoherencia.

La democracia centralizada no es una mera inversión del centralismo democrático, sino que es una nueva forma de concebir la organización, diseñada a partir de una franca ruptura con el centralismo democrático. Como su esencia es ir de abajo arriba y de la periferia al centro, implica una nueva concepción del centro y una nueva concepción de la federación.

Es importante diferenciar el centro **que suplanta** del centro **que expresa**. El primero, propio de todo vanguardismo, es un centro que, pensando por la base (y las masas), tira línea, fija disposiciones, emite órdenes. El segundo, por ser el producto de una democracia que se centraliza,[20] se caracteriza no por sustituir a su base (y a las masas), sino por convertirse en el ámbito donde la cantidad, sin dejar de serlo, se convierte en calidad.

Negar todo centro es no sólo negar el **centro-suplantación**, sino el **centro-expresión** y caer en las tesis del viejo anarquismo del horizontalismo a-centralista o de una red confederada que, a pesar de la coordinación que pretende sustituir al centro, no garantiza la conformación adecuada de un sujeto de cambio que requiere unidad de acción, disciplina y coherencia. Creo que debe reservarse el nombre de **centralismo** al tipo de organización basada en el centro-suplantación, ya que en él no sólo hay un centro, sino un centro que se magnifica hasta volverse autoridad y dictadura. El centro-expresión, en cambio, no cae dentro del tipo de organizaciones centralistas, en virtud de que su centro **no es sino el producto de una democracia que se centraliza**.

Desde el punto de vista libertario, no tiene sentido el dilema centralismo/federalismo porque el centralismo, la magnificación del centro, está excluido o debe estarlo de su consideración. El problema está más bien en **federalismo centralizado** (ir de la periferia al centro) o **federalismo a-centralista** (red de autonomías enlazadas).

El fundamento de toda organización federalista es la libre asociación de las comunidades. Esta libre asociación puede ser de dos tipos: a) asociación que cede, si las circunstancias lo exigen, ciertos márgenes de independencia para lograr una acción común y

---

[20] De un abajo que crea su "arriba" y de una periferia que genera su "centro".

b) asociación que no cede, bajo ninguna circunstancia, la autonomía del colectivo y que se mueve sólo en el nivel de las coincidencias o las discrepancias. La primera es una libre asociación con **autonomía relativa** y con un **centro-expresión**. La segunda es una libre asociación con **autonomía absoluta** en cada una de sus células y con una **horizontalidad sin centro**. Acaso con coordinación, pero sin centro.

La tesis de la democracia centralizada se pronuncia a favor de un **federalismo-con-centro** o, lo que es igual, por una libre asociación de comunidades que genera un **centro-expresión**, constantemente supervisado y controlado, que es una instancia fundamental para lograr una acción común, consciente y concertada. Como cede deliberadamente una parte de su independencia -es decir que obedece las disposiciones que vengan del centro que "manda obedeciendo"-[21] la democracia centralizada es una libre asociación que implica **un convenio de la democracia con su centro**: el de acatar las decisiones que ella (la democracia) se da a sí misma desde dicha instancia (el centro).

Estoy a favor de un Centro que sea al mismo tiempo Coordinación. El centro-suplantación no coordina lo decidido, esbozado o preanunciado por la base, sino que implanta y extiende su decisión cupular. Para que un centro sea al mismo tiempo coordinación se requiere que sea centro-expresión, es decir, que sea el ámbito de la democracia en que ésta toma decisiones que atañen y obligan a todas sus comunidades. El peligro de hablar sólo de Coordinación y no de Centro estriba en que si bien todo centro puede ser coordinador, no toda coordinación tiene los atributos de centro.

El centro-expresión no sólo toma en cuenta la articulación de prácticas de sus comunidades de base, sino que, tras de hacerlo, emite órdenes y disposiciones con carácter de obligatoriedad -en virtud del contrato preestablecido de la democracia con su centro. En la Coordinación de la red confederada, sin centro, no hay obligatoriedad. En la coordinación propia del centro-expresión sí la hay. El centro implica, entonces, una "dirección". No la dirección despótica del centro sobre la base, sino la autodirección o el autogobierno que, tomada a nivel de toda la organización, la democracia se da a sí misma. **En la concepción organizativa de la horizontalidad des-centrada no hay, en sentido estricto,**

---

[21] Como dice el EZLN.

autogobierno. Las comunidades que no trascienden su autonomía o autogobierno particulares, y no superan su autonomía absoluta a favor de una relativa, no pueden autogobernarse como partes de un todo. Son gobernadas, más bien, por un desarrollo desigual y particularista asumido espontáneamente. La autogestión de que hablo no es sólo, por consiguiente, una mera organización de trabajadores,[22] sino una organización de combate.

La democracia centralizada implica una red. Pero no una amorfa red horizontal, sino una **red político-organizativa** a la que conviene la imagen de una pirámide invertida. Si más arriba decía que la esencia de la democracia centralizada era ir de abajo arriba, ahora -al corregir la imagen- hay que decir más bien que es ir de arriba abajo. ¿Por qué? La afirmación de que, de acuerdo con la democracia centralizada, hay que ir de abajo arriba responde a la imagen tradicional del poder como una pirámide en que el vértice (o el centro) se halla arriba, y la base (o la democracia) se halla abajo. Pero afirmar que es necesario ir, en este caso y en esta imagen, de abajo arriba, coloca el poder decisorio primario en la base y la instancia ejecutora de ese poder en el centro. Dada esta situación, resulta mejor invertir la imagen piramidal y mostrar que, de acuerdo con esta forma organizativa, la democracia ordena y el centro acata. El acatamiento aparece, pues, como la condición necesaria para mandar.

El centro-suplantación es invariablemente un centro sin control real o, si se quiere, un centro "elegido" por la base, que se emancipa de ella, adquiere vida propia y acaba por imponerse a toda una organización. El centro-expresión, en cambio, es producto de la democracia y está permanentemente controlado por ella.

El problema fundamental no reside, entonces, en la discusión sobre la conveniencia o no de un centro,[23] sino en la cuestión principalísima de cómo controlarlo, cómo impedir que se sustantive, **cómo bloquear permanentemente su tendencia natural a la suplantación**. Si se sataniza la idea de centro, se cae en el viejo anarquismo. Si se le magnifica, se resucita la tesis del marxismo autoritario.

El vanguardismo manda sin obedecer. Es un centro-suplantación. Un centro incontrolado. Garantiza una disciplina;

---

[22] Aunque pueden existir, desde luego, comités autogestivos agrupados en torno a las más diversas tareas.

[23] El cual, como hemos visto, resulta absolutamente necesario.

pero no la disciplina fundada en la democracia.[24] **La democracia centralizada manda obedeciendo**. No es sólo coordinación, porque manda, porque emite disposiciones, porque diseña un mandato que, obedeciendo, crea una unidad de acción. Pero es centro-expresión, centro controlado, removible, supervisado, vigilado. Garantiza también una disciplina; pero una disciplina de convenio: la disciplina de la democracia que se centraliza.

Mandar obedeciendo significa **ir de la base a la base**. Antes de mandar, y para mandar, el centro tiene que obedecer. ¿Obedecer a quién? A los deseos e intereses de la base. No a los intereses y anhelos de una parte de la red organizativo-política, sino al conjunto de ella. Ser centro significa aquí que la democracia le ha dado a un comité de representantes que funge como centro-expresión un poder de decisión obligatorio para toda la red. Poder decisorio general en cuestiones que competen a todos, no en cuestiones estrictamente individuales o grupales. Si los comités de base generan un centro municipal, los centros municipales un centro estatal y los centros estatales un centro nacional, se está yendo de la periferia al centro. En esta progresiva centralización de la democracia o en esta gradual gestación de niveles, conviene subrayar que los representantes de una instancia ante la siguiente[25] no deben llevar un **mandato imperativo** en ciertas cuestiones, pero sí en otras. Llevar un mandato imperativo significa que el representante de una instancia ante una distinta defiende a como dé lugar las posiciones de sus representados.[26] Para que tenga lugar una decisión racional y válida al propio tiempo para toda la red organizativo-política, y no sólo para un fragmento de la misma, los representantes no deben llevar un mandato imperativo sino poseer un carácter plenipotenciario, por así decirlo, que les permita deliberar y resolver de acuerdo con los conocimientos y experiencias globales que surjan y se confronten en el centro-expresión. En los problemas generales, en las cuestiones que competen a todos, no debe de haber, entonces, mandato imperativo. No así en los asuntos estrictamente grupales e individuales. En éstos sí se lleva un mandato: el de que son cuestiones que competen al colectivo individual y a sus integrantes y no al centro-expresión. El

---

[24] Que en el fondo es una autodisciplina.

[25] De los comités de base ante los comités municipales, etcétera.

[26] Argumenta a favor de ello, vota en tal sentido, etcétera.

centro-expresión que toma decisiones que competen a todos[27] y que no se inmiscuye en cuestiones individuales o de grupo,[28] al deliberar y al resolver, están obedeciendo tanto a las comunidades y su autonomía relativa como al conjunto articulado de ellas. Están obedeciendo y, por tanto, pueden mandar.

Mandar obedeciendo es, por así decirlo, la fórmula algebraica de la democracia que se centraliza para autogobernarse. En la medida en que se puede hablar de garantía en este tipo de cuestiones, y tomando en cuenta el hecho de que mandar obedeciendo no es algo que se consiga de golpe, sino un proceso que implica una lucha incesante, creo que la forma de garantizar que un centro sea centro-expresión y no un centro que suplante a la organización y mande sin obedecer, es tomar en cuenta en todo momento los siguientes cuatro aspectos:

*que no haya congresos electivos

*que los representantes ante el centro-expresión puedan ser removidos en todo momento

*que no se olvide nunca el peligro que acarrea consigo la existencia de la **clase intelectual** y

*que haya una cierta rotación de cuadros.

La pieza organizativa maestra por medio de la cual se enmascara de democracia el centralismo es el Congreso (Asamblea, etcétera) con capacidad de elegir dirigentes. Si hiciéramos una radiografía de lo que ha sido tradicionalmente un congreso partidario, sindical, etcétera, con capacidad electiva, diríamos que tiene una apariencia y una esencia. Apariencia: ámbito en el que se expresa la voluntad soberana de la base. Esencia: espacio en el cual se reproduce y perpetúa la dirección,[29] fingiendo democracia.

Las direcciones convocantes a tales asambleas las preparan de tal modo -sin olvidar detalle alguno-, que en realidad las amañan y manipulan. Las vuelven entonces un medio esencial para legitimar a la cúpula o perpetuarla, esto es, para conformar la organización de arriba abajo y del centro a la periferia (en la imagen tradicional de la pirámide).

---

[27] Obtenidas sin llevar un mandato imperativo.

[28] Respetando, por ende, el mandato imperativo que traen los representantes de la instancia precedente.

[29] O asciende al poder una camarilla de dirigentes alternativa.

Un proyecto organizativo democrático no puede estar en contra, desde luego, de los congresos. Pero parte de la convicción, basada en el concepto de democracia centralizada y de la necesidad de impedir la manipulación cupular,[30] de que los **congresos deben ser deliberativos y resolutivos, pero no electivos**. Deben decidir sobre los principios, la estrategia y la táctica de una organización; pero no deben elegir dirigentes. La concepción que del congreso nos ofrece la democracia centralizada persigue el doble aspecto de evitar la lucha por el poder alrededor del congreso y de posibilitar, con esta eliminación, una discusión racional en el mismo.

Frente al centralismo de hecho de la vieja cultura política, fundamentalmente partidaria, la democracia centralizada es una forma en que, sin necesidad de hacer una asamblea o un congreso electivos, las unidades organizativas[31] eligen de entre sus miembros a sus representantes a un centro, teniendo el derecho y la obligación de remover o destituir a sus representantes en el momento que sea necesario si ellos no responden a sus intereses.

El hecho de que las instancias "inferiores" elijan a las "superiores" nos habla, pues, de una afirmación democrática,[32] y el hecho de que, por ejemplo, los consejos estatales, sin perder su autonomía relativa, elijan al consejo nacional[33] nos habla de una posición federalista (en contra del centralismo).

Si tomamos en cuenta que el control de los centros-expresión por parte de las instancias "de base" se lleva a cabo mediante tres acciones, a saber: a) el conocimiento por parte del colectivo de la manera de ser, actuar y pensar de sus representantes, b) la evaluación de su gestión y c) el derecho de vigilancia[34] que conserva en todo momento la instancia "de base" (o electora), podemos concluir que **la esencia de la democracia centralizada es la democracia cognoscitiva**.[35] La democracia no debe ser separada nunca, es mi convicción, del conocimiento. Como dije, cada colectivo debe escoger entre sus miembros a sus repre-sentantes ante otra instancia (o centro-expresión) o, lo que es igual,

---

[30] Y la perpetuación de la clase política o de la burocracia intelectual.

[31] Comunidades o comités.

[32] Contra el verticalismo heterogestionario.

[33] Yendo de la periferia al centro.

[34] Y remoción si es el caso.

[35] Término de José Revueltas.

debe enviar como delegados a la instancia siguiente **a quien conoce** en la actividad cotidiana.

En una red organizativo-política, me parece que la organización debe asumir la democracia cognoscitiva en dos sentidos: a) mediante la representación escalonada por instancias basada invariablemente en el conocimiento del compañero o compañeros elegidos y b) mediante congresos **deliberativos y resolutivos** que hagan de lado a un elemento tan perturbador de la cognición como es la lucha por el poder encarnada en el **carácter electivo** que de común tienen dichas asambleas.[36] Si, de acuerdo con las añejas prácticas políticas, vemos a los congresos -lo diré una vez más- no sólo como deliberativos y resolutivos, sino como electivos, se distorsiona el carácter racional de las asambleas[37] y se viola el fundamento democrático que debe prevalecer entre las instancias.[38]

Si se reconoce la existencia de una **clase intelectual**[39] se tiene que concluir que dicha clase puede hacer acto de presencia en toda organización. En cualquier comité o comunidad se crea o se reproduce una división del trabajo: hay quienes elaboran fundamentalmente un trabajo teórico y los hay que principalmente llevan a cabo un trabajo manual, quienes realizan un trabajo complejo y quienes ejecutan un trabajo simple, etcétera. Si en todo comité surgen o pueden surgir ciertos intelectuales, con mayor razón se detecta su presencia a nivel de una organización tomada en su conjunto. Es importante, entonces, no sólo advertir la presencia de miembros de la clase intelectual a lo largo y a lo ancho de una organización, sino tener en cuenta su tendencia natural a ejercer el mando, tirar línea, suplantar a los otros, eximirse de ciertas tareas "indignas" de su categoría de cuadro avanzado, etcétera.

Me gustaría subrayar que la autogestión no sólo debe rechazar la **heterogestión externa** de la organización jerárquica,[40]

---

[36] Y su canibalesca "lucha de tendencias".

[37] Porque la discusión teórico-política no está orientada a la búsqueda de la verdad o la justeza, sino enmarcada dentro de la lucha por el poder.

[38] Debido a que la elección en el congreso se halla mediatizada por la manipulación.

[39] Clase que se distingue tanto del capital como del trabajo manual.

[40] El que una comunidad caiga bajo la dominación del Estado, de un partido político, de una Iglesia, etcétera.

sino la **heterogestión interna** que puede conservarse y reproducirse aun en el caso de superar, en condiciones especiales, la estructuración organizativa del verticalismo exterior. Si en la conceptuación y práctica de la autogestión se combate sólo la **heterogestión externa** y se pone el acento en que el portador del poder es el colectivo, se olvidan las diferencias estructurales encarnadas por los integrantes del colectivo autogestor. La comunidad, en efecto, está formada por trabajadores intelectuales, trabajadores manuales, etcétera. El olvido de la **heterogestión interna** acarrea la consecuencia de que se sustituye la **dominación burocrática** que conlleva la heterogestión exógena por la **dominación tecnocrática** que implica la heterogestión endógena. Para salir al paso a la concepción tecnocrática de la autogestión no sólo hay que combatir a la heterogestión en su doble modalidad (externa e interna), sino asociar de manera esencial dos grandes nociones: **autogestión** y **revolución cultural**. La colectividad autogestora **es el ámbito idóneo en que debe llevarse a cabo la revolución cultural**, es decir, el espacio organizativo llamado a encarnar aquella revolución que se propone subvertir la división vertical y horizontal del trabajo. La revolución cultural no puede tener un resultado apreciable, profundo y a largo plazo si se realiza masiva, desarticulada y semi-espontáneamente (como ocurrió en China), sino única y exclusivamente si se halla confinada en su ámbito natural que no es otro que el de un colectivo que se autoorganiza para autogobernarse; pero para autogobernarse de modo tal que, combatiendo la **heterogestión interna**, pugne por impedir que se perpetúen en ella ciertos dirigentes frente a los dirigidos, ciertos caudillos frente a los servidores.

Si se es partidario de la formación de una red confederada, si se quiere sustituir el centro por una mera coordinación, si se denuncia a la burocracia y hasta se comulga con el ideario del anarquismo de viejo cuño, pero no se reconoce la existencia de una clase intelectual, hay el peligro de permitir que bajo cuerda se geste en una organización "libertaria" lo que en otro sitio he llamado un **vanguardismo solapado**. El vanguardismo se solapa cuando es rechazado o mal visto, porque una teoría social o una práctica política lo ha denunciado. Pero no puede dejar de existir porque es producto espontáneo de la división del trabajo que existe en la sociedad. Sólo si se reconoce la existencia de la clase intelectual,[41] se puede combatir no sólo al vanguardismo abierto, sino también al solapado.

No sólo es importante el control y vigilancia permanentes que la base debe de ejercer sobre sus centros-expresión,[42] sino también que deben idearse y perfeccionarse paulatinamente mecanismos de rotación de los delegados para que se vayan socializando los conocimientos y experiencias y dejen de hallarse monopolizados por unos cuantos cerebros. Rotación de cuadros que, **procurando no obstaculizar la continuidad de gestión de los centros coordinadores**, combata la sustantivación de ellos y vaya preparando cada vez más militantes en la función directiva.

Para terminar, unas palabras sobre la disciplina. No puede haber una lucha exitosa contra un enemigo tan fuerte y tan centralizado como el régimen neoliberal (o burgués en general), si se carece de disciplina, de acción colectiva unificada, de congruencia conjunta en la actuación.[43] La pugna de un movimiento democrático indisciplinado y amorfo contra el neoliberalismo,[44] nos recordaría el dramático combate de los lanceros polacos contra los *panzer* nazis.

Valdría la pena recordar en este sitio que, en los *soviets* de la Rusia de 1917, entraron en pugna el partido bolchevique y otros partidos, grupos e individuos. Se trataba de una lucha, en realidad, de un centralismo sin democracia con una democracia con muy poca centralización. O también, entre una agrupación fuertemente disciplinada contra varios partidos, comités de fábrica e individuos sin partido, faltos de disciplina o ausentes de coherencia en la toma de decisiones y su aplicación. Como se sabe, el triunfo estuvo de tal manera del lado del partido bolchevique y de su forma organizativa centralista que los bolcheviques pudieron lanzar la consigna "todo el poder a los *soviets*" y adquirir la hegemonía heterogestionaria al interior de esas organizaciones democrático-libertarias de obreros, campesinos y soldados.

---

[41] Y de la tendencia de su "sector histórico" a valerse de los trabajadores para acceder al poder.

[42] Y que se materializa en el derecho inalienable que tienen los representantes de remover, cuando lo juzguen necesario, a sus representantes.

[43] El mismo Durruti decía: "Estoy en contra de la disciplina de cuartel, pero también en contra de la libertad mal entendida [...]", citado por Hugh Thomas, *La guerra civil española*, t. I, Grijalbo, Barcelona, 1976, p. 464.

[44] Y más aún, si éste fuera el caso y el momento, contra el sistema capitalista.

La disciplina que demanda la autogestión no tiene nada que ver, como se comprende, con la disciplina requerida por cualquier sistema de producción jerarquizado. No tiene nada que ver, asimismo, ni con la disciplina implicada en la heterogestión burguesa, ni con la implicada en la heterogestión intelectual. A diferencia de estas modalidades de disciplina, la disciplina propia de la autogestión es una **autodisciplina**. Tan es así que los individuos que deciden autoorganizarse para autogobernarse tienen que autodisciplinarse.

Las decisiones de un centro-coordinador, por ejemplo, no se cumplen porque provienen de "los jefes" y uno tiene que obedecer (acríticamente) a su mandato,[45] sino que se cumplen **porque implican un compromiso racional y afectivo del individuo con la organización de la que forma parte**. La disciplina asociada a la heterogestión es una disciplina externa, mecánica, ciega. Lleva al cumplimiento obligatorio, pero no, en su agente realizador, al convencimiento participativo de que las cosas deben de hacerse de ese modo y no de otro. La disciplina que presupone la autogestión es una disciplina interior, consciente, crítica. El ejecutante de una decisión emanada de una instancia coordinadora "superior", no realiza tal acuerdo "porque lo han decidido los de arriba", sino porque comparte con ellos, convencido, la necesidad de llevar a cabo tal o cual acción. En un caso extremo, un individuo o una colectividad debe acatar una decisión que provenga del centro-expresión aun teniendo dudas sobre su conveniencia o estando franca y decididamente en contra de ella, siempre y cuando pueda combatir al interior de la organización la disposición tomada y pugnar por su modificación. El convenio de la democracia con el centro implica el acatamiento de lo que puede parecer dudoso o incorrecto, porque ello es fundamental para la acción unitaria que requiere una organización que pretende jugar el papel de sujeto de cambio dentro de la compleja situación de la lucha de clases.

Es claro que una disciplina concebida así[46] es tan sólo un ideal, una meta o un faro. La autogestión va a nacer a partir de la heterogestión, o rompiendo con ella, y seguramente durante mucho tiempo tendrá en su haber una serie de "huellas mnémicas" o de

---

[45] De acuerdo con los principios del centralismo democrático según los cuales "los órganos inferiores se someten a las decisiones de los órganos superiores" y "la minoría debe acatar las decisiones de la mayoría".

[46] Como interior, consciente y crítica.

supervivencias heterogestionarias. Otro tanto debe decirse de la autodisciplina. La autodisciplina va a surgir a partir de la disciplina externa, mecánica y heterónoma de siempre y no cabe la menor duda de que arrastrará un buen tiempo consigo remanentes de dicha disciplina tradicional.

Es importante advertir que, cuando señalo que la autogestión es propia de individuos que ejercen esa disciplina racional, emotiva y autónoma que llamo autodisciplina, estoy poniendo el acento en un punto en que coinciden o deben de coincidir la psicología individual y la psicología colectiva. El individuo capaz de autodisciplinarse es el individuo capaz de llevar a cabo lo que podríamos llamar una autogestión individual. La autogestión de la sociedad[47] se construye en y por la autogestión individual. Pero también lo contrario es cierto: la autogestión individual se gesta en y por la autogestión social y organizacional. Aquí existe, como puede verse, una vinculación de la teoría autogestionaria con la ética, tema que debe ser tratado con mayor extensión y profundidad en otro sitio.

---

[47] Y también, desde luego, la autogestión de una organización.

La conquista del poder del Estado en Marx: ¿cómo y para qué?

Gerardo Ambriz Arévalo

> *Hay que hacer la opresión real todavía más opresiva, añadiendo a aquélla la conciencia de la opresión, haciendo la infamia todavía más infamante, al pregonarla [...] Hay que enseñar al pueblo a asustarse de sí mismo, para infundirle ánimo.*
>
> Karl Marx[1]

> *[La sociedad] tiene que empezar por crearse el punto de partida revolucionario, la situación, las relaciones, las condiciones, sin las cuales no adquiere un carácter serio la revolución moderna.*
>
> Karl Marx[2]

Actualmente, en casi todos los rincones del planeta existen problemas que pueden ser cargados a la cuenta del capitalismo y su ideología neoliberal. Aunque han sido parte del capitalismo desde su origen, problemas como el desempleo, la miseria, las condiciones indignas e inhumanas de trabajo (a las que son expuestos hombres, mujeres y niños), hoy en día se han agudizado hasta límites casi insoportables. Por si fuera poco, tenemos que agregar a la lista problemas no menos graves como la migración, los conflictos étnicos, el terrorismo, la corrupción, los desastres ecológicos y un largo etcétera. A pesar de que existen quienes no ven una relación directa entre dichos problemas y el modo de producción capitalista, hay rigurosas investigaciones que la han documentado y demostrado. Por ejemplo, los trabajos de Ricardo Antunes que han señalado las consecuencias de la precarización

---

[1] Karl Marx, "En torno a la crítica de la filosofía del derecho de Hegel", en Marx, Karl y Friedrich Engels, *La sagrada familia*, Grijalbo, México, 1967, p. 6.

[2] K. Marx, *El dieciocho brumario de Luis Bonaparte*, Ediciones en Lenguas Extranjeras, Pekín, 1978, p. 13.

laboral y las nuevas formas de explotación humana;[3] el estudio de Mike Davis que muestra cómo, lejos de favorecer la creación de "ciudades de luz levantándose hacia el cielo", el capitalismo ha generado un mundo urbano que "se mueve en la miseria, rodeado de contaminación, desechos y podredumbre";[4] la obra de Slavoj Zizek que señala el camino al que nos está arrojando el capitalismo y sus cuatro jinetes del apocalipsis: la crisis ecológica, la revolución biogenética, las luchas por la obtención de materias primas, alimentos y agua y "el explosivo crecimiento de las divisiones y exclusiones sociales";[5] las excelentes investigaciones de Naomi Klein que arrojan como resultados por un lado, la demostración de cómo el capitalismo puede salir beneficiado de calamidades como la guerra, el terrorismo y los desastres naturales,[6] y, por el otro, un diagnóstico de lo que pasaría si dejamos que el capitalismo siga depredando al planeta;[7] o la disección del neoliberalismo que realiza David Harvey para señalar el perverso proceso de neoliberalización imperante en nuestro mundo, mismo que la clase dominante desea perpetuar en las sociedades capitalistas:

> Aquellas personas que son excluidas o expulsadas del sistema de mercado [...] poco pueden esperar de la neoliberalización excepto pobreza, hambre, enfermedad y desesperación. Su única esperanza es trepar como sea posible a bordo del barco del sistema de mercado bien como productores de pequeñas mercancías, como vendedores de la economía informal (de cosas o de fuerza de trabajo), como pequeños depredadores que piden limosna, roban, o de manera violenta obtienen algunas migajas de la mesa del rico, o bien como participantes en el enorme

---

[3] Véase principalmente Ricardo Antunes, *Los sentidos del trabajo. Ensayo sobre la afirmación y la negación del trabajo*, Ediciones Herramienta, Buenos Aires, 2013.

[4] Mike Davis, *Planeta de ciudades miseria*, Foca, Madrid, 2007, p. 33.

[5] Slavoj Zizek, *Viviendo en el final de los tiempos*, Akal, Madrid, 2012, p. 8.

[6] Es decir, aprovechándose de los "momentos de trauma [*shock*] colectivo para dar el pistoletazo de salida a reformas económicas y sociales de corte radical". Naomi Klein, *La doctrina del shock. El auge del capitalismo del desastre*, Paidós, Madrid, 2012, p. 30.

[7] Naomi Klein, *Esto lo cambia todo. El capitalismo contra el clima*, Paidós, Barcelona, 2015, p. 41.

mercado ilegal del tráfico de drogas, de armas, de mujeres, o de cualquier otra cosa ilegal de la que haya demanda.[8]

Frente a los problemas del capitalismo, la izquierda ha tomado diferentes posturas que van desde el cinismo posmoderno y el gatopardismo de la socialdemocracia -que propone un capitalismo con "rostro humano"-, hasta un claro izquierdismo[9] radical que pretende derrocar al capitalismo con bombas molotov. Mientras tanto, una postura neutra se ha devanado los sesos buscando nuevas formas de lucha y organización que substituyan a las que propuso el marxismo clásico. A los que adoptan esta última postura posiblemente les pase lo mismo que a los hombres que, según Chesterton, "inventan nuevos ideales porque no se atreven a poner en práctica viejos ideales".[10] En nuestro caso, consideramos que las tesis (o ideales) de Marx siguen siendo pertinentes, no sólo porque nos enseñan cómo funciona el capitalismo y en dónde radica su poder, sino también porque nos proponen la manera en que se puede acabar con él para empezar a construir una formación social auténticamente libre y democrática. Así, en este trabajo expondremos algunas tesis de Marx orientadas a tres objetivos: 1) mostrar las principales funciones que Marx le asigna al Estado dentro de las formaciones sociales capitalistas; 2) buscar dentro de sus obras las diferentes formas que propuso para que las clases sociales subalternas conquistaran el poder del Estado y sus aparatos; y 3) dar cuenta de la sociedad (socialista o comunista) en la que pensó Marx como alternativa a las sociedades capitalistas.

---

[8] David Harvey, *Breve historia del neoliberalismo*, Akal, Madrid, 2007, p. 203.

[9] Nos referimos a un izquierdismo que criticó Lenin, el cual debe ser entendido como "una posición de principios contra la participación en la política electoral parlamentaria o burguesa, en los sindicatos y hasta, o especialmente, en la estricta disciplina partidaria". Bruno Bosteels, "La hipótesis izquierdista: el comunismo en la era del terror", en Analía Hounie, *Sobre la idea del comunismo*, Paidós, Buenos Aires, 2010, p. 54.

[10] Gilbert K. Chesterton, *Lo que está mal en el mundo*, Ciudadela Libros, Madrid, 2006, p. 31.

1. El papel del Estado en las sociedades capitalistas

Algo muy común en las investigaciones actuales sobre el Estado es señalar que, para Marx en particular y para el marxismo en general, el Estado capitalista es, desde un simple epifenómeno de la estructura económica, hasta un simple instrumento de represión que una clase dominante usa en contra de una clase dominada. Para demostrar estas tesis suelen citarse algunos fragmentos de Marx parecidos a aquéllos donde asevera que "el Estado burgués no es otra cosa que un pacto de mutua seguridad de la clase burguesa en contra de sus miembros tomados individualmente y en contra de la clase explotada",[11] o que "el poder estatal moderno es solamente una comisión administradora de los negocios comunes de toda la clase burguesa".[12]

Aunque en las sociedades capitalistas hay ocasiones en las que el Estado funciona efectivamente de esa manera,[13] en la obra de Marx aparecen otros señalamientos que suponen mayor complejidad. En este trabajo nos gustaría sólo señalar aquellas características que Marx vio en el Estado capitalista, mismas que muestran por qué es fundamental la conquista del poder político y los aparatos del Estado para transitar a un tipo de sociedad que no esté fundada en la explotación de una o más clases sociales. Para ello proponemos como guía el trabajo de Nicos Poulantzas,[14]

---

[11] Marx citado en Maximilien Rubel, *Páginas escogidas de Marx para una ética socialista*, vol. 2, Amorrortu, Buenos Aires, 1974, p. 281. Más o menos eso dice Engels al expresar que "el Estado es un organismo para proteger a la clase que posee contra la desposeída". F. Engels, *El origen de la familia, la propiedad privada y el Estado*, incluido en K. Marx y F. Engels, *Obras escogidas*, tomo II, Ediciones en Lenguas Extranjeras, Moscú, 1955, p. 339.

[12] K. Marx y F. Engels, *Manifiesto comunista*, Crítica, Barcelona, 1998, p. 41.

[13] El mismo Marx dio cuenta de ello cuando señaló que un sector de la burguesía francesa, la aristocracia financiera, alrededor de 1848 "dictaba leyes en las Cámaras y adjudicaba los cargos públicos, desde los ministerios hasta los estancos". K. Marx, *Las luchas de clases en Francia de 1848 a 1850*, Editorial Anteo, Buenos Aires, 1973, p. 40.

[14] Para un entendimiento profundo de los aportes de Poulantzas a la teoría marxista del Estado véase Bob Jessop, *Nicos Poulantzas: Marxist theory and political strategy*, Macmillan, Londres, 1985. Consultado en noviembre de 2015. Disponible en la dirección electrónica: https://bobjessop.files.word press.com/2013/11/jessop-poulanzas.pdf.

específicamente el que nos indica cómo debemos entender las ideas del autor de *El capital* relacionadas con la función e importancia del Estado en las sociedades capitalistas.[15]

Según Poulantzas, aunque el Estado goza de una autonomía relativa no debe ser estudiado como algo aislado, sino en su vinculación con las relaciones de producción, ya que éste tiene "un papel propio en la constitución misma de esas relaciones".[16] El ejemplo más claro de esta circunstancia es la institucionalización de "la separación del productor directo de los medios de producción, [misma que dio a] los agentes productivos el carácter de sujetos jurídicos, es decir, individuos-personas políticos".[17] Así, concluye Poulantzas, "es de esas relaciones jurídicas y no de las relaciones de producción en sentido estricto de donde dependen el contrato de trabajo y la propiedad formal de los medios de producción".[18]

Lo que da pie a esta interpretación de Poulantzas son los diversos pasajes de *El capital* donde Marx señala una y otra vez el rol que jugó el Estado para legitimar, mediante leyes, la servidumbre humana y poner las condiciones para que una clase social se apropie la plusvalía producida por el trabajador, es decir, para que el capital se beneficie en su "afán de prolongar la jornada laboral" y sacie su "voracidad canibalesca de trabajo".[19] Pero antes de eso, Marx parece ver en el Estado aquel factor necesario para que los agentes productivos (proletarios y capitalistas), en plena igualdad, intercambien su mercancía "libremente":

---

[15] En este trabajo no se pretende ni tomar postura ni demostrar si hubo o no una teoría general del Estado en Marx. Se ha pensado que fue Poulantzas el que demostró la existencia de tal teoría, lo cual es incorrecto, pues su finalidad fue mostrar, como lo dice en una entrevista de 1977, que en la obra de Marx se encuentran "principios generales de una teoría del Estado y unas observaciones sobre el Estado capitalista, sobre la transición, pero no realmente una teoría": "El Estado y la transición al socialismo. Entrevista realizada a Nicos Poulantzas por Henri Weber", documento en pdf consultado en diciembre de 2015; disponible en: http://www.vientosur.info/IMG/pdf/Entrevista_Weber-Poulantzas.pdf.

[16] N. Poulantzas, *Estado, poder y socialismo*, Siglo XXI, México, 1979, p. 24.

[17] N. Poulantzas, *Poder político y clases sociales en el estado capitalista*, Siglo XXI, México, 1976, p. 156.

[18] *Idem*.

[19] K. Marx, *El capital*, tomo I, vol. 1, Siglo XXI, México, 1977, p. 292.

La fuerza de trabajo, como mercancía, sólo puede aparecer en el mercado en la medida y por el hecho de que su propio poseedor -la persona a quien pertenece esa fuerza de trabajo- la ofrezca y venda como mercancía. Para que su poseedor la venda como mercancía es necesario que pueda disponer de la misma, y por tanto que sea propietario libre de su capacidad de trabajo, de su persona. Él y el poseedor de dinero se encuentran en el mercado y traban relaciones mutuas en calidad de poseedores de mercancías dotados de los mismos derechos, y que sólo se distinguen por ser el uno vendedor y el otro comprador; ambos, pues, son personas jurídicamente iguales.[20]

Ahora bien, Poulantzas afirma que el Estado tiene varias características que lo vuelven indispensable para la reproducción del sistema capitalista. En términos generales menciona tres elementos: en primer lugar, afirma que el Estado es el "factor de cohesión de la unidad de una formación"; en segundo lugar, refiere que es "la estructura en la que se condensan las contradicciones de los diversos niveles de una formación"; y, finalmente, establece que "es el lugar que permite descifrar la unidad y la articulación de las estructuras de una formación".[21]

La primer característica -la de ser "factor de cohesión de la unidad de una formación"- es, según Poulantzas, la función general del Estado,[22] pues tiene el papel de impedir que la lucha de clases, o cualquier otro factor, acabe con la cohesión de esa formación, lo cual generaría grandes problemas para la reproducción capitalista. Para mostrar dicha función, Poulantzas cita un esclarecedor fragmento de *El origen de la familia, la propiedad privada y el Estado*, obra que, cabe decirlo, Engels realizó partiendo de una investigación iniciada por Marx:[23]

---

[20] *Ibid.*, p. 204.

[21] N. Poulantzas, *Poder político y clases sociales en el estado capitalista...*, p. 44.

[22] Poulantzas señala tres modalidades, y sus respectivos niveles, de la función general del Estado, a saber: "función técnico-económica-nivel económico, función propiamente política-nivel de la lucha política de clases, función ideológica-nivel ideológico". *Ibid.*, p. 52.

[23] Engels reconoce lo siguiente en el prefacio de 1884: "Las siguientes páginas vienen a ser, en cierto sentido, la ejecución de un testamento. Carlos Marx se disponía a exponer personalmente los resultados de las

[El Estado] es más bien un producto de la sociedad cuando llega a un grado de desarrollo determinado; es la confesión de que esa sociedad se ha enredado en una irremediable contradicción consigo misma y está dividida por antagonismos irreconciliables, que es impotente para conjurar. Pero a fin de que estos antagonismos, estas clases con intereses económicos en pugna no se devoren a sí mismas y no consuman a la sociedad en una lucha estéril, se hace necesario un poder situado aparentemente por encima de la sociedad y llamado a amortiguar el choque, a mantenerlo en los límites del orden. Y ese poder, nacido de la sociedad, pero que se pone por encima de ella y se divorcia de ella más y más, es el Estado.[24]

La función del Estado en las sociedades capitalistas también es mostrada por Marx en sus análisis de las luchas de clases acaecidas en la sociedad francesa en el periodo que va de 1848 a 1851, año, este último, en el que un golpe de estado, perpetrado por Luis Bonaparte, le cayó como balde de agua fría, o más bien "como un rayo en cielo sereno".[25] En el análisis del teórico de Tréveris constantemente aparece la idea de que no importa qué sector de la clase burguesa tenga el poder político, ni si hace valer su dominación por medio "del sable y la sotana",[26] lo importante a fin de cuentas es que la clase en cuestión defienda un "Estado cuyo fin confesado es eternizar la dominación del capital y la esclavitud del trabajo".[27] No obstante el intrincado conflicto entre las diferentes clases, el cual pudo poner en riesgo la producción y reproducción del capital, los dos sectores de la burguesía[28] que se

---

investigaciones de Morgan en relación con las conclusiones de su (hasta cierto punto, puedo decir nuestro) análisis materialista de la historia, para esclarecer así, y sólo así, todo su alcance". F. Engels, *El origen de la familia, la propiedad privada y el Estado...*, p. 177.

[24] *Ibid.*, pp. 336-337.

[25] K. Marx, *El dieciocho brumario de Luis Bonaparte...*, p. 15.

[26] *Ibid.*, p. 13.

[27] K. Marx, *Las luchas de clases en Francia de 1848 a 1850...*, p. 73.

[28] Para Marx existieron un gran número de clases sociales que muchas veces no se reflejan cuando Marx de manera abstracta se refiere a las dos grandes clases, a saber, la burguesía y el proletariado. La clase burguesa, por ejemplo, se divide en las fracciones de la burguesía industrial, "los banqueros, los reyes de la Bolsa, los reyes de los ferrocarriles, los propietarios de minas de

confrontaron de manera más violenta (la burguesía financiera y la burguesía industrial) pudieron conformar, aunque de manera provisional, un Estado y tipo de gobierno acorde a sus intereses de clase:

> La república parlamentaria era algo más que el terreno neutral en el que podían convivir con derechos iguales las dos fracciones de la burguesía francesa, los legitimistas y los orleanistas, la gran propiedad territorial y la industria. Era la condición inevitable para su dominación en común, la única forma de gobierno en que su interés general de clase podía someter a la par las pretensiones de sus distintas fracciones y las de las otras clases de la sociedad.[29]

Pero el desbordamiento de la lucha de clases no es la única situación que puede poner en peligro la reproducción capitalista. El Estado tiene que intervenir para que las condiciones de trabajo, muchas veces inhumanas, no generen descontento en los trabajadores y una merma en la salud del trabajador y, por ende, del capital. La intervención del Estado, en este sentido, se aprecia claramente en la obra maestra de Marx, precisamente cuando habla de la reducción de la jornada laboral, medida que tuvo que tomar el Estado, incluso en contra de los intereses a corto plazo de la clase capitalista, con el fin de evitar las jornadas extenuantes de trabajo que conllevan una disminución considerable en la productividad de los trabajadores. Así, el Estado reguló el tiempo que un niño debía trabajar y con ello evitar "la transformación de sangre infantil en capital".[30] También generó una serie de cláusulas sanitarias que obligaban a las fábricas textiles inglesas a limpiar y ventilar los centros de trabajo[31] para impedir, en la medida de lo posible, que se convirtieran en auténticos mataderos.[32]

Cabe señalar que las aseveraciones aquí vertidas no deben interpretarse como si el Estado capitalista fuera neutral y no respondiera a los intereses de la clase dominante. Althusser supo

---

carbón y de hierro y de explotaciones forestales y una parte de la propiedad territorial aliada a ellos: la llamada *aristocracia financiera*". *Ibid.*, p. 40.

[29] K. Marx, *El dieciocho brumario de Luis Bonaparte...*, p. 15.

[30] K. Marx, *El capital*, tomo I, vol. 1, p. 327.

[31] *Ibid.*, tomo I, vol. 2, p. 585.

[32] *Ibid.*, p. 563.

leer muy bien estas ideas años después. Desde su perspectiva, si el Estado no estuviera separado de la lucha de clases, si no gozara de una autonomía relativa, dejaría de funcionar como instrumento de dominio en manos de la clase dominante. Dicho de otra forma, el Estado debe estar separado de la lucha de clases que se da entre explotados y explotadores, ya que sólo así puede intervenir, incluso violentamente, cuando cualquiera de estas clases ponga en riesgo la reproducción del sistema capitalista:

> Se puede sostener la tesis de que para cumplir su función de instrumento al servicio de la clase dominante, el aparato de Estado debe, en las peores circunstancias y en la medida de lo posible, estar separado de la lucha de clases, retirado de ella tanto como sea posible, para poder intervenir no sólo contra la amenaza de la lucha de clases popular, sino también contra las amenazas de las formas que la lucha de clases puede tomar en el seno de la clase dominante misma, y contra la combinación de ambas.[33]

Para Althusser incluso es absurdo pensar que el Estado "es una institución neutral que está "por encima" de las clases al igual que un árbitro está por encima del enfrentamiento de dos equipos o de dos clases, y que limita sus excesos y sus luchas de manera que hace triunfar el "interés común"".[34] Lejos de eso, en última instancia el Estado siempre estará al servicio de la clase dominante, cumpliendo con la función de reproducir indefinidamente su dominio, incluso cuando parece que se inclina del lado de la clase dominada. Althusser se apoya en ejemplos que aparecen en *El capital*, algunos de los cuales ya hemos mencionado. Sin embargo, enfatiza la intervención del Estado en Inglaterra con el objetivo de reducir la jornada laboral a 10 horas. Aparentemente el Estado tomó partido a favor del proletariado que luchó contra la clase capitalista por reducir la jornada laboral, pero sólo aparentemente, pues tuvo que intervenir no por fines humanitarios, sino para que no se entorpeciera la reproducción del sistema:

> Y después de esta medida, escandalosa para la mayor parte de los capitalistas, aparecieron estudios burgueses (que Marx cita)

---

[33] Louis Althusser, *Marx dentro de sus límites*, Akal, Madrid, 2003, p. 94.
[34] *Ibid.*, p. 139.

que demostraban, que en diez horas de trabajo a pleno empleo los trabajadores producían más que en doce o quince horas, porque la fatiga disminuía su rendimiento de conjunto por debajo del rendimiento de una jornada de diez horas. Eso es el Estado: un aparato capaz de tomar medidas contra una parte, o la mayoría, de la burguesía para defender sus ‹‹intereses generales›› de clase dominante. Y es por eso que el Estado debe estar separado. Es jugando con la naturaleza del Estado, con su separación, con los valores que aseguraban su separación [...] como el Estado burgués inglés pudo imponer la ley de diez horas [...].[35]

Así, retomando a Poulantzas, la función general del Estado (factor de cohesión de la unidad de las formaciones sociales capitalistas), y sus características de ser el lugar donde, por un lado, se cristalizan las contradicciones de las diferentes instancias de la formación social, y, por el otro, donde se descifra el tipo de unidad y la forma en que se articulan sus estructuras, lo hacen, también, el lugar estratégico o el punto nodal al que deben apuntar las clases dominadas tanto para romper la unidad de las formaciones sociales en las que son explotados, como para la "producción de una unidad nueva, de nuevas relaciones de producción".[36] Probablemente, el conocimiento del lugar y la función que cumple el Estado en las sociedades capitalistas llevaron a Marx a afirmar que toda clase oprimida y desposeída que tenga como fin la imposición de sus intereses y la liberación de toda la sociedad, necesariamente "tiene que empezar conquistando el poder político"[37] y los aparatos del Estado. A continuación

---

[35] *Ibid.*, p. 95.

[36] N. Poulantzas, *Poder político y clases sociales en el estado capitalista...*, p. 44.

[37] K. Marx y F. Engels, *La ideología alemana*, Ediciones de Cultura Popular, México, 1974, p. 35. Lenin nos habla también de la importancia de la conquista del poder político del Estado, y lo hace de la siguiente manera: "Las clases explotadas necesitan de la dominación política para suprimir completamente toda explotación, es decir, en provecho de la inmensa mayoría del pueblo contra una insignificante minoría: los esclavistas modernos, o sea, los terratenientes y capitalistas". V. I. Lenin, *El Estado y la revolución,* en *Obras escogidas*, tomo VII, Editorial Progreso, Moscú, 1971, p. 22.

veremos cuáles son aquellas formas que propuso Marx para acceder al poder político del Estado.

2. Las diferentes formas de conquistar el poder del Estado

Si las tesis de Marx sobre el Estado han dado lugar a interpretaciones reduccionistas, sus afirmaciones sobre las vías para conquistarlo provocaron un sinnúmero de malos entendidos. La mayoría de los comentaristas, marxistas o no, han señalado que para Marx la única forma para acceder al poder del Estado -y establecer el socialismo- es la vía violenta y/o revolucionaria. En nuestra opinión, aunque dicha vía aparece con más frecuencia en la obra del autor de *El capital*, se han ignorado otras de mayor actualidad. Nos referimos a las vías de la lucha en el terreno sindical, legislativo y electoral. Es preciso, sin embargo, analizar las tesis de Marx sobre la lucha de clases para comprender la importancia de dichas vías.

Para el alemán existen dos formas de lucha, a saber: la económica y la política. En términos generales, la lucha económica consiste en un enfrentamiento directo entre los poseedores de la fuerza de trabajo (el proletariado) organizados en sindicatos y los dueños de los medios de producción (los capitalistas). La lucha política, por su parte, supone la búsqueda de la clase obrera para: 1) impulsar alguna ley a su favor; 2) alcanzar posiciones de poder por la vía electoral, o 3) arrancarle, por la vía revolucionaria,[38] el poder político y los aparatos de Estado a la clase propietaria. Ambas formas de lucha son indisociables y, para Marx, tendrán mayor o menor importancia dependiendo de la coyuntura. En *Miseria de la filosofía*, Marx resalta la importancia que tiene la lucha económica para el proletariado, pues con ella aparece un cierto grado de conciencia en el trabajador que lo impulsa a organizarse en sindicatos con el fin de enfrentar directamente a quien lo explota. Aquí los objetivos van desde lograr un aumento a su salario, hasta una reducción en la jornada laboral y una mejora en

---

[38] Para un análisis más profundo del concepto de revolución en Marx véase Kurt Lenk, *Teorías de la revolución*, Anagrama, Barcelona, 1978, p. 66. Además: Rosa Luxemburgo, *Reforma o revolución*, Grijalbo, México, 1967, p. 88.

las condiciones de trabajo.[39] En una carta que escribió Marx a Friedrich Bolte en el año de 1871, menciona los alcances que puede tener la lucha económica, los cuales se potenciarían si esa misma lucha se llevara al terreno legislativo o político:

> El intento que se haga en una fábrica particular, o aún en una industria particular, para imponer una jornada de trabajo más corta a los capitalistas mediante huelgas, etc., es un movimiento puramente económico. En cambio, el movimiento tendiente a imponer una ley para la jornada de ocho horas, etc., es un movimiento político. Y en esta forma surge por todas partes, de los movimientos económicos separados de los trabajadores, un movimiento político, es decir, un movimiento de la clase, que trata de alcanzar sus intereses en una forma general, en una forma que posea una fuerza social general de compulsión.[40]

De hecho, Marx siempre aplaudió las luchas en esos dos frentes. A tal punto fue así que mantuvo una relación cercana con algunos miembros del movimiento cartista,[41] el cual agrupó, en 1845, a un gran número de obreros en Londres, quienes después de luchar sindicalmente mediante huelgas (lucha económica), llevaron su lucha al ámbito parlamentario (lucha política).[42] El cartismo también dejó una herencia importante en otra organización de trabajadores ingleses conocidos como los "tradeunionistas", que con su lucha obtuvieron aumentos salariales y la reducción de la jornada laboral. Los "tradeunionistas" además representaron para Marx una herramienta ideológica crucial para crear conciencia de clase y evitar que la lucha se estancara en el terreno económico. Más que otra cosa, los "tradeunionistas" dirigieron:

> Centros de organización de la clase obrera [...] Independientemente de sus objetivos originarios, tienen que aprender ahora a actuar conscientemente como centros organizativos de

---

[39] K. Marx, *Miseria de la filosofía*, Siglo XXI, México, 1981, p. 158.

[40] K. Marx y F. Engels, *Obras escogidas*, t. II, Ediciones en Lenguas Extranjeras, Moscú, 1955, p. 495.

[41] K. Marx, *Miseria de la filosofía...*, p. 157.

[42] Sobre la relación de Marx con el Cartismo véase: Antoni Domènech, *El eclipse de la fraternidad. Una revisión republicana de la tradición socialista*, Crítica, Barcelona, 2004, p. 138.

la clase obrera, en el interés superior de la emancipación completa de ésta. Tienen que apoyar cualquier movimiento social y político que se mueva en esa dirección [...] tienen que convencer a todo el mundo de que sus aspiraciones, lejos de ser limitadas y egoístas, se encaminan a la emancipación de los millones de oprimidos.[43]

En la segunda mitad de la cita anterior Marx menciona que la clase obrera organizada que aspire a emanciparse del capital debe unirse y ser solidaria con otro tipo de movimientos, no precisamente obreros. Por ejemplo, movimientos campesinos o de algunos integrantes de la clase media. Para Marx los intereses de la clase obrera y los de la clase campesina, lejos de ser diferentes, son precisamente los mismos aunque pertenezcan a áreas distintas de la producción. Según el teórico alemán, dado que "el arrendatario capitalista ha suplantado al campesino y el verdadero cultivador es un proletario asalariado igual que el obrero", el campesino o verdadero cultivador "tiene exactamente sus mismos intereses, no indirectos, sino directos".[44] Lo mismo ocurre con los miembros de la clase media, los cuales creen que por pertenecer a una clase social distinta a la proletaria, no tienen como principal enemiga a la clase capitalista. Tarde o temprano, dicen Marx y Engels en el *Manifiesto comunista*, los integrantes de la clase media serán conscientes de que la clase que posee los medios de producción "ha convertido [y seguirá convirtiendo] en sus obreros asalariados al médico, al jurista, al cura, al poeta y al hombre de ciencia".[45]

---

[43] Marx citado en A. Domènech, *El eclipse de la fraternidad. Una revisión republicana de la tradición socialista...*, p. 127.

[44] Marx en M. Rubel, *op. cit.*, p. 172.

[45] K. Marx y F. Engels, *Manifiesto comunista...*, p. 42. Esta misma enseñanza debe ser considerada también por los partidos comunistas que muchas veces le han dado la espalda a movimientos que ellos consideran pequeñoburgueses o reformistas. Obviamente siempre será preferible sumar adeptos a la causa, que ahuyentarlos (incluso a los que ya militan en sus filas). Hoy en día, los partidos o grupos comunistas deben buscar la forma de luchar al lado tanto de organizaciones ecologistas, feministas, etc., como de todos aquellos que se consideran damnificados del capitalismo. No le falta razón a Juan Carlos Monedero cuando sostiene que "en las revoluciones son importantes los que tengan capacidad de aumentar la base social del cambio. Por supuesto políticos, oradores, periodistas, profesores, profesionales y activistas. Pero también cómicos, cantantes, dramaturgos, poetas, mimos,

Pero esas recomendaciones no son las únicas que hizo Marx a las organizaciones de trabajadores, ni son las únicas que siguen vigentes en las sociedades capitalistas actuales. En varios de sus escritos advierte de las limitaciones que puede tener una lucha exclusivamente económica, sobre todo cuando los trabajadores se conforman con un aumento salarial obtenido en su lucha directa contra el capitalista. En este caso los trabajadores estarían aplicando "paliativos, pero sin curar el mal; estarían luchando contra los efectos y no contra sus causas. En lugar de la consigna conservadora: ‹‹un salario equitativo por una jornada de trabajo equitativa››, Marx considera que deberían inscribir en su bandera la consigna revolucionaria: ‹‹Abolición del régimen del salario››".[46]

Para el alemán, entonces, los desposeídos de los medios de producción deben luchar en varios frentes, sin olvidar que su emancipación sólo se puede hacer realidad si llevan sus demandas al terreno político. Ahora bien, como vimos en la carta de Marx a Bolte, si se logra imponer una ley a favor del proletariado, dicho logro será político. El autor de *Miseria de la filosofía* registró en sus obras varios ejemplos de cómo los trabajadores obtuvieron triunfos legislativos; el más recurrente fue el de la reducción de la jornada laboral: "La limitación de la jornada de trabajo, tanto en Inglaterra como en los otros países, nunca fue decidida de otro modo que por medio de la intervención legislativa. Sin la presión que los obreros ejercieron continuamente desde afuera, nunca se hubiera producido esta intervención".[47]

La lucha en el terreno legislativo implica, entonces, un nivel de conciencia que tiene claro cuáles son sus intereses de clase a largo plazo, pues el resultado de su lucha puede desembocar en la transformación o creación de una ley que beneficia a los miembros en general de esa clase,[48] ley que si bien no es para siempre, sí

---

músicos, pintores. Las verdaderas revoluciones de la historia han sido también explosiones de creatividad". Juan Carlos Monedero, *Curso urgente de política para gente decente*, Paidós, México, 2015, p. 187.

[46] Marx en M. Rubel, *op. cit.*, pp. 70-71.

[47] *Ibid.*, p. 69.

[48] Para Rosa Luxemburgo, los logros de la lucha por las vías legales pueden poner la mesa servida para una transformación revolucionaria, como sucedió en el tránsito del feudalismo al capitalismo: "Encontramos que las reformas legales no sólo anticiparon la conquista del poder político por la burguesía,

significa un logro que se mantendrá durante un tiempo considerable (hasta que la clase opuesta, también en lucha, la derogue o la transforme en perjuicio del proletariado). Pero el logro de la lucha de clases en su modalidad reformista, según Marx, sólo se puede alcanzar mediante la unión y organización de los desposeídos ya sea en partidos políticos, o en cualquier otro tipo de organización. Como ejemplo de ello, menciona lo sucedido en Inglaterra respecto de la reducción de la jornada laboral: "Esta organización de los proletarios en una clase, y con ello en un partido político [...] la misma obliga al reconocimiento en la forma de leyes de diversos intereses de los obreros [...] tal es el caso del Bill de las diez horas en Inglaterra".[49]

Esto nos liga con otra forma de lucha política que no desdeñó Marx y que, desde nuestra perspectiva, no se ha estudiado como se debe. Hablamos de la lucha electoral donde el proletariado, ya convertido en partido político, puede imponer sus intereses o cambiar su situación para bien. Marx dijo, precisamente en el año de 1880, que los desposeídos no podrán ser libres si no se apoderan de los medios de producción, pero que para llegar a esa circunstancia tienen que actuar colectivamente y organizados como partido político, y "que tal organización debe ser procurada por todos los medios de los que dispone el proletariado, incluido el sufragio universal, que así se transforma, de instrumento para el engaño que fue hasta ahora, en instrumento de liberación".[50] Pero antes de esta declaración, Marx aplaudió las acciones que realizó el cartismo, "la fracción política activa de la clase obrera británica", cuando impulsó el sufragio universal, el cual era hasta sinónimo de poder político. En una época en la que estaba prohibido prácticamente en toda Europa, Marx afirma que "el sufragio universal sería en Inglaterra una conquista con más espíritu socialista que cualquier otra medida que haya sido honrada con ese nombre en el continente".[51]

No obstante el entusiasmo de Marx por el acceso al poder político por la vía electoral, fue consciente también de sus límites.

---

sino que, por el contrario, la prepararon. Una formal transformación político-social fue tan indispensable para la abolición de la esclavitud como para la completa supresión del feudalismo". R. Luxemburgo, *op. cit.*, 91.

[49] K. Marx y F. Engels, *Manifiesto comunista...*, p. 51.

[50] Marx en M. Rubel, *op. cit.*, p. 89.

[51] *Ibid.*, p. 97.

En primer lugar, sabía que los intentos, desde los cargos públicos, por trastocar el orden capitalista no iban a ser sencillos y difícilmente serían pacíficos ya que, "si en Inglaterra o Estados Unidos la clase obrera obtuviera la mayoría en el Parlamento o en el Congreso, podría abolir por la vía legal las leyes y las instituciones que estorban su desarrollo, y ello exclusivamente en la medida en que lo exigiera el progreso social. Sin embargo, el movimiento «pacífico» podría volverse «violento» si fuera resistido por quienes se hayan interesados en mantener el antiguo orden".[52] En segundo lugar, Marx tenía claro que la lucha reformista se podría estancar, volverse reaccionaria, y dejar trunco el proyecto revolucionario de liberación que no consiste en la "transformación de la propiedad privada, sino en su abolición; no de ocultar los antagonismos de clase, sino de suprimir las clases; no se trata de mejorar la sociedad existente, sino de fundar una nueva".[53]

Estos límites que señala Marx pueden ejemplificarse con muchos casos en la actualidad, en la que se ha visto que cualquier intento de establecer por la vía electoral o democrática un proyecto socialista ha acabado en un baño de sangre, en golpes de Estado o intervenciones de países imperialistas, como fue patente en la segunda mitad del siglo XX en Latinoamérica, con la excepción, según Santiago Alba Rico, de Venezuela "que camina hacia el socialismo por vía democrática y que por primera vez no ha logrado abortar mediante invasiones, bloqueos o golpes de Estado".[54] O donde estamos plagados de teorías y partidos socialdemócratas que proponen no la transformación radical del capitalismo, sino mejorarlo o hacerlo "más humano".

Debido a los limitados alcances de estas vías para hacerse del poder político (lo cual no significa que deban abandonarse),[55]

---

[52] *Ibid.*, p. 78.

[53] *Ibid.*, pp. 52-53.

[54] Prólogo de Santiago Alba Rico en C. Fernández Liria y L. Alegre Zahonero, *El orden de "El capital". Por qué seguir leyendo a Marx*, Akal, Madrid, 2011, p. 14. Para entender el proyecto venezolano véase de Fernández Liria y Alegre Zahonero su *Comprender Venezuela, pensar la democracia. El colapso de los intelectuales occidentales*, Hiru, Hondarribia, 2006.

[55] Juan Carlos Monedero recomienda no abandonar ninguna de las dos luchas, a saber, la reformista y la revolucionaria. Y de hecho propone como

Marx también propuso la vía revolucionaria, la cual no gusta a muchos por implicar violencia, o porque la consideran inviable en la actualidad. Y no es que Marx haya sido un amante de la violencia, aquélla partera de la historia,[56] ni que esa idea haya surgido en su cabeza de manera espontánea, lo que pasa es que si algo aprendió de la historia es que "la revolución es necesaria, no solamente porque no es posible derribar de otro modo a la clase dominante, sino también porque sólo en una revolución puede la clase destructora despojarse de toda la vieja porquería, haciéndose capaz de dar a la sociedad nuevos fundamentos".[57] En suma, "los obreros deben conquistar un día la supremacía política para establecer la nueva organización del trabajo; deben trastocar la vieja política que sostiene las viejas instituciones, pues de lo contrario, como los antiguos cristianos que la descuidaron y desdeñaron, nunca verán su reino en este mundo".[58]

3. La finalidad de la conquista del poder político

Hasta aquí hemos querido dejar claro que para Marx era crucial buscar la forma en la que los desposeídos de los medios de producción conquistaran los aparatos y el poder del Estado. Dicha conquista es importante por dos razones: porque su función principal, dentro del sistema capitalista, es la de favorecer y evitar que su producción y reproducción se vean interrumpidas por la lucha de clases o cualquier otro factor; y porque este factor lo convierte en "un instrumento esencial para la transformación social".[59]

---

complemento la "rebeldía", la cual completaría la triada de formas de lucha por parte de la izquierda: "Si la izquierda revolucionaria cayó en el culto a la violencia, si la izquierda reformista cayó en el culto a las instituciones, si la izquierda rebelde cayó en el culto a la indisciplina y al desprecio por lo logrado, el necesario encuentro de estas tres almas de la izquierda reinventa las formas de lucha y reclama poner fin a su divorcio". *Cfr.* su *Curso urgente de política para gente decente…*, p. 187.

[56] K. Marx, *El capital*, tomo I, vol. 3, p. 940.

[57] Marx en M. Rubel, *op. cit.*, p. 29.

[58] *Ibid.*, p. 86.

[59] J. C. Monedero, *op. cit.* p. 169.

Ahora bien, contrario a lo que muchos creen, para Marx la lucha política no termina una vez que los desposeídos de los medios de producción conquistan el poder y los aparatos del Estado. Este hecho sería un logro necesario, pero no suficiente. La toma del Estado significa un gran paso, pero faltarán muchos más para alcanzar la meta de la liberación. El asunto es que Marx no dio muchos detalles ni de qué hacer una vez conquistado el Estado, ni mucho menos del tipo de sociedad (socialista o comunista)[60] que debía construirse. Tal vez esa falta de detalles dio pie a que algunas revoluciones socialistas que se dieron en el siglo XX hayan deformado el proyecto de Marx, desembocando, no en la dictadura del proletariado, sino en la dictadura sobre el proletariado. Lo que sí debe quedar claro es que para Marx el objetivo final era la liberación no sólo de la clase obrera, sino de todas las clases sociales (dominadas y dominantes). En otras palabras, la liberación de la clase trabajadora es el primer paso para la liberación de las demás. De hecho, para Marx, "la lucha por la emancipación de las clases obreras no es una lucha por privilegios y monopolios de clases, sino a favor del establecimiento de la igualdad de derechos y deberes, y la abolición de cualquier régimen de clases".[61]

Para comprender el tipo de sociedad que Marx tenía en mente (como alternativa a la sociedad capitalista), pueden ayudarnos algunos comentarios de autores como Michael Heinrich, Antoni Domènech, Carlos Fernández Liria y Luis Alegre, los cuales han detectado en la obra de Marx ciertos principios que servirían para la construcción del socialismo.

Aunque no analiza a detalle la parte política de la obra de Marx, Michael Heinrich señala que en ésta aparecen dos grupos de ideas que hacen alusión al concepto de comunismo. Uno de ellos alude al comunismo en tanto ideal, mientras que el otro se refiere al comunismo como abolición de la propiedad privada de los medios de producción. Sobre el comunismo como ideal, localizado en su obra de juventud fundamentalmente, afirma lo siguiente: "Aquí se supone que el comunismo hace referencia a cómo debe ser una sociedad, a los fundamentos éticos de la misma: los seres

---

[60] Según Michael Heinrich, los conceptos de socialismo y de comunismo fueron usados por Marx y Engels como sinónimos desde la década de 1860. M. Heinrich, *Crítica de la economía política. Una introducción a "El capital" de Marx*, Escolar y Mayo Editores, Madrid, 2008, p. 223.

[61] Marx en M. Rubel, *op. cit.*, p. 60.

humanos no deben perseguir su provecho material, sino mostrarse solidarios y dispuestos a ayudar a los demás".[62] En muchos de los escritos de Marx se pueden encontrar ejemplos de esas características que son deseables para la sociedad comunista e imposibles de alcanzar, al menos por todos, en una sociedad capitalista que es el caldo de cultivo para la lucha de intereses, la indolencia y el individualismo posesivo. Debido a esta imposibilidad, Marx propuso lo siguiente: "El lugar de la antigua sociedad burguesa, con sus clases y contradicciones de clase, será ocupado por una asociación en la cual el libre desarrollo de cada cual será la condición para el libre desarrollo de todos".[63]

Pero ese ideal de sociedad sería igualmente imposible, incluso un simple sueño, si no se pone fin a la propiedad privada de los medios de producción, que es el corazón de las relaciones sociales capitalistas. A esto se refiere Heinrich con el segundo grupo de ideas sobre el concepto marxiano de comunismo o socialismo. En este caso, él afirma que Marx hablaba de una "abolición de la propiedad privada de los medios de producción", y no de una "nacionalización y/o planificación estatal de la economía", cuyo ejemplo paradigmático fue el "socialismo realmente existente" que trajo como consecuencia "una tendencia al autoritarismo". Si nos asomamos a los textos de Marx, dice Heinrich, nos quedarán claras dos ideas:

> En primer lugar, que la sociedad comunista no se basa ya en el intercambio. Tanto el gasto de fuerza de trabajo en la producción, como la distribución de los productos (primero, en cuanto a su empleo como medios de producción o medios de vida; segundo, como distribución de los bienes de consumo entre los distintos miembros de la sociedad) se realizan de un modo consciente y regulado sistemáticamente por la sociedad (así pues, ni por el mercado ni por el Estado) [...] En segundo lugar, para Marx no se trata sólo de una distribución cuantitativamente distinta de las condiciones capitalistas (no obstante, el marxismo tradicional destacó principalmente esta cuestión de la distribución), sino que se trata fundamentalmente de la emancipación de un contexto social que se ha hecho autónomo frente a los individuos y que se les impone como una

---

[62] M. Heinrich, *op. cit.*, p. 223.
[63] K. Marx y F. Engels, *Manifiesto comunista...*, p. 67.

coacción anónima. No sólo tiene que ser superada la relación capitalista como una determinada relación de explotación que genera unas condiciones de trabajo y de vida malas e inseguras para la mayoría de la población, sino también el fetichismo que se «adhiere» a los productos del trabajo en tanto que son producidos como mercancías. La emancipación social, la liberación de las coacciones que generamos nosotros mismos y que, por tanto, podemos eliminar, sólo es posible si desaparecen las relaciones sociales que producen las distintas formas de fetichismo. Sólo entonces los miembros de la sociedad podrán organizar y regular efectivamente ellos mismos sus asuntos sociales como una «asociación de hombres libres».[64]

Las dos ideas que menciona Heinrich sobre cómo debe entenderse la abolición de la propiedad privada de los medios de producción pueden encontrarse claramente en la obra de Marx. En su *Crítica del programa de Gotha*, el alemán descalifica la propuesta de Lasalle destinada a crear cooperativas de producción con la ayuda del Estado: "El que los obreros quieran establecer las condiciones de producción colectiva en toda la sociedad y ante todo en su propia casa, en una escala nacional, sólo quiere decir que laboran por subvertir las actuales condiciones de producción, y eso nada tiene que ver con la fundación de sociedades cooperativas con la ayuda del Estado. Y, por lo que se refiere a las sociedades cooperativas actuales, éstas sólo tienen valor en cuanto son creaciones independientes de los propios obreros, no protegidas ni por los gobiernos ni por los burgueses".[65] En segundo lugar, Marx consideraba que el objetivo a alcanzar en el comunismo, mediante la abolición de la propiedad privada de los medios de producción, no es una distribución justa mediada por el Estado -lo cual es muy bien visto en los escritos actuales sobre filosofía política-, sino la liberación humana que se logra con la abolición de la propiedad privada de los medios de producción. En su análisis de la Comuna de París, donde la clase obrera y otras clases subordinadas conquistaron el poder en 1871, Marx señala que una verdadera revolución debe atentar contra la propiedad privada capitalista, de otra manera sería un engaño: "sin esta última condición [la

---

[64] M. Heinrich, *op. cit.*, pp. 224-225.
[65] K. Marx, "Crítica del programa de Gotha", en K. Marx y F. Engels, *Obras escogidas*, tomo II, Ediciones en Lenguas Extranjeras, Moscú, 1955, p. 24.

abolición de la propiedad privada], el régimen comunal habría sido una imposibilidad y una impostura. La dominación política de los productores es incompatible con la perpetuación de su esclavitud social. Por tanto, la Comuna había de servir de palanca para extirpar los cimientos económicos sobre los que descansa la existencia de las clases y, por consiguiente, la dominación de clase. Emancipado el trabajo, cada hombre se convierte en trabajador, y el trabajo productivo deja de ser un atributo de una clase".[66] Engels, en su escrito titulado "Principios del comunismo", señala algo semejante:

> Lo primero que hará este orden social nuevo será despojar a los individuos competidores entre sí de la explotación de la industria y de todas las ramas de la producción, haciendo que pasen a ser incumbencia de toda la sociedad y se exploten, por tanto, en interés colectivo, con sujeción a un plan colectivo y dando intervención en ellas a todos los miembros de la colectividad. De este modo, abolirá la concurrencia, implantando en lugar de ella la asociación [...] Deberá, pues, abolirse también la propiedad privada, sustituyéndola por el disfrute colectivo de todos los medios de producción y la distribución de los productos por acuerdo común, o sea la llamada comunidad de bienes. La abolición de la propiedad privada es, incluso, la síntesis más breve y más elocuente en que toma cuerpo la transformación de todo el orden social, impuesta por el desarrollo de la industria, y por eso los comunistas hacen de ella su principal reivindicación.[67]

---

[66] K. Marx, *La guerra civil en Francia,* Ediciones en Lenguas Extranjeras, Pekín, 1978, p. 76. No perdamos de vista el concepto de libertad en Marx, que no sería realizable, evidentemente, con la propiedad privada de los medios de producción: "La libertad en este terreno sólo puede consistir en que el hombre socializado, los productores asociados, regulen racionalmente ese metabolismo suyo con la naturaleza poniéndolo bajo su control colectivo; en vez de ser dominados por él como un poder ciego; que lo lleven a cabo con el mínimo empleo de fuerzas y bajo las condiciones más dignas y adecuadas a su naturaleza humana". *El capital*, tomo III, vol. 8, Siglo XXI, México, 1977, p. 1044.

[67] F. Engels, "Principios del comunismo" en K. Marx y F. Engels, *Escritos económicos varios*, Grijalbo, México, 1962, p. 156. En *El capital* Marx nos invita a imaginar "una asociación de hombres libres que trabajen con medios de producción colectivos y empleen, conscientemente, sus muchas fuerzas de

En *El eclipse de la fraternidad*, por su parte, Antoni Domènech nos invita a leer los textos de Marx, y del socialismo en general, en clave republicana. Para Domènech, el socialismo que defendió Marx debía ser entendido "como un sistema republicano de asociación de productores libres e iguales".[68] El filósofo catalán afirma que, tanto en los escritos que realiza alrededor de 1866, cuando era integrante de la primera Asociación Internacional de Trabajadores (AIT), como en los que dedica al análisis de la Comuna de París, Marx nunca perdió de vista que el socialismo debía incluir como principios que regulan las relaciones sociales a "la libertad, la igualdad y la fraternidad democrático-republicanas".[69] En uno de los fragmentos de Marx que cita Domènech para sustentar su interpretación, podemos ver la importancia que el alemán le adjudicó al movimiento cooperativo para una construcción futura del socialismo:

> Reconocemos el movimiento cooperativo como una de las fuerzas motrices de la transformación de la actual sociedad, fundada en antagonismos de clases. Su gran mérito consiste en mostrar prácticamente que el existente sistema despótico y pauperizador del sometimiento del trabajo al yugo del capital puede ser removido por el benéfico sistema republicano de la asociación de productores libres e iguales.[70]

Respecto a los escritos de Marx sobre la Comuna de París, Domènech cita varios fragmentos que muestran algunas de las primeras impresiones que le causó la insurrección encabezada por los obreros en el París de 1871:

---

trabajo individuales como una fuerza de trabajo social". *El capital*, tomo I, p. 96. La misma idea aparece cuando habla del comunismo y el fin del fetichismo de la mercancía: "La figura del proceso social de vida, esto es, del proceso material de producción, sólo perderá su místico velo neblinoso cuando, como producto de hombres libremente asociados, éstos la hayan sometido a su control planificado y consciente. Para ello, sin embargo, se requiere una base material de la sociedad o una serie de condiciones materiales de existencia, que son a su vez, ellas mismas, el producto natural de una prolongada y penosa historia evolutiva". *Ibid.*, p. 97.

[68] A. Domènech, *op. cit.*, p. 126.

[69] *Ibid.*, p. 124.

[70] Marx citado en A. Domènech, *op. cit.*, p. 125.

La clase obrera francesa se halla en unas circunstancias extremadamente difíciles […] No tiene que repetir el pasado, sino construir el futuro. Deben disponerse a aprovechar tranquilamente y resueltamente los medios que les da ahora la libertad republicana para proceder a conciencia a la organización de su propia clase. Eso les dará fuerzas nuevas, hercúleas, para el renacimiento de Francia y para nuestra tarea común: la liberación del proletariado. De su fuerza y de su sabiduría depende el destino de la República.[71]

Según Domènech, los comentarios que hizo Marx sobre las transformaciones (en la forma de hacer política) que realizaron los combatientes de la comuna al conquistar el poder, son una muestra de la compatibilidad que vio entre el republicanismo y su concepto de socialismo. Tal como afirma el filósofo catalán, no debe dejarse de notar que "Marx, en la más castiza tradición republicana, trata el problema de la delegación política en términos iusciviles: el representante político, el agente, no es sino un fideicomiso; el principal, el representado, un fideicomitente":

En vez de decidir cada tres o cada seis años qué miembro de la clase dominante debe representar -y represar- al pueblo, el derecho de sufragio universal debe servir al pueblo constituido en Comunas de modo parecido a como el derecho de sufragio individual sirve hoy al empresario para elegir trabajadores, inspectores y contables para su negocio. Es suficientemente conocido que tanto las sociedades como los individuos, cuando de negocios de verdad se trata, suelen hallar al hombre correcto, y en caso de equivocarse, saben corregir pronto el error. Por otra parte, nada sería más ajeno al espíritu de la Comuna, que mitigar el sufragio universal con una investidura jerárquica.[72]

---

[71] *Ibid.*, p. 133.

[72] *Ibid.*, p. 135. Domènech no cita estas líneas que Marx escribe a propósito de la Comuna: "La Comuna estaba formada por los consejeros municipales elegidos por sufragio universal en los diversos distritos de la ciudad. Eran responsables y revocables en todo momento. La mayoría de sus miembros eran, naturalmente, obreros o representantes reconocidos de la clase obrera. La Comuna no había de ser un organismo parlamentario, sino una corporación de trabajo, ejecutiva y legislativa al mismo tiempo. En vez de continuar siendo un instrumento del gobierno central, la policía fue des-

De igual forma, los filósofos españoles Carlos Fernández y Luis Alegre también propondrán una lectura republicana de la obra cumbre de Marx. En la obra que titulan *El orden de "El capital"*, señalan, entre muchas otras cosas, algunos principios que deberían regir a la sociedad comunista, a saber: libertad, igualdad e independencia civil. Así, critican al marxismo tradicional por no haber adoptado dichos principios para la causa socialista, regalándole "a la ideología liberal los conceptos fundamentales de la tradición republicana".[73] Desde luego que dicha ideología, ni tarda ni perezosa, los asumió y los usó no precisamente para poner las condiciones de una sociedad libre y justa, sino para encubrir y justificar la explotación capitalista. Pero lo más sorprendente para los dos autores no es que la ideología liberal nos venga con ese cuento, ésa es precisamente su función, "lo sorprendente es que, para rechazar este planteamiento, una parte fundamental de la tradición marxista, en vez de denunciar la estafa en la que se basa el argumento, lo diese en gran medida por bueno, estableciendo que, si se quería acabar con el capitalismo, había al mismo tiempo que superar el derecho".[74]

Lo que el marxismo debió haber hecho, según Carlos Fernández y Luis Alegre, es demostrar, como lo hizo Marx en *El capital*, la imposibilidad de conciliar derecho y capitalismo, es decir, que "no sólo es imposible deducir el capitalismo de los conceptos de libertad, igualdad y autonomía, sino que incluso la mera compatibilidad entre el mercado capitalista y esos principios

---

pojada inmediatamente de sus atributos políticos y convertida en instrumento de la Comuna [...] Desde los miembros de la Comuna para abajo, todos los servidores públicos debían devengar salarios de obreros. Los intereses creados y los gastos de representación de los altos dignatarios del Estado desaparecieron con los altos dignatarios mismos. Los cargos públicos dejaron de ser propiedad privada de los testaferros del Gobierno central". K. Marx, *La guerra civil en Francia...*, pp. 71-72.

[73] C. Fernández Liria y L. Alegre Zahonero, *El orden de El capital. Por qué seguir leyendo a Marx...*, p. 19. Jacques Bidet señala, interpretando la obra *Crítica del programa de Gotha*, que Marx "destaca expresamente que el derecho socialista sólo diferirá del "derecho burgués" en que será efectivamente cumplido". J. Bidet y G. Duménil, *Altermarxismo. Otro marxismo para otro mundo*, El Viejo Topo, España, 2007, p. 52.

[74] *Ibid.*, p. 21.

es puramente ficticia".[75] Después de un largo análisis de los tres libros de *El capital*, los autores dan dos razones que explican la incompatibilidad entre dichos principios y el capitalismo,[76] a saber:

> 1) Porque el capitalismo tiene como condición fundamental que se haya erradicado la posibilidad misma de la independencia civil para la gran mayoría de la población [...] 2) Porque, sobre esta base, se genera un mecanismo paradójico (que *El capital* consiste precisamente en analizar), capaz de lograr que el aumento de la ‹‹libertad›› en el terreno económico se traduzca automáticamente en mayor explotación y barbarie (en vez de mayor justicia y civilización). En efecto, el capitalismo constituye un mecanismo endiablado capaz de generar la mayor explotación en nombre de la libertad, el más profundo abismo entre clases en nombre de la igualdad y la peor de las servidumbres en nombre de la independencia.[77]

Dicho esto, Fernández Liria y Luis Alegre enfatizarán que la sociedad comunista que se pretenda construir debe incluir tanto el

---

[75] *Ibid.*, p. 22. En un artículo que también escribieron en conjunto proponen que el marxismo en lugar de tirar a la basura el concepto de derecho debieron "criticar el derecho burgués a favor del derecho. "A favor del derecho", y no para dejar paso a una ocurrencia mejor que el derecho [...] El derecho es la única escalera que puede situar a la sociedad por encima de la autoridad de los ancestros, de los dioses y de los reyes". C. Fernández Liria y L. Alegre Zahonero, "Comunismo y Derecho". Consultado en septiembre de 2015. Texto disponible en la siguiente dirección electrónica: http://rebelion.org/noticia.php?id=117932. Algo similar dice Fernández Liria cuando nos advierte que no debemos "caer en la trampa y tomarla contra el Estado o el Derecho cuando el enemigo es el capitalismo". *Cfr.* su *¿Para qué servimos los filósofos?*, Los Libros de la Catarata, Madrid, 2012, p. 46.

[76] Las dos razones que dan tienen que ver con que el capitalismo está basado en que la gran mayoría de los integrantes de la sociedad fueron expropiados de los medios de producción y no tiene otra "propiedad" que su fuerza de trabajo, misma que se ven forzados a vender al capitalista si es que quieren sobrevivir. Marx lo dice en los siguientes términos: "el modo capitalista de producción y de acumulación, y por ende también la propiedad privada capitalista, presuponen el aniquilamiento de la propiedad privada que se funda en el trabajo propio, esto es, la expropiación del trabajador". K. Marx, *El capital*, tomo I, vol. 3, p. 967.

[77] C. Fernández Liria y L. Alegre Zahonero, *op. cit.*, p. 627.

principio de independencia civil, como los de libertad e igualdad. Respecto al primero, retoman el planteamiento de Locke y Kant según el cual la ‹‹independencia civil›› es el ingrediente principal para la ciudadanía, pues supone "que la subsistencia de ninguno pueda depender de la voluntad arbitraria de otro". Ahora bien, tanto Locke como Kant señalan que esto sólo puede lograrse gracias a la "propiedad privada"; en cambio, Alegre y Liria aceptan "la exigencia a la que señala el concepto ilustrado de ‹‹independencia civil››",[78] pero no el que la propiedad privada sea la única forma de alcanzarla. Para la sociedad comunista en la que los autores españoles piensan, proponen que la independencia civil se alcance gracias, por un lado, al establecimiento de "un sistema de renta básica o renta mínima de ciudadanía", o, por el otro, a través de la puesta en marcha de cooperativas o mediante la estatalización de los medios de producción que tendrían, o deberían de tener, las características siguientes: "Siempre y cuando fuese acompañada de una exigente ‹‹ley de la función pública›› que hiciese de los trabajadores no ‹‹súbditos›› o ‹‹asalariados››, sino, más bien, algo del tipo ‹‹funcionarios›› (es decir, individuos que, sin ser propietarios, son cívicamente independientes en la medida en que son dueños de la función que desempeñan)".[79]

Además de la independencia civil, ellos esperan que en las sociedades comunistas también se tenga como condición irrenunciable la libertad. Y la libertad entendida en el sentido en el que Immanuel Kant la entendió, a saber: ‹‹Nadie me puede obligar a ser feliz a su modo (tal como él se imagine el bienestar de otros hombres), sino que es lícito a cada uno buscar su felicidad por el camino que mejor le parezca, siempre y cuando no cause perjuicio a la libertad de los demás para pretender un fin semejante››.[80] Para Fernández Liria y para Alegre Zahonero, sería inadmisible un tipo de sociedad, llámese como se llame, donde el derecho no tenga el propósito de poner las condiciones que hagan posible que todos gocen de libertad, y que estas libertades no choquen entre sí, es decir, que "la libertad de cada uno pueda coexistir con la de cualquier otro".[81]

---

[78] *Ibid.*, p. 626.
[79] *Idem.*
[80] I. Kant citado en *Idem.*
[81] *Ibid.*, p. 627.

Y respecto a la igualdad, ellos simplemente no apoyarían ningún proyecto comunista que renunciase a la igualdad, un proyecto donde, como ocurre en el capitalismo, se impusieran leyes que promovieran "privilegios de cualquier tipo". En suma:

> Lo que no defendemos es cualquier versión posible del comunismo. Por ejemplo, en ningún caso estaríamos dispuestos a defender un modelo en el que lo común adquiriese una primacía tal que los individuos, radicalmente carentes de independencia, quedásemos reducidos a la condición de meras piezas de la maquinaria completa. Del mismo modo, en lo relativo a cómo se aplican las reglas a cada uno, tampoco parecería razonable defender una versión del comunismo en la que, al estilo de *Rebelión en la granja*, todos fuésemos iguales, pero algunos más iguales que otros. Tampoco defenderíamos un presunto derecho de la comunidad a meter las narices en el modo como cada uno decida buscar su propia felicidad.[82]

Las tres lecturas del comunismo en Marx propuestas por los cuatro autores nos pueden ayudar a elegir alguna de las dos alternativas presentes en la consigna de Rosa Luxemburgo: "¿socialismo o barbarie?"; y nos dan argumentos y principios para guiarnos en la construcción de una sociedad diferente, y para no dejarnos llevar por la inercia del capitalismo donde lo mejor que nos puede pasar, si antes no revienta nuestro planeta, es seguir presenciando y/o sufriendo una barbarie[83] inimaginable tanto para Marx como para la autora marxista asesinada en 1919. No podemos saber qué tan difícil sería lograr un mundo donde predomine un socialismo que haya aprendido de los errores pasados, pero sí sabemos cuáles son los principios a los que no se debe renunciar en la construcción del socialismo, y que la forma de hacerlos realidad implica atravesar por un proceso revolucionario que incluye varios tipos de lucha y organización contra el capitalismo. Decimos que se requiere de un proceso revolucionario, pero no porque lo haya dicho Marx, sino porque las condiciones actuales del capitalismo no dejan otra alternativa:

---

[82] *Ibid.*, p. 634.

[83] István Mészáros dice: "barbarie… si es que tenemos suerte". I. Mészáros, *El desafío y la carga del tiempo histórico: el socialismo del siglo XXI*, Fundación Editorial El perro y la rana, Valencia-Venezuela, 2009, p. 202.

Todo lo que la izquierda desea lograr son condiciones que permitan, a la totalidad de los habitantes del planeta, comer, trabajar, ejercer su libertad, vivir dignamente, y aspiraciones de este estilo. Esto es escasamente revolucionario. Pero es una señal de las calamidades presentes el hecho de que, en efecto, se necesitaría una revolución para alcanzar tales objetivos.[84]

Bibliografía

Althusser, Louis. *Marx dentro de sus límites*, Akal, Madrid, 2003.

Antunes, Ricardo. *Los sentidos del trabajo. Ensayo sobre la afirmación y la negación del trabajo*, Ediciones Herramienta, Buenos Aires, 2013.

Balibar, Étienne. *Sobre la dictadura del proletariado*, Siglo XXI, México, 1977.

Bidet, J. y G. Duménil. *Altermarxismo. Otro marxismo para otro mundo*, El Viejo Topo, España, 2007.

Davis, Mike. *Planeta de ciudades miseria*, Foca, Madrid, 2007.

Domènech, Antoni. *El eclipse de la fraternidad. Una revisión republicana de la tradición socialista*, Crítica, Barcelona, 2004.

Eagleton, Terry. "¿Un futuro para el socialismo?" en Borón, A., J. Amadeo y S. González (comps.), *La teoría marxista hoy. Problemas y perspectivas*, CLACSO, Buenos Aires, 2006.

Engels, Federico. *Anti Düring*, Grijalbo, México, 1968.

Fernández Liria, Carlos. *¿Para qué servimos los filósofos?*, Los Libros de la Catarata, Madrid, 2012.

Fernández Liria, Carlos y Luis Alegre Zahonero. *Comprender Venezuela, pensar la democracia. El colapso de los intelectuales occidentales*, Hiru, Hondarribia, 2006.

Fernández Liria, Carlos y Luis Alegre Zahonero. *El orden de "El capital". Por qué seguir leyendo a Marx*, Madrid, Akal, 2011.

Harvey, David. *Breve historia del neoliberalismo*, Akal, Madrid, 2007.

---

[84] Terry Eagleton, "¿Un futuro para el socialismo?" en A. Borón, J. Amadeo y S. González (comps.), *La teoría marxista hoy. Problemas y perspectivas*, CLACSO, Buenos Aires, 2006, p. 465.

Heinrich, Michael. *Crítica de la economía política. Una introducción a "El capital" de Marx*, Escolar y Mayo Editores, Madrid, 2008.

Hounie, Analía. *Sobre la idea del comunismo*, Paidós, Buenos Aires, 2010.

Jessop, Bob. *Nicos Poulantzas: Marxist theory and political strategy*, Macmillan, Londres, 1985.

Klein, Naomi. *La doctrina del shock. El auge del capitalismo del desastre*, Paidós, Madrid, 2012.

Klein, Naomi. *Esto lo cambia todo. El capitalismo contra el clima*, Paidós, Barcelona, 2015.

Lenin, V. I. *El Estado y la revolución*, en *Obras escogidas*, tomo VII, Editorial Progreso, Moscú, 1971.

Luxemburgo, Rosa. *Reforma o revolución*, Grijalbo, México, 1967.

Marx, Karl. *Las luchas de clases en Francia de 1848 a 1850*, Editorial Anteo, Buenos Aires, 1973.

Marx, Karl. *El capital*, Siglo XXI, México, 1977.

Marx, Karl. *La guerra civil en Francia*, Ediciones en Lenguas Extranjeras, Pekín, 1978.

Marx, Karl. *El dieciocho Brumario de Luis Bonaparte*, Ediciones en Lenguas Extranjeras, Pekín, 1978.

Marx, Karl. *Contribución a la crítica de la economía política*, Ediciones de Cultura Popular, México, 1979.

Marx, Karl. *Miseria de la filosofía*, Siglo XXI, México, 1981.

Marx, Karl y Friedrich Engels. *Obras escogidas*, 3 tomos, Ediciones en Lenguas Extranjeras, Moscú, 1955.

Marx, Karl y Friedrich Engels. *Escritos económicos varios*, Editorial Grijalbo, México, 1962.

Marx, Karl y Friedrich Engels. *La sagrada familia*, Grijalbo, México, 1967.

Marx, Karl y Friedrich Engels. *La ideología alemana*, Ediciones de Cultura Popular, México, 1974.

Marx, Karl y Friedrich Engels. *Manifiesto comunista*, Crítica, Barcelona, 1998.

Mészáros, István. *El desafío y la carga del tiempo histórico: El socialismo del siglo XXI*, Fundación Editorial El perro y la rana, Valencia-Venezuela, 2009.

Monedero, Juan Carlos. *Curso urgente de política para gente decente*, Paidós, México, 2015.

Poulantzas, Nicos. *Poder político y clases sociales en el estado capitalista*, Siglo XXI, México, 1976.

Poulantzas, Nicos. *Estado, poder y socialismo*, Siglo XXI, México, 1979.

Rubel, Maximilien. *Páginas escogidas de Marx para una ética socialista*, vol. 2, Amorrortu Editores, Buenos Aires, 1974.

Zizek, Slavoj. *Viviendo en el final de los tiempos*, Akal, Madrid, 2012.

Mantenerse en la izquierda sin bizquear a la derecha

Jorge Velázquez Delgado

*El verdadero propósito del materialismo histórico
ha sido, después de todo,
dar a los hombres y mujeres los medios para ejercer
una auténtica autodeterminación
popular por primera vez en la historia.
Este es exactamente el objetivo de la revolución
socialista, cuya aspiración es inaugurar
la transición de lo que Marx llamó la esfera
de la necesidad a la libertad.*
Perry Anderson

"¡otra vez jodidos!"
JFK

Introducción

Para la izquierda actual -o lo que queda de ella- es urgente y
necesario encontrar nuevas rutas de identidad a partir de las cuales
-y con las cuales- pueda remontar los duros imperativos
ideológicos y políticos que, durante las últimas décadas,[1] le ha
impuesto la derecha a este mundo a través de la dominación
neoliberal. Tiempo duro en el cual el despliegue de la llamada era
neoliberal ha significado vivir bajo una pesada realidad en la que

---

[1] Como se sabe, en estos duros tiempos la izquierda ha sido objeto de diversos y variados adjetivos que van desde los más loables dada su capacidad de resistencia a aquellos que gustan defenestrarla por cualquier medio. Los adjetivos más recurrentes son: sectaria, ausente, dogmática, atrasada, violenta, radical, reformista, entreguista, incoherente, oportunista y un largo etc. Del modo que sea, lo que se advierte ampliamente es ser una gran fuerza político social inorgánica o, por decirlo orteguianamente, invertebrada. Desde mi punto de vista lo urgente en estos duros tiempos es superar lo que de ella sostuvo con gran claridad José Revueltas. Lo urgente es pues, superar la *irrealidad de la izquierda mexicana*. Y esto continúa siendo la gran tarea pendiente de la izquierda e implica un enorme esfuerzo teórico y práctico referido, en particular, a la gran coyuntura que abre el *ocaso del neoconservadurismo*.

sólo imperan los intereses de las grandes potencias imperialistas. En particular por los intereses de esa repudiable mancuerna constituida por el poderío del imperio estadounidense y sus anclajes en el decadente imperio inglés. Pero si se pensó que con la caída del bloque soviético el mundo sería llevado a un ideal de dominación global unipolar, hoy, a los pocos años de dicha caída la realidad muestra que no es así,[2] pues actualmente pasamos por una larga estela de conflictos y reconfiguraciones de las más diversas fuerzas y estrategias ideológicas y políticas. En esto las oscilaciones de la historia tienden a mostrar el carácter trascendente e influyente de los acontecimientos, marcando y definiendo su peso específico bajo el clima de una nueva coyuntura histórica de signos indefinidos. Por ello, de nueva cuenta la historia nos muestra que si bien se ha perdido una gran batalla quedan abiertas muchas páginas en blanco aún por escribir. Es aquí cuando la izquierda debe volver a mostrar su temple y prudencia en la construcción de otro mundo posible.

La dialéctica del totalitarismo invertido

Con base en el impresionante poderío industrial-militar de las principales potencias capitalistas se ha querido imponer la construcción de un mundo hecho a su imagen y semejanza. Esto es, la construcción de una hegemonía cuyo momento de dominación sea el feliz resultado del totalitarismo del mercado global.[3] Es esta la

---

[2] Si la moda Walter Benjamín es eso, es necesario que quienes la siguen giren también la mirada del *ángel de la historia* sobre las ruinas de una invaluable experiencia humana como lo fue el llamado socialismo realmente existente. Después de todo ahí se encuentran millones de cadáveres que como víctimas o no de la historia, lucharon y soñaron por tratar de hacer de este mundo un reino de paz y justicia basada en la libertad e igualdad. Lo que aquí se puede decir en torno a esa extraordinaria experiencia histórica es que el debate y la lucha sigue abierta y dando muchas vueltas. La izquierda no tiene por qué cantar el himno de los vencedores, es decir, haciendo eco del liberal conservadurismo y su transformación en el neoliberalismo realmente existente. Esto hay que dejarlo para los "engañados" y los arrepentidos, o a intelectuales y filósofos que sin rubor alguno pasaron a engrosar las filas de la tecnocracia neoliberal.

[3] "[…] el totalitarismo invertido no está conceptualizado expresamente como una ideología ni objetivizado en políticas públicas. Típicamente, es impul-

tendencia histórica en ciernes; misma que es cuestionada desde las más diversas posiciones y críticas de la izquierda, en particular por constituir una nueva fase del dominio capitalista llevado hoy, y ya sin ningún rubor, a escala planetaria. Frente a esta realidad, que ya tenemos encima, se han presentado diversos movimientos de resistencia, entre los que sobresalen por su importancia los globalifóbicos, al igual que otras nuevas expresiones y experiencias de una sociedad civil indomesticable e irredenta,[4] como los que

---

sado por quienes poseen el poder y por ciudadanos que a menudo parecen no ser conscientes de las consecuencias más profundas de sus acciones o inacciones". Sheldon Wolin, *Democracia S. A. La democracia dirigida y el fantasma del totalitarismo invertido*, Katz, Madrid, 2008. p. 12. Para este autor el totalitarismo invertido es un sistema de poder que se despliega hacia adentro, y en el cual se genera una "relación simbiótica entre el gobierno tradicional y el sistema de gobierno "privado" representado por las modernas corporaciones empresariales". Es, de este modo: "un sistema de poder que representa la madurez del poder corporativo" (p. 16). Por ello, afirma, "La aparición de la corporación marcó el poder privado con un alcance y en números hasta entonces desconocidos, la concentración del poder privado no conectado con el cuerpo ciudadano" (p. 17). El totalitarismo invertido es, pues, un nuevo sistema político que "aparentemente impulsado por poderes totalizadores abstractos, no por un dominio personal; un sistema que llega al éxito alentando la falta de compromiso político más que la movilización masiva, que se apoya más en la comunicación "privada" que en las agencias oficiales para difundir la propaganda que confirma la versión oficial de los acontecimientos" (p. 81). Por ello, afirma, el totalitarismo invertido "tiene un recorrido totalmente diferente: el líder no es el arquitecto sino el producto de él". Así, este totalitarismo es "la verdadera cara del Superpoder, representa una mezcla de poderes que incluyen poderes modernos tanto como arcaicos. Abarca la sociedad anónima -aclamada como la Ciudad de Dios en la Tierra y hasta teologizada formalmente-, la organización de la ciencia para lograr un avance permanente y la conservación sistemática del nuevo conocimiento científico en nuevas aplicaciones tecnológicas, especialmente en el ámbito militar" (p. 101). Se concluye que este poder totalitario corporativo "se despoja finalmente de su identificación como fenómeno puramente económico [...] y evoluciona hasta transformase en una corporación globalizadora con el Estado: una transmutación doble, de corporación y Estado" (p. 334).

[4] En los orígenes de la era neoliberal a principios de la década de los ochenta, el debate sobre la sociedad civil como categoría axial de la filosofía política alcanzó altos vuelos. A grado tal fue esto que la derecha mediática y en el poder trató de adueñarse del mismo promoviendo la peregrina idea de que en

cuestionan desde otras trincheras el carácter absurdo de la nueva sociedad cerrada o el inédito camino de servidumbre que reduce al multiculturalismo y al pluralismo a simples invocaciones académicas o campos de duras luchas de resistencia. La resistencia, como la denuncia, se han convertido de este modo en parte de un intenso activismo político y en una aguda reflexión que es ya parte sustantiva de la agenda de la izquierda en sus inquietas y nuevas formulaciones teóricas, prácticas y pragmáticas.

Con el desarrollo global de las políticas económicas neoliberales se pretende subsumir toda posible realidad humana a los intereses del mercado y del capital, haciendo del mundo un enorme *shopping*, en el cual todo queda bajo el dominio de las grandes empresas transnacionales. La dinámica del capital se acelera de este modo a una escala inimaginable mediante todo este criticable e impertinente voluntarismo económico y totalitario. En aras de unificar al mundo este último exclama: ¡Todo el poder al Mercado! ¡Mercado o Muerte! De acuerdo con los fines de todo imperio es esto lo que se busca: un sueño consistente en la pretenciosa búsqueda de la paz perpetua, misma que se cree posible mediante la unificación del mundo y bajo el mando de un solo imperio. Paradójicamente, el liberalismo ha tenido este sueño que se convierte en la pesadilla y el infierno de los llamados estados sin historia una vez que ocurre la expansión de la sociedad civil allende las fronteras de Europa. Pesadilla que por cierto no ha terminado pero que ahora contiene nuevos derroteros históricos. Éstos son causa de los nuevos conflictos que vivimos a escala local, regional, nacional e internacional, incluyendo las diversas modalidades del terrorismo: sea el impulsado por los demonios del

---

política todo es mejor fuera del Estado y de los partidos políticos. Las ONGs surgen de esta manera con fuerza y aclamación generalizada presumiendo autonomía e independencia, o simple interés filantrópico y benevolente. Algunas organizaciones mostraron gran autenticidad y rebeldía, misma que han mantenido rechazando incluso -en lo individual y en lo colectivo- las "ofertas" del régimen político mexicano en todas sus acepciones. Es la polivalencia de la idea de *sociedad civil* lo que llevó a intensificar el debate y considerar a A. Gramsci como uno de los filósofos marxistas más influyentes de ese momento. Lo que de algún modo dio nuevo sentido e importancia a dicho concepto, al interior de la realidad política mexicana, fue el terremoto de 1985 en la Ciudad de México. Ver Carlos Monsiváis, *Entrada libre. Crónicas de la sociedad que se organiza*, Era, México, 1987.

mediodía, es decir, por el conflicto árabe-occidental, sea el crimen organizado, el imperio americano o nuestros correspondientes Estados.

La cuestión que se plantea como hecho incuestionable y, por lo mismo, irrebatible e irreversible, es la de saber si la izquierda asumirá la penuria de la derrota como algo natural, pues si todo ha quedado ya bajo el dominio de la derecha, no es posible seguir hablando de la existencia de la izquierda o de aquel famoso "tríptico de las delicias" del imaginario ideológico-político de la Modernidad, consistente en ubicar fuerzas y posicionamientos políticos en una triada en la que todo era reducido a satanizaciones o a simples luchas viscerales y pasionales entre la izquierda, la derecha y el centro del espectro político. La era de las pasiones, del romanticismo revolucionario y la dialéctica revolución-reacción, se entiende de este modo. Pero hoy todo se piensa como un tiempo hipotéticamente fenecido, marcado por la era que va de la Revolución francesa de 1789 a la caída del socialismo, una era en la que todo entendimiento y posibilidad de inteligibilidad del mundo dependía de un esquema rígido y sin matices. Sin embargo, éste ha sido en el fondo el referente principal para explicar lo político, dimensionándolo, a la vez, de forma por demás desmesurada a través del abandono de la política.

El centro se convierte de este modo en espacio de la disputa y representa, como hasta hoy se cree, la prudencia y la razón tanto en la teoría como en la acción política. El centro es y ha sido, a la fecha, la fiel imagen de lo ideológico y lo políticamente correcto. La política de la mesura que evita caer en los polos de las pasiones políticas afectadas en particular por los acontecimientos y cambios en la historia; o bien, por la locura de las ideologías. Sin embargo, son las ilusiones del centro las que sugieren el abandono de toda referencia a la lucha de clases. No olvidemos que el centro está también fuertemente cargado de ideología y que, por lo mismo, no es aceptable caer en el juego de la ideología de la no ideología, o en una posición que, al escindir la política de la economía, permite que la dominación de las oligarquías despliegue libremente su poder.

Pero el reto más complejo de la izquierda es sobrevivir a su propio pesimismo. Paradoja inaceptable dado que desde su arribo a la historia ella ha dado muestras infinitas de alegre optimismo. Más aún cuando, para la mentalidad totalitaria del neoconservadurismo decadente, el simple hecho de que exista un solo comunista, éste estará siempre de más en este mundo, por ser alguien que sobra, un simple hombre de más e innecesario. Sin embargo, a pesar de tan absurda y totalitaria ideología, se debe entender que estos tiempos tienden también hacia una radical fractura global de proporciones y efectos impredecibles e inimaginables, en la cual una eventual revolución que adopte de nueva cuenta los signos inequívocos del socialismo tiene que ser comprendida como parte de un acontecimiento que debe tomar muy en serio las enormes experiencias de la historia, en particular las de la lucha por el socialismo. Recordemos que lo que se reclama no es solamente la defensa del Estado de derecho,[5] sino la construcción de una nueva ciudadanía que sea la base y el fundamento de la justicia y la participación de la vida civil, pues se trata también, y sobre todo, de fundar o refundar el Estado social de derecho; fenómeno que en última instancia no sería otra cosa más que una síntesis histórica en la cual se funden los ideales y tradiciones liberales con los reclamos de justicia e igualdad del socialismo y del comunismo. Es esto lo que de alguna manera los viejos liberales decimonónicos llegaron a sostener antes de fusionarse con el conservadurismo en la defensa de la sociedad capitalista, es decir, cuando la Revolución de 1848 y después la Comuna de París demostraron en qué radicaban los límites del liberalismo, como su reconocimiento en tanto fuerza real de la historia.[6]

---

[5] Ver José Luis Monereo Pérez, *La defensa del Estado social de derecho. La teoría política de Hermann Heller*, El Viejo Topo, Barcelona, 2009. Por todo lo que asienta y señala la teoría del derecho de Heller, es necesario leerlo y discutirlo para abandonar a Carl Schmitt y su filosofía política tan fuertemente cargada de ideología y desplantes teológicos, misma que ha llevado a tanto neoliberal, y filósofo extraviado en estos andares, a adorar y a reconocerse en el *Leviatán*.

[6] "El socialismo no se reduce a una cuestión de salarios o, como se ha dicho, de estómago. Es ante todo una aspiración a otra reorganización del cuerpo social cuyo efecto es situar de manera distinta el aparato industrial en el conjunto del organismo, sacarlo de las sombras donde funciona automáticamente, llamarlo a luz y al control de la conciencia. Incluso se puede ya, a partir de ahora, percibir que esta aspiración no es sólo sentida por las clases inferiores, sino también por el mismo Estado a medida que la actividad económica se convierte en un factor más importante a vigilar y reglamentar sus manifestaciones". Émile Durkheim, *El socialismo*, Nacional, Madrid, 1982, p. 121.

De algún modo es posible pensar que la crisis de la izquierda es también la historia de una declinación política, así como el efecto que se vive ante el desvanecimiento del mundo capitalista. Un mundo en el cual lo que hacemos es dar vueltas a todo lo que anteriormente nos parecía sólido, convirtiendo al vacío en algo más que una ocurrente metáfora; paradójicamente, en símbolo de una época impregnada por el nihilismo. Un mundo sin alternativas más allá de las que imponen los esquemas de la dominación global. No obstante, se deben mantener los ejes de la crítica de la izquierda a dicha dominación. Dichos ejes son: no abandonar la crítica anti-capitalista y no asumir al militarismo como cuestión propia o principio y fundamento radical de la organización. No olvidemos que se lucha en contra de la violencia orgánica y sistemática que promueve el capitalismo por diversos medios y con distintos recursos políticos; cuestión que incluye comprender el carácter de la guerra contra el narcotráfico y su relación con los procesos de acumulación llevados a cabo también a nivel global.[7] Aquí el asunto no es de simple lógica de lo político, pues es una cuestión que lleva a pensar seriamente la política en su sentido más amplio y radical, es decir, el problema del Estado y su papel bajo unas circunstancias que se traducen en descomposición de todo el tejido social y en verdadera política del terror.

---

[7] Hacia los cincuenta del siglo pasado, el sociólogo neoconservador Daniel Bell señalaba en su interesante y polémico libro sobre el fin de las ideologías (*El fin de las ideologías. Sobre el agotamiento de las ideas políticas en los años cincuenta*, Ministerio del Trabajo y Seguridad Social, Madrid, 1992), que el *crimen* en Norteamérica era ya entonces una *extraña escalera de movilidad social* cargada a su vez de fantasía y mitos sobre los *nuevos héroes* de la sociedad capitalista. Por su parte, Hans Magnus Enzensberger fortalece esta tesis al mostrar la relación entre el crimen organizado y el capitalismo en *La balada de Al Capone. Mafia y capitalismo* (Errata, Madrid, 2010). La literatura sobre el fenómeno de la relación entre el crimen organizado y el capitalismo y el papel que en ello juegan los Estados a nivel global es ya tan impresionante como inabordable. Ver, por ejemplo, Carlos Illades y Teresa Santiago, *Estado de guerra. De la guerra sucia a la narcoguerra*, Era, México, 2014.

Las razones del maniqueísmo liberal conservador

La sociedad abierta es moralmente inferior
a la sociedad cerrada porque está fundada
en la hipocresía.
Leo Strauss

Lo que se comprende por filosofía política es, en el fondo, algo más que una serie de desplantes maniqueos en los que invariablemente todo se reduce a una fatal lucha o confrontación entre bandos opuestos: la famosa y reciclada leyenda de la relación amigo-enemigo, batallas entre ángeles y demonios, entre buenos y malos. Lo que los filósofos del mal olvidan (¿curiosamente?) es el papel que ante tal descomposición del tejido social desempeña el narcotráfico. Aquí no se trata de hablar de una izquierda santurrona, pero sí comprender el fenómeno y el posicionamiento que ante el mismo muestran las diversas fuerzas políticas y sociales. Lo que la izquierda debe comprender aquí es el excesivo lenguaje ideológico-político de liberales y conservadores referido al problema del terror y del llamado totalitarismo.[8] Al respecto Alan Wolfe escribe:

> como si un poderoso concepto fuera capaz de triunfar sobre la realidad, en especial para los que tienen inclinaciones ideológicas, el totalitarismo se negó a desaparecer. Ningún otro grupo de pensadores ha sido más responsable de mantenerlo vivo que los neoconservadores, casi todos ellos antiguos izquierdistas que se pasaron a la derecha durante los años ochenta [...] Reagan citó a Whittaker Chambers y observó que el

---

[8] Con respecto al problema de la especificidad del *mal* en política ver en especial Alan Wolfe, *La maldad en política. Qué es y cómo combatirla*, Galaxia Gutenberg, Barcelona, 2011. También Richard J. Bernstein, *El abuso del mal. La corrupción de la política y la religión desde 11/9*, Katz, Argentina, 2006. El maniqueísmo es ese juego que vuelve y da cierta elasticidad a los conceptos de totalitarismo, terror, terrorismo y todo aquello que se oponga al modelo de vida norteamericano que Estados Unidos quiere imponer al mundo: es decir, convertir todo en un único y amplio mercado global adaptado a ese modelo de vida. Es el propio Wolfe quien nos recuerda que bajo los regímenes de libre comercio la corrupción se convierte en fenómeno exponencial: ver *Los límites de la legitimidad. Contradicciones políticas del capitalismo contemporáneo*, Siglo XXI, México, 1980.

marxismo-leninismo era una religión que brotaba directamente del pecado original del hombre, una postura que representaba un maniqueísmo más literal que figurado [...] Lleno de expresiones que ponían el énfasis en la presencia del pecado y el mal en el mundo, el discurso de Reagan ofrecía también algunas palabras de esperanza [...] su esperanza se veía teñida por un fatalismo maniqueo. "Recemos para la salvación de todos aquellos que viven en la oscuridad totalitaria -aconsejó el presidente-, y especialmente recemos para que descubran la alegría de conocer a Dios. Pero entre tanto, debemos ser muy conscientes de que mientras ellos predican la supremacía del Estado, declaran su omnipotencia sobre el hombre individual y predicen su dominio final sobre todos los pueblos de la tierra, son el foco del mal en el mundo moderno" [...].[9]

Sin embargo, el debate sobre el totalitarismo sigue abierto por varias razones, en especial por haber hecho del mismo, junto al problema del terror y del terrorismo, parte de la agenda neoliberal, en la cual la interpretación de los hechos pasó a depender del liberalismo conservador decimonónico, haciendo de nueva cuenta de la Revolución francesa de 1789 objeto de un apasionante debate que sigue abierto, y de los filósofos liberales y conservadores del siglo XIX, hombres de extraordinaria talla pero sometidos a una lectura sesgada cuya utilidad es mostrar los errores y horrores del enemigo, nunca los propios o las contradicciones de tales filósofos. A partir de esto las ideas de revolución, socialismo y comunismo pasan a ser parte de la leyenda negra junto con toda la caterva de revolucionarios y hombres de acción que buscan mejorar las

---

[9] A. Wolfe, *La maldad en política*..., pp. 138-139. Un caso extraño pero muy interesante es el de Morris Berman y su dura crítica a la realidad americana de la era neoliberal. Berman observa la importancia que tiene para la identidad de los Estados Unidos la existencia-presencia del enemigo en este juego maniqueo. Ver su libro *Edad oscura americana. La fase final del imperio*, Sexto Piso, México, 2007. Pero no está de más desempolvar un viejo libro para entender que la crítica al modo de vida americano, en especial a su ideología política, ha estado siempre a tono con el tiempo. Ver Cedric Belfrage, *La inquisición democrática en Estados Unidos*, Siglo XXI, México, 1972.

condiciones de vida de hombres y mujeres en este mundo.[10] Pensemos tan sólo la centralidad que adquirió la filosofía política de Alexis de Tocqueville referida a sus recuerdos y no a sus agudas y valiosas observaciones sobre la democracia y su destino.

La Guerra Fría fue la confrontación entre dos concepciones del mundo. En ella, la lucha por ocupar la fuerza simbólica del centro terminó por provocar en el liberalismo conservador una idea del mundo de la política en la que todo lo que no fuera ella debía ser comprendido como exacerbación y desmesura. Despliegue inútil de posicionamientos ideológicos y políticos que lo único que desataban en un sentido o en otro era irracionalidad y violencia. Era ésta una realidad en la que todo terminaba por ser negro sobre blanco, o viceversa. Un mundo en el que las alternativas reales para la superación de la contradicción histórica entre el capital y el trabajo, quedaron reducidas a imaginarios que fueron definidos por los derroteros históricos que siguieron a la Revolución francesa.[11]

---

[10] Como sabemos, la *leyenda negra* es parte de la historia de los vencedores, de una ideología política que rinde excelentes resultados en la modelación de la imagen del enemigo vencido. En esto los medios han dado buenos rendimientos. Sin embargo, existe también la *visión de los vencidos*, como, por otra parte, lo que se denomina la *contrahistoria*. Al respecto ver los interesantes análisis de Domenico Losurdo: *La lucha de clases. Una historia política y filosófica*; *Contrahistoria del liberalismo*; *Stalin. Historia y crítica de una leyenda negra*; y, *La izquierda ausente: crisis, sociedad del espectáculo, guerra*, publicados todos en España por El Viejo Topo. Insistimos: no se trata de establecer la apología de una personalidad tan polémica o de un fenómeno tan cargado de contradicciones históricas como es la historia del socialismo realmente existente. Se trata de abrir nuevos criterios para la compresión de todo ese pasado el cual de un modo u otro sigue gravitando en nuestras cabezas. De otra manera seguiremos atados irremediablemente a los esquemas de interpretación impuestos por liberales y conservadores, como por la ideología neoconservadora y su dominio en las últimas generaciones.

[11] Aclarando el juego-ideológico político que en otro sentido encierra el misterio de la Revolución francesa, se afirma que las ideologías y filosofías políticas que nacen con ella se refieren a la vez a la compresión del tiempo de la modernidad no ajeno a escenarios escatológicos. De este modo el conservadurismo es afirmado como el pasado del hombre, un mundo feudal en el que domina la figura del *Uno*: el absolutismo afirmado por la figura del Rey-Monarca como referente de un régimen polisinodal. Mientras que el socialismo o comunismo no sería más que un futuro en el que los revolucio-

El juego del nuevo imaginario ideológico político fue entendido de esta manera como la dura y violenta lucha entre la democracia liberal conservadora y el totalitarismo. O mejor dicho, entre dos modelos de democracia que a la postre resultaron ser en la práctica histórica tan antagónicos, como incompatibles; por ser la experiencia entre la vida buena -desplegada una vez superada la dialéctica de la historia manifestada a través de la antítesis entre el amo y el esclavo- lo que da nacimiento al terror; o la aspiración de las clases subalternas a definir y marcar los nuevos horizontes históricos de la humanidad, es decir: crear una civilización basada en la democracia popular y en la idea de República ajustada a los nuevos tiempos abiertos por las filosofías de la Ilustración. Así como, por otro lado, impulsar un tipo de sociedad en la que el Estado social de derecho sea el fundamento de la misma, pues de lo que se trata es de abordar en serio y de manera radical la cuestión social. Esto es posible si se asume con toda seriedad la construcción de un desarrollo social basado en la posibilidad de conquistar la igualdad a través de las fuerzas materiales de la historia y no sólo por sus fuerzas ideológicas y políticas.

La crítica a la modernidad es la crítica radical a las formas de dominación que el capitalismo ha impuesto a la humanidad. Comprende tanto la crítica a la propiedad privada como a la democracia liberal conservadora en su fuerza y contenido instrumental. A una democracia que no reconoce cualquier otra eventual experiencia democrática que supere o niegue un sistema de poder sostenido entre liberales y conservadores -al igual que todas sus posibles relaciones y confrontaciones que han tenido en la historia. Es aquí cuando los radicalismos se intensifican y desarrollan como crítica práctica a dicha dominación. Y las experiencias llegan a ser

---

narios y el partido, en vez de jugar el papel mesiánico, nos conducen al *infierno* en la reproducción del *Uno* como figura detestable de la historia en tanto principal referente de un nuevo sistema dictatorial y tiránico. Por su lado, el liberalismo es el tiempo presente de la historia y, por lo mismo, representa el *purgatorio*. Lo último incluye a la democracia como un régimen de poder, dominio y organización de la sociedad que, si bien es imperfecto, es mejor que cualquier otro sistema social jamás pensado. Lo que no existe es el *paraíso* por ser éste el terreno de la utopía imposible. O, en otro caso, el *paraíso* o *tierra del edén* es la sociedad norteamericana: el atractivo presente perfecto e incuestionable al cual las masas de emigrantes de todo el mundo quieren llegar. Un simple mito cargado de fuerte ideología.

en general fatales, no sólo por permitir el arribo de los llamados totalitarismos, sino por dar paso a las dictaduras promovidas incluso por las potencias imperialistas. Recordemos aquí aquella famosa frase totalitaria de Henry Kissinger: "los chilenos no saben votar".[12] O el lenguaje que el liberal conservadurismo emplea para referirse a los "peligros" del populismo como invitado indeseable al festín neoliberal. Lo que en el fondo configuró el liberal conservadurismo fue una nueva aristocracia. O mejor, toda una oligarquía entendida por sus ordenamientos y formas de cooptación y reclutamiento de élites, en las que incluso las intelectuales y académicas en su diversidad y dimensión no son ajenas. Un tipo de movilidad social hoy cuestionada por múltiples razones y motivos.

Al igual que sus polos, el centro es también objeto de una dinámica de la historia que lo obliga a pasar por diversas metamorfosis, manteniendo en esencia su eficacia como campo representativo del cuerpo político dado el lugar que debe ocupar en el esquema global de la reproducción capitalista. La supuesta escisión entre el liberalismo económico y el liberalismo político es algo muy cuestionado, por más que el liberalismo político asuma a la democracia (política) como mandato divino. Después de todo el liberalismo no es una historia cargada de bondades. Pero hace falta que sean los propios liberales quienes realicen la crítica histórica a una trayectoria cargada también de crueldad y violencia,[13] misma

---

[12] También de este "célebre" ideólogo de las derechas y del imperio americano es aquella frase que advierte no permitir la existencia de otro Japón en las fronteras del Sur de los Estados Unidos, marcando con ello cuál es nuestro lugar en la historia y al interior del nuevo orden global orientado por dicho imperio.

[13] Cosa que desde mi perspectiva están muy lejos de hacer. Es esto lo que Losurdo llama el paso del "cristianismo imperial a la izquierda imperial". Para él, el representante más destacado y coherente a escala internacional de esta izquierda imperial, entre finales del siglo XX y principios del XXI, es Norberto Bobbio. Tres años antes de la caída del "campo socialista" y del "socialismo real", "Bobbio condenó *in totto* al movimiento comunista, culpándolo de haber sacrificado la moral en el altar de la filosofía de la historia basándose en la maquiavélica máxima de que el fin justifica los medios [...] De nuevo surge el reparto entre cínicos y almas cándidas, y las segundas son las que muestran las tendencias más acentuadas al maniqueísmo [...] Es inútil buscar la palabra petróleo en las intervenciones de Bobbio y Habermas, que por otro lado también apoyaron la guerra contra Yugoslavia de 1999 [...] La izquierda imperial seguía sin hacer ninguna

que sigue presente en nuestros días con su cómplice silencio frente al terrorismo de Estado, la guerra del narcotráfico y sobre todo frente a las guerras en curso que promueven los poderes imperiales. Cabe recordar que el liberalismo como ideología y doctrina ha pasado y vive tanto de su fatal infecundidad, como de la rentable crítica que hace al Estado. Paradójicamente, su Estado. Ese monstruo de aspiración hobbesiana construido a lo largo de los últimos siglos. El individualismo y la democracia fueron descubrimientos tardíos del liberalismo conservador. Pero en el fondo lo que liberales y conservadores, en su fatal concubinato, saben perfectamente bien es que ellos se asumen como los dueños absolutos del poder del Estado. Un monopolio que sólo a ellos pertenece, de ahí que no permitan que cualquier otra fuerza política asuma el poder real y efectivo de la sociedad, ocupando para tal fin incluso el centro. De hacerlo se tiene que asumir los costos de tal desafío, y entre ellos están los intereses de las grandes corporaciones; por no referirnos a los embates impecables del imperio y todo su poderío bélico y mediático con el cual señala quiénes son los países que constituyen el tristemente célebre eje del mal.

---

referencia a los intereses materiales ni al panorama o al contencioso geopolítico, limitándose a hablar de los grandes principios morales. Todo ello con arreglo al modelo del "cristianismo imperial". La religión civil de los derechos del hombre ocupaba el lugar del cristianismo [...] Bobbio no se daba cuenta que su *pathos* moral, lejos de situarse filosóficamente por encima del conflicto, reproducía involuntariamente la ideología occidental de la guerra fría [...] Una última consideración acerca de la izquierda imperial. En ella han confluido no pocos excomunistas. Fuertemente atraídos por el pensamiento de Bobbio, han motivado su cambio de bando en nombre de la universalidad del valor de la democracia, de la inviolabilidad del Estado de derecho y de las reglas del juego, celebrando el redescubrimiento de las "formas" injustamente vilipendiadas y pisoteadas por el movimiento comunista. Pero al estallar la guerra contra Yugoslavia o luego contra Irak en 2003 tuvieron que dar un doble salto mortal junto al filósofo turinés: ¡las normas del derecho internacional, el estatuto de la ONU, el Estado de derecho, ya no valían nada frente a la justicia "sustancial" de la cruzada humanitaria de Washington!". D. Losurdo, *La izquierda ausente*, ed. cit., pp. 276-279.

Democracia y globalización

> *Expulsar el liberalismo de nuestras cabezas, en efecto, también supone romper con la utopía de la revolución del futuro para comenzar a efectuarla en los combates cotidianos.*
> Pierre Rosanvallon

Es un hecho objetivo y concreto que en la subjetividad que define y determina los derroteros del mundo -del que surge la globalización o dictadura del capitalismo global promovida por los intereses del imperio euroamericano-, la democracia alcanza grados de escepticismo que rayan más allá del nihilismo político como experiencia de vida que conjuga infinidad de cuestiones, pero en las cuales la filosofía política no debe mantenerse ajena.[14] Lo que vivimos es la obsesiva inquietud por lo político y por el centro como espacio privilegiado de lo ideológica y políticamente correcto.[15]

---

[14] Con respecto a este problema ver en especial la interesante como valiosa reflexión de Oliver Mongin *El miedo al vacío. Ensayo sobre las pasiones democráticas*, FCE, Argentina, 1993.

[15] Lo que supuestamente debería ser la alegre conjunción entre evolución democrática y desarrollo tecnológico se ha convertido en la nueva era del desencanto. Existe un extraño juego de desplazamientos que están más allá de la simple política de las ideologías a la carta, de la muerte de Dios o juegos de simplezas pero de aguda delicia intelectual y apreciables golosinas académicas. Ver al respecto Gabriel Andrade, *El posmodernismo ¡vaya timo!*, Laetoli, Madrid, 2013. Existe, por otro lado, un giro al *realismo político* que tiende de alguna manera a asumir nuevos horizontes para la reflexión política, pretendiendo superar una etapa de pesimismo que legitima el mundo gris de lo realmente existente, es decir, el neoconservadurismo, y los modos de subsunción del capital a toda experiencia de vida, pues lo que importa es la despolitización de una ciudadanía alienada por los medios, por el poder de una derecha mediática y antidemocrática. Ver en especial Nicolás Tenzer, *La sociedad despolitizada*, Paidós, Barcelona, 1992. Con respecto al realismo político ver Pier Paolo Portantiero, *El realismo político*, Nueva Visión, Buenos Aires, 2007. Ver también Maurizio Ferraris, *Manifiesto del nuevo realismo*, Biblioteca Nueva, Madrid, 2013. Es importante decir que el liberalismo, en su férrea y al parecer indisoluble imbricación con el conservadurismo a partir de mediados del siglo XIX, no es más que una inconfesable *razón de Estado*. Pero con un atributo particular que la define frente a la razón de Estado de los tratadistas del barroco de los siglos XVI y XVII:

Al parecer y como se está moviendo el mundo en torno a la política y la sobredimensión que se le atribuye a lo político, todo tiende a suponer que pasaremos por una nueva confrontación izquierda-derecha. De una izquierda en ascenso crítico y una derecha decadente y herida por la crisis económica y por la impresionante gama de problemas de este mundo en los que no encuentra más solución que seguir promoviendo la ortodoxia del mercado…y la guerra. Por decir las cosas bajo otros tonos: el llamado triunfo del liberalismo conservador en contra de sus enemigos rojos y negros, en contra de los totalitarismos, fue más bien producto del ascenso del neoliberalismo fraguado desde principios del siglo XX. Quienes pusieron la cereza en el pastel fueron, como se sabe, Ronald Reagan y Margaret Thatcher. Son quienes pusieron el dedo en el giro del mundo convirtiendo todo, de la noche a la mañana, en poder de la derecha y quedando la izquierda como un inservible y viejo mueble de la historia frente a la revolución neoconservadora o revolución sin revolucionarios. Cabe decir que, en este embate, liberales y conservadores de viejo cuño se vieron también arrastrados, pasando con ello a ser parte del vejestorio de las ideas políticas en la era romántica.[16]

La deseable recuperación de la izquierda es, de un modo u otro, una utopía. Por lo mismo es posible y viable. Lo que aquí se requiere es el abandono de la simulación en la que ha caído, incluso llegando a ser la principal fuerza de gobierno. La tarea que se le ha encomendado bajo la era neoliberal es administrar las

---

que es detestable *simulación política e ideológica*. Es Immanuel Wallerstein quien afirma lo siguiente: "La *vía media* liberal prevaleció políticamente. Sus creencias pasaron a ser la geocultura del sistema mundial. Estableció las formas de las estructuras estatales en los estados dominantes del sistema mundial y el modelo al que otros estados debían, y de hecho todavía deben, aspirar. Y lo más importante de todo, por sus consecuencias, el liberalismo domó tanto al conservadurismo como al radicalismo, transformándolos (por lo menos de 1848 a 1968) de alternativas ideológicas en variantes o representaciones menores del liberalismo. I. Wallerstein, *Conocer el mundo. Saber el mundo. El fin de lo aprendido. Una ciencia social para el siglo XXI*, Siglo XXI, México, 2001, pp. 167-168.

[16] *Cfr.* Isaiah Berlin, *Las ideas políticas de la era romántica. Surgimiento e influencia en el pensamiento moderno*, FCE, México, 2014. Lo que implica el fin de tal era es la necesidad de establecer nuevas concepciones teóricas para salir de las ideas y filosofías decimonónicas. Es al menos esto lo que establece Wallerstein en la obra arriba mencionada.

crisis económicas y de otro orden que provoca o promueve el propio sistema en su obsesiva locura privatizadora. Lo que se ejerce es, entonces, un vulgar y deplorable maquiavelismo cuando no se tienen ni principios ni una estrategia política o el compromiso crítico al capitalismo. La izquierda mercenaria es aquella que siempre está a la venta y al mejor postor.

Ahora bien, si el capitalismo es un fenómeno histórico en el cual la férrea relación entre el Estado, el mercado y la corporación convierte a toda amenaza de las clases peligrosas en una serie de fatales derrotas, lo verdaderamente importante para cualquier crítica teórica y práctica de la izquierda depende de la manera en cómo se asuma dicha relación. Pues, como lo afirmó hace más de un siglo John A. Hobson, "los liberales han preferido defender los intereses económicos de los grupos acaudalados y de los especuladores, a los que pertenecen la mayor parte de sus líderes, más que la causa del liberalismo".[17] No es necesario extendernos en las estrategias del engaño en que lo ideológica y políticamente correcto es norma suprema en el denso y brumoso campo de lo político. Un espacio sobredimensionado pero que responde a los tonos y ritmos de la lucha de clases en sus diferentes escalas. El totalitarismo invertido es, como se puede apreciar, una estrategia política establecida con el fin de evitar que las clases peligrosas disputen y tomen el poder político (esto es, el poder del Estado), buscando trasformar dicha relación en una política efectiva orientada a resolver la cuestión social, es decir, los niveles de pobreza y desigualdad generados a través de la larga consolidación

---

[17] John A Hobson y Vladímir I. Lenin, *Imperialismo*, Capitán Swing, Madrid, 2008, p. 160. Para no seguir fomentando la falacia de políticas basadas en el interés de reducir al Estado, es importante tener un poco de claridad al respecto y entender de una vez por todas que el imperialismo es una *política de Estado*. En tal sentido en la era neoliberal el Estado no se ha reducido, se ha ampliado por otros medios y para satisfacer los intereses de esa dura relación entre imperio-Estado-corporación. Lo que se han desarrollado son políticas de instrumentalización del Estado a los intereses corporativos de las grandes transnacionales; jugando de este modo nuestro respectivo gobierno el papel deplorable que todos conocemos y padecemos, es decir, la entrega de la riqueza nacional y el abaratamiento de la fuerza de trabajo en general al servicio de dichos intereses, pues no es posible llevar a efecto las dichosas reformas estructurales ni las intensas campañas privatizadoras por fuera del poder del Estado.

del sistema capitalista a nivel global. Pero, como se sabe y sospecha, esto trae e implica un caudal de bemoles.

Lo que se plantea no es la ruptura absoluta con el liberalismo por ser esto imposible, dado el papel central que después de todo, en su teoría y aspecto más noble, ha desempeñado históricamente en el interés también de hacer de este mundo lo más humanamente habitable. Sin embargo, sí es necesario plantear y marcar sus límites y contradicciones en todo lo relativo a su compleja historia y proceso de madurez que va de la acumulación originaria a la actual fase de dominación global. Es necesario, pues, reconocer también sus errores y sus horrores humanos. Pensemos tan sólo la esclavitud o la ideología de la servidumbre voluntaria tan vigente en estos días. La cuestión de fondo que supone todo esto es la viabilidad de alguna síntesis histórica entre las pretensiones más genuinas y loables del liberalismo con las del socialismo. Sería esto la construcción de un nosotros verdaderamente incluyente de la especie humana y no un simple referente de la eterna astucia de los ricos, pues cabe recordar que unos hacen la historia mientras otros, la inmensa mayoría de los seres humanos, la padecemos. Por ello, lo que la izquierda debe cuestionar son los límites y horizontes reales que han surgido a partir del nosotros postulado por la Revolución francesa de 1789, elevados a nivel de concepto por el idealismo alemán. Lo que se pretende es dejar de bizquear entre las clases peligrosas y los intereses de las oligarquías. Nativas y transnacionales.

El poder de la derecha mediática en la era neoliberal

Más allá de entrar en el debate de lo que es hoy la izquierda y del modo en cómo debe ser de acuerdo a las nuevas circunstancias que abre el ocaso del neoconservadurismo,[18] lo urgente es confrontar a la barbarie civilizada impulsada por los intereses del imperio euroamericano. El poderío de este imperio fue desplegado haciendo gala de ser invencible allá por la década de los ochenta. Es esta imagen y toda la impresionante ideología política que desarrolló lo que está hoy en crisis, y se requieren nuevas fórmulas, pues las imágenes de la codicia y el enriquecimiento rápido se han desgastado al ser cuestionadas incluso por sus propios creadores, esto es,

---

[18] Ver mi libro *El ocaso del neoconservadurismo*, Del Lirio, México, 2012.

por la ideología de Hollywood, CNN y todos sus programas frívolos e inicuos de la televisión. En pocos años se pasó del círculo virtuoso de un sistema global de dominación al círculo vicioso del mismo, siendo esto lo que anuncia la crisis de finales de la primera década de este nuevo siglo: lo que vuelve a estar en cuestión por enésima vez en la historia del capitalismo es el sistema financiero. Lo que se viene radicalizando es la derecha troglodita que siente la amenaza por la que atraviesa esta crisis del totalitarismo global. Al parecer el mesianismo salvífico de Ronald Reagan y sus aliados está colocando a la humanidad entera en una nueva situación límite de la historia. El papel deplorable que juega en esto el terrorismo es de muy poca ayuda para evitar frenar a una bestia que se sabe herida. La existencia de un enemigo real como lo son los demonios desatados del mediodía, pero también los propios que se encuentran por el momento inactivos, muestran nuevamente que el liberalismo, por fuera de sus plegarias cívicas y cínicas, guarda incomprensible silencio. Dejando de lado el conflicto de las civilizaciones o las razones exógenas y endógenas del terrorismo, es importante volver a lo que la tradición de izquierda considera y afirma que es el origen del mal en esta sociedad: la propiedad privada de los medios de producción y la expansión de la sociedad civil, es decir, la economía de mercado o sociedad de los comerciantes, a toda realidad meta-europea en su actual fase de desarrollo.

Lo que en primer lugar se reconoce es el carácter polivalente del concepto "totalitarismo". De aquí nace la resistencia que muestra al uso univocista al que se le quiere atar en referencia exclusiva a dos experiencias históricas concretas: la Alemania nazi y el socialismo realmente existente. Sin embargo, dada la férrea relación entre el Estado y el mercado, no es posible negar que, en su despliegue, dicha relación se orienta a la configuración de un nuevo totalitarismo: el totalitarismo invertido al que ya nos hemos referido aquí. Esto quiere decir que el Estado debe abandonar el lamentable papel de fiel guardián de los intereses de las oligarquías nacionales y de las corporaciones transnacionales, por ser el problema del Estado, y sobre todo la urgente necesidad de construir el Estado social de derecho, en donde radican las vacilaciones de la izquierda y sus modos de bizquear a la derecha.[19]

---

[19] D. Losurdo, *La izquierda ausente*, ed. cit.

El grave asunto a resolver, dada la poca fuerza y participación que tienen las izquierdas en los medios, es saber cuál será su futuro y si éste depende de la ampliación real y efectiva de la democracia entendida como crítica radical y negativa, es decir, como práctica y acción emancipadora de la dominación capitalista. Pues una cosa es entender que lo que está en juego es el proceso de democratización que ha desplegado la historia una vez que fueron destruidos los regímenes absolutistas, y otra muy diferente es reducir la democracia a simples juegos de élites, a sofisticados argumentos de trazo neoliberal consistentes en afirmar que vivimos en la mejor de las democracias posibles al votar todos los días en el paraíso del mercado o sociedad abierta. El futuro de la izquierda, y de la democracia o democratización de la sociedad a través de la configuración del Estado social de derecho, depende de infinidad de factores y fuerzas sociales en donde no existe un agente o sujeto privilegiado de la historia, pero sí un gran número de agentes que son los que se encuentran hoy en la palestra de la historia reciente de la lucha de clases. El enlistado de dichos agentes es muy vasto y aumenta día con día en la medida en que se agudizan los conflictos en las diferentes escalas de la economía y dominación global, y en la medida en que surgen nuevas luchas por el reconocimiento por parte de dichos agentes.[20]

La dialéctica de la historia adquiere con esto nuevos impulsos y perspectivas en la que lo que en verdad se anuncia es que no ha llegado a su fin. Luchas donde se denuncia el antihumanismo de la sociedad de mercado, sociedad en la que se quiere convertir tanto en esclavos y consumidores a cada hombre y mujer que habita este mundo[21], como en *shopping* a todo el planeta. Sociedad de mercado donde, en última instancia, se quiere reducir a hombres y mujeres en habitantes perfectos del mal, en República sin ciudadanos. Y qué decir del individualismo posesivo llevado a su máximo grado y esplendor. Todo esto es el mundo que anuncian los medios y que a diario martillean el cerebro de los vivos, buscando hacer de ellos hombres y mujeres sin historia; simple masa consumista y alejada de las inquietudes ilustradas de la Modernidad. Este totalitarismo es la experiencia histórica de un fascismo *light* y sin fronteras, en el que sólo sobreviven los más

---

[20] Ver D. Losurdo, *La lucha de clases*, ed. cit.

[21] Ver la obra de M. Berman ya citada y, también, Jonathan Glover, *Humanidad e inhumanidad. Una historia moral del siglo XX*, Cátedra, Madrid, 2001.

aptos. Es el triunfo del sociobiologicismo, del evolucionismo de las razas superiores y su derecho a civilizar, en contra del materialismo ateo promovido por la Ilustración y Revolución francesa y de toda su invaluable herencia filosófica y crítica. Cabe anotar lo que afirma con justa razón Félix Ovejero sobre la desconfianza liberal hacia la democracia: "La democracia liberal nunca ha confiado en los ciudadanos".[22]

La pregunta sobre el qué hacer es más que inevitable, sobre todo en procesos en los que la experiencia y enseñanzas de la historia se manifiestan como viabilidad de la sabiduría. La derrota de las clases subalternas en los términos referidos anteriormente resulta también aleccionadora, sobre todo en el sentido que las organizaciones, aparatos e instituciones de dichas clases han pasado por el triste camino de su domesticación; o simplemente han desaparecido muchas de ellas sin dejar ni huella ni rastro. Mientras todo esto ocurría, la derecha mediática seguía intensificando sus campañas ideológicas y políticas. Llegando incluso, cuando lo cree necesario, a instrumentalizar el miedo y el terror, algo que ni el mismo George Orwell jamás soñó. La derecha mediática muestra que las virtudes de la avaricia y la frivolidad son más sólidas y se ajustan mejor al maravilloso mundo de las mercancías. E incluso se incluye en todo esto algunas rendijas por las cuales pueda pasar la filantropía y la benevolencia de los derechos humanos. Lo que no cabe es cuestionar la relación entre medios y fines de la economía global y de este fantástico mundo. Por tanto, no hay que preocuparse por la violencia del crimen organizado o por la corrupción: son daños colaterales y aleatorios de este mundo maravilloso.

Se puede decir de esta manera que la mancuerna entre el narcotráfico y la corrupción, y todo lo que comprende el crimen organizado en todas sus variantes y modalidades, convierte al Estado y sus aparatos (que van desde los educativos a los represivos) en, por decirlo en el lenguaje ideológica y políticamente correcto, algo fallido; en algo que día a día suma esfuerzos y recursos que concluyen en el ridículo. Lo que importa comprender es que en modo alguno esto es así. No por el hecho de que nadie ignore que en la supuesta lucha en contra del crimen organizado lo que entra en juego es la disputa por el monopolio de la violencia.

---

[22] Félix Ovejero, *Incluso un pueblo de demonios: democracia, liberalismo, republicanismo*, Katz, Buenos Aires, 2008.

Lo que se piensa es que se está desarrollando ya la primera guerra global, la cual, como toda guerra, deja enormes e ilimitadas ganancias que van a parar a manos de unos cuantos. Como la imagen de una competencia despiadada en la que unos pierden y otros ganan. En todo esto no faltan campañas moralinas llenas de padres nuestros que poco sirven para contener tal estela de violencia global. Tal vez no falte quien vea en este fenómeno la reinvención de los *condottieri*: a individuos, hombres y mujeres, que de la noche a la mañana alcanzan fama, gloria y, sobre todo, fuertes sumas de dinero que en general quedan bien resguardadas bajo el sistema de protección de fortunas en el actual esquema bancario y financiero mundial. No olvidemos, pues, el papel que desempeña el crimen organizado en el desarrollo de la economía global. Frente a este problema es evidente que la izquierda tiene un reto enorme e inimaginable al tener que cuestionar a este represivo, ilegítimo e informal sistema de acumulación global. Fenómeno en que, como ya se observó, los filósofos del mal han guardado y guardan sospechoso silencio, haciendo del cinismo algo proverbial y reprobable; algo que no debe extrañarnos, pues recordemos que cuando los padres fundadores inician la revolución de la libertad, conservan para sí el derecho a la esclavitud. El esclavo era para ellos una mercancía adquirida en el mercado legal.

Lo que pienso es que la izquierda aquí no tiene nada que decir en el falso debate sostenido sobre la diferencia entre la libertad de los antiguos y los modernos, pero sí desarrollar el problema que nace con la idea de libertad impulsada por la Revolución francesa de 1789, por ser esto último lo que diferencia en el fondo al Estado de derecho del Estado social de derecho. Entre la invocación al Leviatán de Hobbes y el individualismo como motivación existencial del enriquecimiento ilimitado de acuerdo con John Locke, y lo que propone Jean-Jacques Rousseau en el *Contrato social*; entre Adam Smith y su filosofía del egoísmo bien entendido como comportamiento racional en la nueva sociedad capitalista, y la idea de religión civil de Rousseau: de su utopía bucólica y la piedad como el fundamento de la moderna sociedad civil de acuerdo a la filosofía política del ginebrino. Por decir esto en términos de *Nuestra América* pero de fuerte impacto universal: entre Las Casas y Sepúlveda.

Importa decir que los revolucionarios ingleses del siglo XVII, como las masas de emigrantes europeos que se desparramaron por el mundo llevando bajo el brazo la Biblia, estaban lejos de los revolucionarios franceses quienes tenían bajo el brazo el *Contrato Social* de Rousseau; obra central que originariamente divide al mundo "civilizado" en izquierdas y derechas. Con el tiempo vendrá en dicha división el *Manifiesto del Partido Comunista* de Karl Marx y Federico Engels, y *El Estado y la revolución* de Lenin. Lo que divide a las izquierdas de las derechas, dando paso a la existencia del centro, no es el mito del *Uno* como el deseo profundo e inconsciente de la política; del *Uno* como fuerza y símbolo omnipresente y poderoso. La política y sus formas simbólicas son algo mucho más complejo que esto.

El sospechoso triunfo neoliberal en la era de la confusión global

> *Desde mi punto de vista, aun el peor socialismo es*
> *preferible antes que el mejor capitalismo. Estoy*
> *profundamente convencido de esto,*
> *y viví esos tiempos con esta convicción.*
> György Lukács

Lo que supone el triunfo del liberalismo, es decir, del capitalismo o sociedad abierta, "liberal y democrática" en su irrefrenable ascenso global, es la superación y negación del centro a través de la metamorfosis de las ideologías liberales y conservadoras en el confuso despliegue de las ideologías neoliberales y neoconservadoras. Una asimilación que hasta la fecha ni los propios liberales y conservadores aciertan a reconocer cómo ocurrió todo esto. En tal sentido cabe decir que una vez que levanta el vuelo el torpe búho de la Revolución neoconservadora, arrojando al Viejo Topo al más alejado rincón de los infiernos de la historia, todo es gris y monocorde de acuerdo con los planes de la doctrina neoliberal. Hollywood y las luces de gas neón son efímeras expresiones de la frágil felicidad, compatibles exclusivamente con el fetichismo de la mercancía, en el que lo verdaderamente importante no es ser sino tener. Tengo, luego existo; podría ser éste el axioma para estos tiempos.

Es ante las brumas del tiempo, y con el fin de frenar las expresiones de un neofascismo en ascenso, que la izquierda requiere tener y mantener a la vez su propia identidad y dignidad, fundadas éstas en irrenunciables principios libertarios e igualitarios.[23] Aquí la claridad y coherencia ideológica y política es fundamental, así como el recurso del ángel de la historia, con el fin de establecer, en esa retrospectiva, el diagnóstico del tiempo, es decir, de esta coyuntura concreta en su doble dimensión: nacional e internacional. Volver a los orígenes históricos es recuperar su identidad y tradición jacobina, evitando con ello ser seducida por la ambición y la política corruptora del poder y del dinero.[24] Para la izquierda de carne y hueso esto es un gran reto, pues no es lo mismo la cómoda crítica del salón de clases y del cubículo, que la lucha callejera o parlamentaria.

Lo que permea hoy es el fatal nihilismo, el cual viene acompañado, paradójicamente, por las inquietudes de una admirable resistencia que ha permitido la sobrevivencia de las viejas corrientes de izquierda, en particular las que vivieron el 68 y la guerra sucia en nuestros respectivos regímenes políticos. Esa izquierda sigue siendo irredenta, contestataria e incluso indomable, en la que pesa más la mesura y la sabiduría del tiempo, en espera de que se abran nuevos caminos de la utopía, es decir, proyectos e

---

[23] De acuerdo con Daniel Bensaid, "los comunistas pueden resumir su teoría en esta fórmula única: "suspensión de la propiedad privada". Es por esto que en "todos los movimientos", ellos anteponen la cuestión de la propiedad, cualquiera que sea el grado de evolución al que haya podido llegar, como cuestión fundamental del movimiento". D. Bensaid, *Los desposeídos. Karl Marx, los ladrones de madera y los derechos de los pobres*, Prometeo, Buenos Aires, 2012, p. 56.

[24] "Contrariamente a una izquierda convertida a la euforia bursátil, el economista Milton Friedman, el difunto jefe de la fila de la escuela ultraliberal denominada los *Chicago Boys* (los cuales habrán dejado a su paso muchos más cadáveres que Al Capone y sus esbirros), sabía bien que la propiedad sigue siendo el nervio de la guerra social: "La cuestión crucial no consiste en saber si se promoverá el mercado o no. Todas las sociedades, comunistas, socialistas, capitalistas, se sirven del mercado. La cuestión crucial es la propiedad privada". A buen entendedor [...] Milton Friedman les aconsejaba, pues, a los cerebros fértiles de la "tercera vía" de Blair-Giddens y al "nuevo centro" de Schröder-Hombart, que triunfaran sobre los obstáculos políticos que impiden la expansión de los mercados, que acaben de una vez con la "tiranía del statu quo", que "desalentaran las rentas de situación y acabaran de una vez con las ventajas adquiridas". No hay ninguna duda de que esta vía de ultratumba haya inspirado a Nicolas Sarkozy y a su derecha liberada, igual que la coalición italiana de centroizquierda alineada tras Romano Prodi" (*Ibid.*, p. 60).

iniciativas de futuro en las que los nuevos movimientos sociales, y la presencia de una nueva sociedad civil igualmente indomesticable, se sumen a la rebelión de los indignados.[25] Pero no es posible negar que, frente a esa magnífica masa de movimientos de diversa tesitura, la izquierda en general no atine a saber qué hacer, razón por la cual se ve rebasada; y los movimientos condenados a la derrota, al fracaso o a la eternidad. Es la incapacidad orgánica o invertebrada lo que lleva incluso a tales movimientos a ser subsumidos o diluidos por el poder. A esto hay que agregar las infaltables prácticas del sectarismo, el localismo y el oportunismo.[26]

---

[25] No cabe duda, el 68' marca una línea de continuidad entre esas movilizaciones que en México terminan de forma violenta y dramática. Existe entre ellas y los movimientos que la han seguido hasta el momento una interesante línea de continuidad histórico-política, así como marcadas oscilaciones y momentos de auge y reflujo. Pero para entender todo esto ver Norberto Bobbio, Giancarlo Bossetti y Gianni Vattimo, *La izquierda en la era del karaoke*, FCE, Argentina, 1997. Miguel Ángel Adame Cerón, *Movimientos sociales, políticos, populares y culturales: la disputa por la democracia y el poder en el México neoliberal (1982-2013)*, Ítaca, México, 2013. Francisco Fernández Buey, *Filosofar desde abajo*, Los libros de la Catarata, Madrid, 2014. Diego Fusaro, *Europa y capitalismo. Para reabrir el futuro*, El Viejo Topo, Madrid, 2015. Varios autores, *Crisis y revolución en Europa*, Ítaca, México, 2010. Fernando Gil Villa, *Los estudiantes y la democracia. Reinventando Mayo del 68*, Plaza y Valdés, Madrid, 2014. Octavio Rodríguez Araujo, *Las izquierdas en México*, Orfila, México, 2015. Varios autores, *De la nueva miseria. La universidad en crisis y la nueva rebelión estudiantil*, Akal, Madrid, 2013. Varios autores, *El México indignado*, Destino, México, 2011. Pierre Rosanvallon, *El capitalismo utópico*, Nueva Visión, Buenos Aires, 2006. Varios autores, *15M. La revolución como una de las bellas artes*, Amargord, Madrid, 2011. I. Wallerstein, *Utopística. O las opciones históricas del siglo XXI*, Siglo XXI, México, 1998. Jürgen Habermas, *La necesidad de revisión de la izquierda*, Tecnos, Madrid, 1996. Jean-Paul Sartre, *et al.*, *Los intelectuales y la revolución después de mayo de 1968*, Rodolfo Alonso, Argentina, 1973. F. Gil Villa, *Nihilistas. La ilusión de vivir sin ilusiones*, Madrid, 2009. M. A. Adame Cerón, *Crítica de la vida cotidiana y contracultura juvenil. De las calles a las comunas posfamilia. Ensayos socioantropológicos marxistas*, Ítaca, México, 2014.

[26] Sus retóricas de intransigencia promovidas por la izquierda subsumida en la lógica de lo ideológica y políticamente correcto. En esa cuestionable y eterna transición democrática promovida por quienes resultaron ser

En las entrañas de la resistencia, la izquierda se piensa como un extraño ser humano, y sujeta al pensamiento crítico que pretende superar las formas de alienación que reproduce el capitalismo. En lo individual y en lo colectivo, es un verdadero reto para la izquierda volver a sus raíces y razón de ser. Con sus reclamos debe impulsar una nueva civilización cívica ajena a la demagogia neoliberal y a la civilización cínica que promueve.

La dura tarea que tiene hoy la izquierda y que no puede abandonar, ignorar o hacer a un lado, es mantener su concepción del mundo, fortaleciendo los criterios y principios del materialismo histórico y la dialéctica materialista como forma de pensamiento crítico negativo. La izquierda debe seguir fomentando la crítica crítica sin olvidar su traducción en verdadera teoría del cambio histórico y realización de la práctica referida a la necesidad y urgencia de ese cambio. Por último, debe evitar pasar de la crítica a las armas. Por ello el reto es hoy mayúsculo. Pero la barbarie debe quedar en manos de quienes quieran seguir beneficiándose del actual sistema de explotación y alienación humana. Por otro lado es muy importante el estudio crítico y autocrítico de la historia, en particular de la historia del movimiento socialista, afirmándolo como una verdadera cantera rica en experiencia histórica, en la que importan tanto sus más brillantes intelectuales y filósofos, como los simples hombres y mujeres de a pie; en especial los miles de militantes y activistas, los famosos compañeros de viaje que se han adherido a la lucha de la liberación humana y a la lucha re-volucionaria por el socialismo, o simplemente que se han incor-porado, bajo una determinada consigna, a este o aquel movimiento de defensa y resistencia política y social. Desde luego que las tareas son inabarcables en múltiples sentidos, pero todo ello puede ser sintetizado bajo el despliegue de algunas cuestiones centrales.

Algo central sería recuperar y redimensionar la categoría de trabajo tanto en su relación concreta o económica y política, como en su referencia existencial y material, para establecer los nuevos parámetros para la dignificación real y concreta de la persona humana en la actual condición histórica, dado que la dialéctica del capitalismo, sustentada en la contradicción capital-trabajo, muestra hoy que el trabajo alienado es sustantivo en el proceso global de fetichización de la mercancía. Es, si se quiere, el intenso proceso

intelectuales orgánicos al régimen neoliberal mexicano. Al salinismo, para ser más concretos.

de cosificación del conjunto de relaciones sociales en el que, bajo el neoliberalismo, las virtudes republicanas, basadas en el trabajo libre y honesto, se encuentran prácticamente subsumidas por la avaricia y el egoísmo que, a su vez, están sustentados por la verdadera libertad de los modernos bajo el sistema de la sociedad abierta del mercado global. Es aquí cuando, parafraseando a Ortega y Gasset, se puede decir que yo soy yo y mi trabajo. Pero: si no salvo mi trabajo no me salvo a mí mismo. La cuestión es que no tengo trabajo y por tanto ninguna posibilidad de salvación. Es ésta la verdadera condición en la que viven millones de seres humanos en el mundo: simplemente bajo un inmenso Gulag, mundo en el que sobran millones de seres humanos.[27]

El miedo es el mensaje en la dialéctica del trabajo forzado y trabajo voluntario

El hombre de negocios debe reiterar que el socialismo es el credo de los fracasados
Harold J. Laski

Ante un clima histórico con tales horizontes de futuro, la invocación a Étienne de la Boétie, que sirviera para explicar y atacar al socialismo realmente existente en referencia concreta a las políticas del trabajo forzado, explica a la vez las políticas del trabajo voluntario bajo las actuales condiciones globales de reproducción del capitalismo.[28] Como se sabe, el desempleo es una tendencia en aumento hoy día; estamos frente a una descapitalización y desindustrialización en las sociedades desarrolladas; y ante el fenómeno de un crecimiento desbordado de la pobreza en dichas sociedades, a la par de un sinnúmero de viejas y nuevas cuestiones que en particular tienen que ver con la cuestión social. Es decir, es la crisis del Estado social de derecho, algo impensable hace tan sólo unas cuantas décadas. Pero en los países del Tercer Mundo el problema es mayor, pues pareciera que vivimos bajo una

---

[27] Ver Bertrand Ogilvie, *El hombre desechable. Ensayo sobre las formas del exterminio y la violencia extrema*, Nueva Visión, Buenos Aires, 2013.

[28] Étienne de la Boétie, *Discurso de la servidumbre voluntaria*, Trotta, Madrid, 2008. Ver también Alejandra Adela González, *Simone Weil y Étienne de la Boétie. Ensayos sobre el deseo de libertad y voluntad de servidumbre*, Del Signo, Buenos Aires, 2011.

verdadera política de terror en la cual el miedo es el mensaje. ¿Miedo a qué? Al desempleo, al hambre, a trabajos precarios y mal pagados; a la emigración forzada en la que millones de hombres y mujeres son tratados como verdaderos parias humanos; a la guerra y bombardeos indiscriminados en nuestros países; al secuestro y la extorsión; a la esclavitud y explotación sexual. Lo que cabe decir aquí es que liberales y conservadores han sabido siempre que el muelle del miedo es la muerte; y la libertad, el tránsito de unas cadenas a otras. Ellos mismos han afirmado y hecho creer que esto sólo era posible en los regímenes totalitarios. Pero la historia ha demostrado todo lo contrario. Tal vez esto explique su comprensible devoción al Leviatán como parte indispensable y necesaria del proceso de deshumanización que requiere la sociedad capitalista como práctica política de la conservación del Estado. Después de todo, hay que reconocer que liberales y conservadores, en su incestuosa relación, son como aquel personaje orwelliano de 1984, es decir, una caterva de filósofos e intelectuales, ideólogos para ser más exactos, que en el fondo de su alma aman al Estado.

Lo que sugiere la sociedad neoliberal es separar a la humanidad en dos campos sociales perfectamente diferenciados, entre triunfadores y perdedores, y en el que la clase media representa una frágil masa cuyo destino no sería otro que su condena al consumo y a la despolitización que está detrás de dicha cosificación. El mundo del mañana se ve como un horizonte en el que en verdad se ha llegado al fin de la historia o un simple y eterno juego de los dos humores: mundo en el que el conflicto de la lucha de clases se vuelve algo infinito y sin avance alguno más allá de simples y ridículos cambios de las leyes, en los que todo termina por ser parte de lo ideológica y políticamente correcto. Un tipo de sociedad o utopía en la que se vive de la cómoda política de rascarse la espalda unos a otros. Pero no es esto lo que trata e interesa a la política como trasformación real y efectiva de los asuntos del Estado y del vigente orden social.

Lo que se tiene que comprender fundamentalmente es la evolución histórica de los sistemas de propiedad que se han venido engendrando bajo el sistema de dominación capitalista, la cual va de la famosa imagen que trazó Tomás Moro con su penetrante mirada de futuro, al mencionar aquella isla en la que las ovejas se comen a los hombres, esto es, a la política de cercamiento de terrenos (misma que retoma Karl Marx para hablar de la acumulación originaria del capital); a la que describe Jean-Jacques Rousseau, quien señala cuál fue el verdadero origen de la sociedad civil y las configuraciones complejas de la actual sociedad industrial de masas, que incluyen la propiedad intelectual y la expropiación del conocimiento humano por las grandes mega-corporaciones. En esencia, la flamante sociedad del conocimiento es eso: un sofisticado sistema de expropiación que corresponde históricamente a una fase muy desarrollada de la explotación capitalista, en la que los verdaderos productores carecen de los medios materiales y económicos para desarrollar las innovaciones tecnológicas de este tiempo. La lucha en contra de la política de patentes es también reclamo del viejo principio socialista: la propiedad privada es un robo. Lo que adquiere nuevo significado es la no menos vieja consigna que afirma contundentemente la necesidad de expropiar a los expropiadores. Desafortunadamente, estos referentes ideológicos políticos están ya muy lejos de la izquierda en su muy visible actitud de aislarse de las masas, ya que ha renunciado a su añorado vanguardismo, colocándose de este modo en las últimas filas de la actual lucha de clases, perdiendo su vieja iniciativa y compromiso histórico.

Esto es algo que a nadie debe extrañar, pues una vez montada en lo ideológica y políticamente correcto de la mentalidad liberal conservadora, asume como algo propio el miedo a las masas y la pérdida de los privilegios adquiridos a través de la política de la avaricia, el egoísmo, o simplemente de la corrupción. Miedo a las masas en movimiento en sus justos reclamos de justicia y defensa de sus derechos arrebatados bajo la dominación neoliberal. La relación entre el liberalismo y el conservadurismo ha dependido desde 1789 del miedo a las masas, miedo a lo que define como el verdadero terror a las clases peligrosas que sueñan con la utopía de la Republica popular y democrática; miedo que refrenda sus lazos en 1848 y poco después con la experiencia de la Comuna de París. Aquí el terror tiene, como puede apreciarse, un sentido muy diferente. Es simplemente la experiencia indeseable del surgimiento de una masa humana irracional y salvaje, promovida por astutos pero frustrados ideólogos, filósofos e intelectuales inquietos que disfrutan de los placeres de la anarquía. Lo que liberales y conservadores desean es el quietismo como forma de vida ideal de la sociedad de mercado. Pero lo que saben que tienen en sus manos es el ensordecedor ruido de las armas para eventualidades inesperadas, como es el movimiento de las masas en sus reivindicaciones sociales y políticas.

Lo que en verdad nace con la Modernidad es algo de lo que ya Nicolás Maquiavelo hablaba: su teoría de los dos humores, consistente en observar que en la sociedad existen dos cuerpos sociales muy diferenciados en el que los poderosos no quieren dejar de gobernar y los oprimidos se resisten a ser dominados. La Modernidad sería, de acuerdo con esto, la que nace en 1492: una dura y cruel guerra civil de carácter mundial de más que quinientos años que hoy adquiere nuevos tonos más intensos y dramáticos con la globalización.

Dada la imposibilidad del quietismo, lo que muestra la profundidad de las contradicciones históricas en la era neoliberal es que en su conjunto parte de una férrea voluntad de dominio en la que lo importante es, volviendo a Maquiavelo, conservar el poder adquirido y ampliarlo en la medida de lo posible si así lo plantea la coyuntura. Recordemos la invasión de Irak y las guerras que se han desarrollado a lo largo y ancho de dicha era. Es esto lo que llamamos el maquiavelismo pervertido: la corrupción de la política como algo alejado de cualquier posibilidad de dignificarla como la pensó el famoso secretario florentino. Lo que la izquierda debe mantener es esa irrenunciable vocación solidaria que la caracterizó hasta que ella le fue arrebatada por el neoliberalismo y por la derecha mediática. La mal llamada "revolución conservadora" o revolución sin revolucionarios fue en tal sentido un verdadero acto de demagogia y cinismo que no ha terminado. De este modo la solidaridad con los nuevos movimientos sociales a nivel local, regional, nacional e internacional, se ha visto reducida considerablemente al no tener éstos dirección y orientación más allá de los límites de su propia coyuntura y circunstancia. Lo que ha quedado de todo esto es la poderosa internacional neoliberal: la continuidad de una política y voluntad de dominio que se materializa a nivel global a través de las instituciones rectoras de dicha internacional, por ejemplo aquéllas cuyas siglas son por todos conocidas: el FMI, BM, OCDE, principalmente. También está el caso de la imposición de tratados de libre comercio, cuyas consecuencias y secuelas son por todos nosotros no sólo conocidas sino, sobre todo, padecidas. Pero si la izquierda en sus enredos palaciegos no se percata del drama de la política nacional, menos lo podrá hacer atendiendo las urgencias de la política internacional y sus reclamos de solidaridad. La derecha, por su cuenta, despliega verdaderas campañas mediáticas cargadas de fuerte pero falsa filantropía, en razón de ser dichas campañas incluso parte de jugosos negocios en los que domina el egoísmo bien entendido.

A todo esto la cuestión más candente que define y ha definido de siempre a la izquierda y su identidad es la cuestión del Estado. ¿Qué hacer? Vaya pregunta de tan grueso calibre frente a este asunto que es de los más complicados al que deben responder todas las izquierdas, y no sólo por el hecho de que con ello se juega su futuro ya sea en un sentido u otro, es decir, como reformista o revolucionaria; como entreguista o independiente; o como nacionalista o internacionalista. Lo que en verdad entra en juego es la urgente necesidad de volver a la política, esto es, pensar al Estado en su más compleja realidad, cosa que no implica marginarse de los espinosos asuntos que atañen a lo político. Pensar al Estado no quiere decir volver a Platón o Aristóteles o a querellas como aquella de que en Marx no existe una teoría del Estado. Volver a pensar al Estado es pensar la realidad en su proyección y dinámica, asumiendo el hecho de que bajo el dominio neoliberal el Estado refrenda su realidad como fuerza y coerción bajo el inmenso poderío de las corporaciones, o sociedad civil realmente existente y dominante. No es que la relación entre el Estado y la corporación sea el resultado de un repudiable incesto, simplemente es una relación histórica en la que se necesitan el uno al otro para mantener la dinámica de la dominación bajo los pliegues y oscilaciones de las ideologías liberales y conservadoras, pero sobre todo para mantener activa y en constante desarrollo la maquinaria de la producción industrial-militar.

Es a partir de la relación que se establece entre partidos liberales y conservadores que surge el nexo aparentemente indisoluble para conservar el monopolio del poder estatal, no permitiendo que alguna fuerza ajena a dicho poder lo altere. Lo que se mantiene a través de dichas ideologías políticas es la imagen de ficción consistente en negar al Estado, o presumir fijar sus límites sin reconocer lo que es: un aparato de dominación al servicio de las clases dominantes. Lo que marca la era neoliberal es el fin de las viejas ideologías liberales y conservadoras al ser llevadas a un proceso de asimilación por la ideología política neoliberal/neoconservadora. Lo que se tiene ahora es el poder extralimitado del Estado bajo la dirección y dominio del mercado, negando la soberanía como cualidad intrínseca del poder del Estado, y la idea de nación como imaginario colectivo de un pueblo. Sin embargo, el nacionalismo es un arma muy poderosa para quedar sujeta a la bandera de los Estados Unidos que es promovida en su industria/ideología hollywoodense y televisiva. Lo que sabe el imperio es que no debe remover las cenizas de una supuesta referencia histórica fenecida, por ser ésta algo vivo en la memoria de los pueblos. Es esto lo que Jean-Claude Milner define como la verdadera axiomática europea, la cual, aplicada al imperio americano significa "mantener la paz" a través del rechazo de la historia.[29]

Es, sin embargo, un gran liberal hoy prácticamente arrojado al olvido junto con otros muchos de su madura especie, quien señala y nos recuerda cuál es el asunto en cuestión, es decir, el Estado como el problema radical de la filosofía política. Me refiero, en efecto, a Harold Laski. "El Estado -afirma Laski- por decirlo así, es la cúspide de todo el edificio social moderno; y su supremacía sobre todas las demás formas de agrupación social es lo que caracteriza su naturaleza especial".[30]

---

[29] "Esta axiomática está en el cerebro de todos los dirigentes europeos, de todos los asesores y comentadores autorizados. Ella explica decisiones de detalle; por ejemplo, la eliminación de la enseñanza de la historia en los programas escolares. Ella explica, sobre todo, decisiones de vasto alcance [...] El hecho es que, fuera de Europa, nadie cree en esta axiomática para bebés. En particular, el pasado histórico y legendario es considerado en todas partes como una de las mayores fuentes de legitimidad". Jean-Claude Milner, *Las inclinaciones criminales de la Europa democrática*, Manantial, Buenos Aires, 2007, p. 67.

[30] Harold J. Laski, *Introducción a la política*, Siglo Veinte, Buenos Aires, 1957, p. 7. Un Estado, afirma Laski, donde existen grandes diferencias materiales entre sus miembros, produce simplemente una perversión del fin del Estado en interés de los ricos. El poder de éstos compele a los agentes del Estado a hacer objeto de consideración preferente sus deseos. Su concepto del bien invade insensiblemente el espíritu de la administración. Los ricos dominan la maquinaria del Estado. Entienden por justicia la satisfacción de sus propias demandas (p. 31). En otro lugar este brillante liberal del siglo XX inglés escribe: "Hemos remplazado la intolerancia religiosa de la Edad Media por la intolerancia hacia otros credos políticos y económicos. El Estado es ya en efecto un auténtico Leviatán, y millones de hombres y mujeres aceptan sus mandatos sin previo análisis, acatándolos tan sólo en razón de la fuente de la que emanan [...] No nos cansamos de repetir que somos responsables por los actos de los gobiernos, pero la verdad es que éstos subsisten porque nosotros los consentimos [...] La aceptación de las injusticias que otros sufren es el precio que pagamos por nuestra comodidad

Frente a la cuestión del Estado la paradoja es inevitable pues, si por un lado se piensa que el Estado es el problema, a la vez es la solución. Es el problema en cuanto a la instrumentalización que de él hace la infinita astucia de los ricos al convertirlo en un medio o el medio para sus propios fines; es la solución en la medida y forma en cómo se transforme por las fuerzas que lleguen a ocuparlo. Vale recordar aquí que en tal sentido la lucha de clases gira en torno al poder del Estado, de ahí la galvanización que de él hace la burguesía a través de sus diversas expresiones y experiencias históricas, incluyendo entre ellas a la propia experiencia fascista y el totalitarismo nazi, así como a la estela de golpes de Estado promovidos desde el imperio americano, e infinitas matanzas de las democráticas y liberales potencias europeas en contra de sus colonias.[31] Verdaderas campañas de dominación imposibles de realizar sin el poder de sus respectivos Estados.

---

personal. Un sentido interior nos dice idéntica suerte correríamos si nos levantamos en son de protesta; y reprimimos la instintiva simpatía que nos inspira el perseguido tan sólo porque vemos que nuestros vecinos tampoco se rebelan. El silencio, sin embargo, es sinónimo de aquiescencia, y la autocensura entre la injusticia nos ciega cada vez más ante la conculcación de nuestras libertades". H. J. Laski, *Los peligros de la obediencia*, Sequitur, Madrid, 2011, pp. 21-22. Del mismo autor ver *La libertad en el Estado moderno*, Abril, Buenos Aires, 1945.

[31] En el caso de Libia y el asesinato de Gadafi "hoy sabemos que la guerra causó por lo menos 30,000 muertos. La guerra sangrienta de 2011, desencadenada pese a que muchos países, en particular africanos y latinoamericanos, presionaban para que se celebrara una conferencia internacional y se buscara una solución pacífica, terminó con el linchamiento de Gadafi y el ultraje de su cadáver. Apenas conocida la noticia, Hillary Clinton no pudo contener su impúdico regocijo. Imitando el célebre *veni, vidi, vinci* de Julio César y añadiendo un toque de brutalidad, la entonces secretaria de Estado exclamó: "¡llegamos, vimos, murió!" (*we came, we saw, he died!*) [...] el asesinato del líder libio había sido un "crimen de guerra" [...] Obama exhibiría otra cabellera [...] Es un secreto a voces que en París querían eliminar al Coronel; el presidente Sarkozy estaba dispuesto a evitar como fuera que se conocieran las cuantiosas contribuciones del "dictador" a su campaña electoral". D. Losurdo, *La izquierda ausente...*, ed. cit., p. 78.

El Estado de derecho en la lógica de la dominación del capital

Egbert Méndez Serrano
José Luis Ríos Vera
Gabino Javier Ángeles Calderón

Introducción

Ante la aguda crisis civilizatoria capitalista, el discurso liberal apela a la figura del Estado de derecho como el salvador de la sociedad y de los sempiternos derechos humanos universales. Esta crisis se manifiesta de diversas formas: productiva, financiera, humanitaria, ecológica, de legitimidad y representación, así como en el agotamiento de los modelos actuales de democracia, la centralización del poder político, la concentración de la riqueza, los brutales fenómenos de desigualdad social, la burocratización autoritaria en el aparato del Estado, la violencia social, la exclusión frustrante de los jóvenes, la crisis de los derechos humanos. Por tanto, todos estos problemas plantean la pertinencia de un Estado de derecho y el arribo hacia su plenitud.

En este contexto, se formulan discursos que plantean solucionar los problemas y las contradicciones sistémicas relativas a la justicia social, al equilibrio del poder y al ejercicio de la violencia, apelando al Estado de derecho como mediador neutral de los conflictos inherentes a la complejidad de la "sociedad civil". Así, ante las consecuencias de la agravante crisis estructural del capital, innumerables grupos han identificado su militancia con esta atractiva figura como objetivo central de su *praxis*. La convocatoria y desempeño de las organizaciones que están inscritas sobre esta narrativa tienen en común la renuncia o el desconocimiento teórico del papel del Estado capitalista y su ejercicio político de hegemonía en una sociedad basada en la división antagónica de clases sociales. En este escrito, entonces, sostenemos que esta identificación influye en la huida de una *praxis* política radical.

En este trabajo, proponemos que el Estado de derecho juega un papel central en la explotación y dominación capitalista. Su estudio nos remite a la vinculación y articulación exacta con la esfera de la reproducción material: la relación Estado-capital-trabajo, la función de la propiedad privada y los intereses de clase en el proceso de la reproducción de la sociedad capitalista. El papel del Estado de derecho, por tanto, nos dirige directamente al corazón de la lucha de clases. En relación a lo económico y los procesos de explotación, nos permite entender su lugar respecto a la subsunción real del trabajo al capital. Respecto al terreno de la dominación política, es posible visualizar su papel en el ejercicio de hegemonía entre las clases sociales. En pocas palabras, la figura del Estado de derecho es correspondiente a las luchas políticas y procesos de dominación en las sociedades capitalistas.

1. La articulación de la explotación y la dominación política en las sociedades capitalistas

La vida social se reproduce dentro de un metabolismo en el que interactúan diversos procesos -económicos, políticos, artísticos, religiosos, etc.- en una articulación específica e histórica. Para el marxismo, un principio epistemológico consiste en entender el metabolismo del ser social como una totalidad, destacando las principales fuerzas que estructuran y articulan la vida social. Así, contrario a las tendencias dominantes en las ciencias sociales y la filosofía política, influidas o identificadas con las ideologías liberal y positivista, el marxismo ha insistido en la articulación de los procesos de explotación y dominación política en las sociedades divididas en clases sociales.

Mientras la explotación consiste en la apropiación del excedente social por parte de una clase que no lo produce, la dominación política nos remite a la capacidad de mantener y reproducir formas de vida social acordes a esa apropiación. De esta manera, las relaciones de producción se desenvuelven bajo relaciones de dominio indispensables para mantener un régimen de explotación. Ambos fenómenos, por tanto, son parte de un mismo proceso en el que se estructuran las clases sociales y se desarrollan de acuerdo con cada etapa histórica y las luchas entre ellas.

En el proceso de dominación política son inherentes los fenómenos del poder político y el Estado. Por el primero entendemos aquí la capacidad de imponer intereses y formas de vida de una clase al resto de las clases que conforman una sociedad. Por el segundo, entendemos la condensación de distintas relaciones de poder entre clases que estructuran la vida social, es decir, el centro del poder político desde donde se organiza una sociedad.[1]

Ahora bien, la sociedad burguesa moderna se distingue de las sociedades precapitalistas, entre otras cosas, por la diferenciación entre sus esferas sociales y su particular relación entre éstas; pero esta característica no equivale a la desarticulación o autonomía de sus instancias, sino que se trata de una unidad de esferas diferenciadas, pero articuladas, donde la fuerza principal que configura la vida social es el capital. *Grosso modo*, una de las características de las formaciones sociales precapitalistas consistió en la articulación directa y sin mediaciones de la violencia política y jurídica -de clase- con la apropiación del plusproducto. Caso contrario ocurre en la sociedad capitalista -posiblemente un triunfo político para sus clases dominantes-, donde el proceso de explotación no exige la intervención de la violencia estatal (extraeconómica) para la apropiación y acumulación del producto social. Por una parte, los productores directos, al encontrarse libres de las condiciones objetivas y subjetivas de la producción, son arrojados al proceso de reproducción del capital mediante formas de coerción meramente económicas; y por otra, separándose la esfera política de esta peculiar modalidad de explotación se genera que el poder político participe de un modo distinto en el ejercicio de la dominación y las relaciones de explotación.

Cabe señalar que la forma en que se alcanzó esta diferenciación de instancias, contradictoriamente obedece a una articulación efectiva del ejercicio crudo del poder político y la explotación económica en su forma más brutal; no se trató por tanto de un arribo idílico a la llamada "modernidad". Como menciona Marx, el orden social del capital llegó "chorreando sangre y lodo, por todos los poros, desde la cabeza hasta los pies".[2] Así, para alcanzar la normalización y naturalización de las relaciones de propiedad capitalista en la vida social como pilares inamovibles, la burguesía se valió -y lo continúa haciendo en determinados

---

[1] Sólo cabría diferenciar entre Estado y aparato de Estado, pues mientras el primero se refiere a la estructura y las relaciones de poder entre clases en una sociedad, el segundo lo hace a la cosificación de estas relaciones en instituciones, tal y como ocurre, por ejemplo, en la sociedad capitalista con las figuras de los poderes ejecutivo, legislativo y judicial.

[2] Karl Marx, *El capital*, tomo 1, vol. 3, 11ª edición, Siglo XXI, México, 1986, p. 950.

momentos históricos- de la violencia física y la intervención directa del Estado a través de procesos históricos como la acumulación originaria y la subsunción del trabajo al capital: por un lado, expropiación de medios de producción, principalmente la tierra, y la consecuente proletarización de los campesinos; por el otro, disciplinamiento de la fuerza de trabajo y su amoldamiento a la producción y base técnica capitalistas. Mediante la violencia física entonces, mantenida durante un periodo prolongado, se cosificaron las relaciones de propiedad capitalistas: una parte de la población quedó desposeída de todo medio de producción, obligada a vender su fuerza de trabajo para subsistir, mientras que otros aparecieron como propietarios de estos medios y en capacidad de apropiarse del plustrabajo legítimamente.

Del mismo modo, las revoluciones burguesas terminaron por configurar esta diferenciación por medio de "rupturas económicas, políticas, jurídicas e ideológicas entre las viejas instituciones sociales y las nuevas formas burguesas".[3] A través de estas rupturas surgió una nueva forma de explotación: el trabajo asalariado, un mercado capitalista, se derrotó el poder político de los terratenientes feudales, se creó el Estado moderno que representaba a la burguesía y favoreció el desarrollo del capitalismo, se abolieron los privilegios feudales y se estableció la igualdad ante la ley.[4] Por consiguiente, una característica de la sociedad capitalista "es la de propiciar la separación de esferas de actividad social que, con anterioridad a ella, se presentaban integradas", y con "el derrumbe del antiguo orden feudal y con el avance del proyecto societal que emprende la burguesía, así como con la lucha política que debe llevar adelante con tal fin, la sociedad comienza a manifestarse como una unidad de instancias interrelacionadas, pero diferenciadas".[5]

De este modo, esta articulación diferenciada alberga contradicciones particulares, por ejemplo, una de ellas puede observarse en la relación siempre tensa entre lo público y lo

---

[3] Göran Therborn, *Ciencia, clase y sociedad. Sobre la formación de la sociología y del materialismo histórico*, Siglo XXI, México, 1980, pp. 113-114.

[4] *Idem.*

[5] Jaime Osorio, "Las disciplinas sociales y la integración del conocimiento", en *Fundamentos del análisis social*, UAM-Xochimilco/FCE, México, 2001, p. 125.

privado, donde lo económico es meramente privatizado y antidemocrático *per se*, mientras que en lo político los intereses privados se presentan como intereses generales, públicos, "democráticos" y plurales.[6]

Por último, es importante mencionar que la articulación antes dicha no es un simple desdoblamiento de la explotación económica a la dominación política ni de una autonomía absoluta, al grado de considerar al proceso de trabajo capitalista como un autómata que por sí mismo puede crear las condiciones de su producción y reproducción -como las llamadas leyes del mercado proclaman-, pues requiere relaciones de poder para funcionar.[7] En este sentido, el Estado de derecho como figura política de ningún modo es independiente y neutral respecto al orden del capital, sino hunde sus raíces en él.

---

[6] Al respecto David Harvey nos dice: "en la relación entre el Estado capitalista y la propiedad privada no todo es armonía. En la medida en que el Estado asume cierta forma de democracia con el fin de oponerse a modalidades estatales absolutistas y autocráticas, que pueden ser arbitrariamente hostiles o no receptivas frente a ciertos requerimientos del capital, por ejemplo con respecto a su libertad de movimientos, queda expuesto a influencias populistas de diversos tipos. Si, como sucede a veces, queda en manos de las organizaciones obreras y los partidos políticos de izquierda, estos pueden emplear sus poderes para contrarrestar los del capital como propiedad privada. El capital no puede entonces seguir operando libremente en muchos campos de la economía (mercado laboral, procesos de trabajo, distribuciones de la renta y otros parecidos), viéndose obligado a funcionar en el marco de una auténtica selva reguladora que limita sus libertades. De vez en cuando, por lo tanto, la contradicción entre Estado y propiedad privada se intensifica convirtiéndose en una contradicción absoluta que enfrenta lo público contra lo privado, al Estado contra el mercado. En torno a esa contradicción pueden estallar entonces feroces batallas ideológicas y políticas". *Cfr*. David Harvey, *Diecisiete contradicciones y el fin del capitalismo*, Editorial IAEN, Quito, 2014, pp. 60-61.

[7] *Cfr*. Néstor Kohan, "Fetichismo y relaciones de poder", en *Nuestro Marx*, La Oveja Roja, España, 2013.

2. La noción liberal de la autonomía de la política y la economía

A partir de la diferenciación económico-política señalada, la articulación de la explotación y la dominación política se modificó: la relación del Estado con la esfera económica y las relaciones de explotación se reconstituyó bajo una nueva modalidad. Los primeros teóricos liberales asumieron *prima facie* esta diferenciación como una separación efectiva y la profundizaron en sus distintos trabajos. Parte de su herencia a la filosofía política y las ciencias sociales fue una concepción teórica radical y arbitraria que separa absolutamente las esferas sociales de la economía y la política -auspiciando el desarrollo de la economía y la ciencia política como disciplinas autónomas, sea desde la perspectiva del individualismo metodológico o hasta la versión posmoderna del descentramiento y la fragmentación del objeto de conocimiento.

La traducción teórica que el liberalismo hizo de estos procesos históricos particulares consistió en la formulación clásica que contrapone al Estado y la sociedad civil como esferas sociales separadas y autónomas: la sociedad civil como el mundo de los individuos privados y el Estado como el orden de lo público, la instancia en la que todos son representados. Sin embargo, lo que en verdad ocurre en este discurso es una mistificación de esta nueva relación de lo económico y lo político, en la cual se asume al Estado como un ente que se levanta por encima de la sociedad, una esfera política independiente y neutral que unifica los conflictos interindividuales de los sujetos políticos. Es la feliz visión de un Estado como encarnación de la "voluntad general", donde se racionaliza la libertad y la igualdad del conjunto de los individuos de una sociedad civil atomizada y fragmentada.

Es mediante estos caracteres formales y abstractos del Estado capitalista y del derecho que se construye la arquitectura institucional de la estructura estatal y el juego de la democracia liberal, misma que recrea una bella y sublime narrativa del Estado comandado por un universalismo abstracto, propio del Estado capitalista -el "cielo de la política y de la justicia"- a espaldas del mundo real concreto. El hombre en abstracto es la premisa de la estatalidad del capital. El Estado liberal se establece sobre una *fictio juris* de una pseudoigualdad que olvida la desigualdad real: el hombre histórico, en su dimensión concreta, es pulverizado mediante el ejercicio político institucional del Estado capitalista.[8]

En la actualidad, bajo los imperativos de superar la crisis y recuperar la tasa de ganancia del periodo de posguerra -con la expansión y mundialización del capital-, la retórica neoliberal ha insistido permanentemente en la separación de la economía y la política. El claro ejemplo de ello son los principios de *laissez faire*, *laissez passer*, la autorregulación del mercado y la apertura de éstos, la no intervención del Estado en la economía y el Estado como mal administrador. Bajo estos principios se muestra la utopía liberal: la autonomía absoluta de la valorización del capital o, en otras palabras, que el proceso de reproducción y acumulación de capital corran con absoluta independencia de conflictos sociales y políticos que lo pongan en riesgo. Por consiguiente, bajo esta insistencia de separar la economía de la política se traslucen los ejes de la dominación política y la explotación capitalista de nuestro tiempo y su articulación real.

En este sentido, la figura del Estado de derecho se convierte en una pieza clave de la dominación política del capital y de su legitimación en la actualidad. Así, al considerar al Estado de derecho como orden constitucional -un conjunto imparcial, autónomo, racional y garante de la libertad y los derechos humanos de los ciudadanos-, se le aísla de la lógica de la dominación política del capital y se le independiza de la reproducción de éste. Por tanto, la problemática del Estado de derecho está inserta en este intento de separar la economía de la política o, en otras palabras, de separar la dominación política de la explotación capitalista.

---

[8] Por ello Atilio Borón señala que, "en última instancia, el Estado liberal reposa sobre la malsana ficción de una pseudo-igualdad que inocentiza la desigualdad real. De ahí su carácter alienado. De ahí también las estratégicas tareas que el Estado desempeña en auxilio del proceso de acumulación capitalista: ocultamiento de la dominación social, evidente en las formaciones sociales que precedieron a la sociedad burguesa; invocación manipuladora al 'pueblo', en su inocua abstracción, para legitimar la dictadura clasista de la burguesía; 'separación' de la economía y la política, la primera consagrada como un asunto privado al paso que la segunda se restringe a los asuntos propios de la esfera pública, definida según los criterios de la burguesía, reforzando con todo el peso de la ley y la autoridad al 'darwinismo social' del mercado". Atilio Borón, "Filosofía política y crítica de la sociedad burguesa: el legado teórico de Karl Marx", en *La filosofía política moderna. De Hobbes a Marx*, CLACSO, Buenos Aires, abril de 2000, p. 321.

De esta forma, el dogma neoliberal nos presenta al Estado de derecho como un árbitro neutral, autónomo, con una autoridad política investida de poder para decretar, interpretar y aplicar leyes,[9] y así presentar la violencia de clase como paz social.[10] En este sentido, la violencia social no es más que la lucha de clases, y el horizonte burgués -por más bondadoso que pueda presentarse- no pretende siquiera rasgar el principio de propiedad por la sencilla razón que esa violencia aparece como paz en la que la burguesía puede apropiarse de trabajo ajeno.[11]

---

[9] Marx había anotado que las mediaciones legales del Estado podían esquivar los intereses de las clases subordinadas, "¿Es que la Montaña [...] no había comprendido todavía que la interpretación de la Constitución no pertenecía a los que la habían hecho, sino solamente a los que la habían aceptado; que su texto debía interpretarse en su sentido viable y que su único sentido viable era el sentido burgués?". *Cfr.* Karl Marx, *Las luchas de clases en Francia de 1848 a 1850*, en K. Marx y F. Engels, *Obras escogidas*, 3 tomos, 8ª edición, Progreso, Moscú, 1974, p. 263. En este análisis muestra cómo "la contradicción de más envergadura", "el sufragio universal, otorga la posesión del poder político a las clases cuya esclavitud social debe eternizar: al proletariado, a los campesinos, a los pequeños burgueses. Y a la clase cuyo viejo poder social sanciona, a la burguesía, la priva de las garantías políticas de este poder" (*Ibid.*, p. 240), "tenían sin cuidado" a las burguesías francesas de 1848 ya que pudieron resolver en un terreno práctico la legalización del sufragio universal. Marx había observado que las formalidades legales establecidas en el Estado capitalista podían ser suprimidas en el terreno real, al respecto nos dice: "Cada artículo de la Constitución contiene, en efecto, su propia antítesis, su propia cámara alta y su propia cámara baja. En la frase general, la libertad; en el comentario adicional, la anulación de la libertad. Por tanto, mientras se respetase el nombre de la libertad y sólo se impidiese su aplicación real y efectiva -por la vía legal se entiende-, la existencia constitucional de la libertad permanecía íntegra, intacta, por mucho que se asesinase su existencia común y corriente". *El 18 brumario de Luis Bonaparte*, en K. Marx y F. Engels, *Obras escogidas...*, p. 420.

[10] Señala muy inteligentemente Carlos Pérez Soto: "bajo el Estado de derecho burgués la clase dominante llama paz a algo que no es sino la institucionalización de su violencia". *Cfr.* Carlos Pérez Soto, *Violencia del derecho y derecho a la violencia* [en línea], julio 2013 [fecha de consulta: noviembre 2015]. Disponible en: <https://www.cperezs.org/?p=40>, p. 8.

[11] Marx y Engels afirman: "La condición esencial para la existencia y para la dominación de la clase burguesa es la acumulación de la riqueza en manos de

3. La formalización general del Estado

Antes de continuar con el papel del Estado de derecho en la dominación política del capital, nos interesa exponer brevemente los fundamentos históricos de este orden constitucional con el fin de mostrar su vínculo con el Estado capitalista.

Según la tradición ideológica del Estado liberal, propia de la sociedad capitalista moderna, éste se constituye a partir de aquella hipótesis –inverificable- de una sociedad civil conformada por individuos privados e intereses particulares en competencia que establecen un contrato del cual emana el Estado y al que le corresponde fijar las normas de la sociabilidad. Un Estado legislador, ejecutor de las normas que limitan el ejercicio del poder, de la autoridad, en defensa y protección de los derechos y libertades del individuo, se vuelve la base de una "eterna legitimidad" cada vez más próxima al papel del Estado de derecho.[12]

En el núcleo del liberalismo reside la concepción del Estado capitalista como la "unidad orgánica" de una pluralidad disímil de intereses particulares y sujetos individuales; así como un órgano racional, mediador, universal y portador del "interés general".[13] Sin

---

propietarios privados, la formación y el aumento del capital". K. Marx y F. Engels, *Manifiesto del partido comunista*, El Caballito, México, 2010, p. 85.

[12] Al respecto, Mészáros señala: "El hecho de que la legitimidad constitucional del capital se haya basado históricamente en la expropiación despiadada de las condiciones del metabolismo de la reproducción social- los medios y materiales del trabajo- de los productores y de ahí que la proclamada 'constitucionalidad' del capital (como el origen de la mayoría de las constituciones) sea inconstitucional, es una desagradable verdad que se desvanece en la bruma de un pasado remoto". István Mészáros, *La unificación de la esfera reproductiva material y la esfera política: Alternativa al Parlamentarismo* [en línea], 2007 [fecha de consulta: enero 2016]; disponible en: < http://www.rebelion.org/docs/57540.pdf>, p. 12.

[13] Fue Hegel quien expuso de mejor manera al Estado como "representante del interés universal", o la "esfera de la eticidad", el órgano racional, civilizado, en donde se resuelven las contradicciones y los conflictos de la sociedad. Si bien reconocía con gran visión las contradicciones y escisiones entre las clases sociales, su sistema lo condujo a plantear falsas "mediaciones" con las que apelaba a la construcción de un Estado neutral que flotara por encima de la sociedad y lograra atenuar sus conflictos. De ahí que, como plantea A. Borón citando una sugerente idea de Hans-Jürgen Krahl:

embargo, más allá de esta circularidad abstracta con la que se construyen los rasgos formales-universales del Estado, en realidad, la historia de este órgano político se ha desarrollado bajo relaciones de poder y dominación entre las principales clases sociales establecidas en la "sociedad civil". En el fondo, el carácter racional-legal, mediador y universal del Estado capitalista se inscribe dentro de las necesidades hegemónicas de conciliación y legitimación del capital para mantener las relaciones sociales establecidas.[14]

Lo que la tradición liberal asume como individualización natural de la sociedad civil, desgarrada por la competencia y los intereses particulares, en realidad, se trata del eje moderno sobre el cual gira la reproducción material de la vida social: la propiedad privada capitalista y la instauración histórico-dominante de relaciones sociales establecidas entre propietarios privados libres. De este modo, sin algún cuestionamiento, el Estado se asienta *a priori* sobre las nuevas determinaciones estructurales alcanzadas por el desarrollo de la división social del trabajo, la expansión del intercambio mercantil -especialmente de la compra y venta de la fuerza de trabajo- y de la forma de propiedad moderna de las condiciones sociales de producción. El Estado se levanta entonces sobre la base del desarrollo capitalista: el atomismo, la fragmentación y la particularidad, que más allá de confusiones ideológicas liberales, son realmente parte objetiva del desarrollo de la sociedad burguesa existente.

En síntesis, el Estado capitalista, en su carácter universalista -fundado en una sociedad donde predomina el trabajo abstracto-, constituye a los miembros de las distintas clases sociales en ciudadanos bajo condiciones de igualdad de derechos y libertades. El Estado moderno reconoce únicamente a individuos-ciudadanos (propietarios privados) y sus libertades civiles. Los inalienables principios de libertad e igualdad son formalizados bajo un rasgo de abstracción correspondiente a la forma abstracta del valor, por lo que la figura abstracta de la ley se vuelve soberana y fuente de legitimidad de la dominación capitalista. Por tanto, los fundamentos históricos de la formalización y universalización del Estado

---

Hegel es "el pensador metafísico del capital [...], el disfraz idealista y metafísico del régimen capitalista de producción". A. Borón, art. cit., p. 297.

[14] *Cfr*. István Mészáros, *Para alem do capital* [*Más allá del capital*], Editorial Boitempo, Brasil, 2002. A este respecto véase Capítulo 13.

-junto con su orden constitucional del Estado de derecho- se encuentran en la peculiar articulación de la esfera económica y política en las sociedades capitalistas.

4. La figura del Estado de derecho en el Estado capitalista

El Estado capitalista asume al Estado de derecho como figura suprema de las libertades y de la democracia, de modo tal que se autoproclama como Estado democrático de derecho. Éste es asumido como un orden constitucional de garantías soberanas que limitan la acción del gobierno y el poder; un reino que protege las libertades de los individuos -propiedad, seguridad, igualdad. El cuerpo de la ley y su ordenamiento sistemático normativo moderno son fijados como encarnación de una racionalidad elevada que va más allá de los privilegios particulares y se instaura como encarnación del "pueblo-nación".

Esta figura jurídico-estatal constituye a los ciudadanos como sujetos políticos. Así, más que apelar a derechos de colectividades o poderes sociales o de clase, remite a garantías individuales; instaura derechos de individuos-ciudadanos -particulares-; constituye a una ciudadanía dentro de un marco preestablecido de acción ciudadana; construye normas para una "sociedad civil" individualizada, atomizada y, por tanto, despolitizada.[15] Por tanto, la figura del Estado de derecho desustancializa las determinaciones sociales y cristaliza la formalización de los rasgos abstracto-universales del Estado moderno.

---

[15] Para Ellen Meiksins Wood el conflicto de clase en el capitalismo se privatiza en lo económico y el Estado aleja a las organizaciones de reivindicaciones político-colectivas inscribiéndolas pasivamente al ámbito parlamentario. Señala esta autora: "La política es algo que hacen los representantes elegidos en el Parlamento. Los individuos privados se comprometen políticamente sólo en el momento en que votan. Los trabajadores y los sindicatos deberían apegarse a sus propias esferas de incumbencia y a sus contiendas 'industriales' en sus lugares de trabajo. En este marco, aun el derecho a votar no es concebido realmente como un ejercicio activo del poder popular, sino como la ejecución de un derecho pasivo más". Ellen Meiksins Wood, "Estado, democracia y globalización", en *La teoría marxista hoy. Problemas y perspectivas* [en línea], CLACSO, Buenos Aires, 2006 [fecha de consulta: enero 2016], disponible en: http://bi blioteca.clacso.edu.ar/clacso/formacion-virtual/20100720062844/boron.pdf.

Al abstraer las relaciones sociales constituidas en las sociedades modernas -por ejemplo, las condiciones de producción y su carácter de clase-, el Estado de derecho asume *a priori* un conjunto de individuos atomizados y los dota de una plenitud de derechos -ciudadanos, civiles, principios y garantías individuales-, todos ellos pasivos. De esta forma, una cadena de "despolitización de la política" acompaña a la figura del Estado, principalmente a la democracia liberal y al Estado de derecho. Toda la materialidad institucional estatal busca entonces erradicar el poder colectivo (social y de clase), construyendo una ciudadanía individualizada e identificada con el ejercicio de sus derechos ciudadanos y en el goce de sus libertades civiles frente al poder político del capital.

De igual modo, es a través del Estado de derecho que el Estado capitalista busca recubrirse de plena legitimidad, pues este orden político-constitucional se presenta como una figura neutral que impone límites al poder; en otras palabras, se erige como una majestad de normatividad sistemática que frena la violencia y al autoritarismo. En consecuencia, este orden institucional y su respectivo discurso jurídico y político, que influye a las distintas posiciones ideológicas del espectro político, vuelven necesario la construcción de una interpretación crítica y explicativa que dé cuenta de las contradicciones y determinaciones estructurales que la figura político-ideológica del Estado de derecho oculta y que son elementales para derribar las alas de la hegemonía del orden establecido.

Los caracteres universales y abstractos del Estado capitalista junto con la visión de esferas sociales separadas y autónomas guardan en su seno un agudo y espinoso proceso de ocultamiento de las relaciones de explotación y de coerción del capital sobre el trabajo. Así, todo Estado capitalista, presentándose mistificadamente como un Estado "neutral" e impersonal -mero árbitro racional-legal del orden institucional, esto es, bajo un rasgo de dominación anónima-, impide entender las relaciones de clase al interior de éste, es decir, su papel respecto a la reproducción del capital, los procesos de acumulación-explotación social, y toda la lógica de dominio y poder que construye en su propio desenvolvimiento estatal sobre las clases, lo que impacta enormemente en la desorganización de las luchas sociales y de clase.

En suma, quebrantando esta versión mistificada del Estado es posible descifrar su papel político-hegemónico: el ocultamiento de la dominación y de las relaciones de coerción; las construcciones ideológico-abstractas que apelan al individuo-ciudadano; la pretendida homogeneidad de la sociedad civil; la recurrente estrategia de separar la esfera de la economía y de la política, que asume al mercado como una naturalidad no-política; y la manera en que por medio del Estado un interés particular de clase se convierte en "interés general" de una sociedad. En el fondo de este trabajo de hegemonía encontramos una estrategia política permanente: desorientar las luchas sociales y de clase y constreñirlas a los marcos de la participación política liberal (ciudadana-civil-pasiva liberal), es decir, subsumirlas al del "Estado de derecho", al orden político de dominación y a sus reglas definidas de un modo apriorístico y, por lo mismo, sin resultados sustanciales que mejoren la vida de la población trabajadora.

Propiamente, la dimensión política-jurídica del Estado de derecho es una figura culminante de esta mistificación y ocultamiento de las reales relaciones de poder de clase que sustentan la reproducción social. Esta figura político-jurídica personifica una abstracción idealizada, ya que los atributos y derechos jurídicos constituidos no tienen sustentación alguna.[16] En este sentido, al entender el Estado de derecho dentro de un orden jurídico formal

---

[16] El Estado capitalista, como también el Estado de derecho propiamente, son figuras de la esfera de la enajenación. Como plantea Borón: "Marx percibió a la política y al Estado como las instancias supremas de la alienación que preservan el mantenimiento de una sociedad basada en la explotación". A. Borón, *op. cit.*, p. 310. En la medida en que las estructuras estatales remiten a lo más abstracto, lo más separado-aislado de las relaciones sociales, ya que no se realizan ningún tipo de mediaciones situadas, y por lo mismo, no reconocen relaciones sociales, se presentan como una dimensión de la generalidad, que no reconoce relaciones estructurales de fondo. En la medida en que en el Estado de derecho no existe reconocimiento alguno a relaciones sociales y determinaciones reales, la capacidad de toma de decisiones, el poder social y de clase se encuentra usurpado, enajenado, divorciado de la mayor parte de la sociedad. La política institucional, en este sentido, se encuentra atravesada por la enajenación política estatal. Así, el Estado capitalista aparece exterior a los hombres y además por encima de ellos. El rasgo común de este proceso de enajenación política consiste en ceder a otra esfera o entidad la capacidad del hombre social de controlar de modo consciente el sistema de sus actividades y relaciones sociales en tanto devenir histórico. Al colocar fuera de sí dichas capacidades el hombre se convierte en muñeco sometido a poderes extraños, inasibles, incontrolables, sin otra alternativa más que asumir el reino del capital como naturalidad sempiterna.

liberado de todo carácter de clase, permite situarlo en sus nexos con el papel de hegemonía del Estado capitalista. El Estado de derecho, en su realidad, legitima las relaciones de propiedad con la fuerza del derecho, para que mediante la valorización del valor (plusvalía que luego se transmuta en capital-dinero) sea posible la acumulación de capital.

Ahora bien, criticar los fundamentos de esta figura estatal del capital, anclada en el Estado democrático de derecho, no necesariamente lleva a la renuncia de las conquistas político-sociales de los pueblos en su lucha por la emancipación. Por el contrario, su crítica permite orientar el horizonte de las luchas más allá de las trampas institucionales de las que se vale el Estado para eliminar una alternativa radical real de la política. La negación de la alternativa radical por parte del Estado de derecho no es cosa menor. En este sentido, sin cuestionamiento alguno a los fundamentos del Estado de derecho como figura acabada de la democracia liberal, no es posible la consecución de una emancipación social real.

Es evidente, por ejemplo, que, en muchas sociedades latinoamericanas -como México-, mientras más empantanados están los problemas de las sociedades -fundamentalmente en lo relativo a la concentración del poder, la desmesura de la violencia y las contradicciones de la ley y la justicia-, más se repiten las voces que apelan a un orden institucional sustentado en un Estado democrático de derecho. Sin embargo, es posible sostener un punto de vista muy distinto. En realidad, afirmamos que estos fenómenos cada vez más recurrentes -tales como el exceso de la fuerza y el terror, el despotismo y autoritarismo del poder, y los graves problemas de la justicia, de la exclusión e inequidad que residen en las sociedades, la violencia social- no pueden ser erradicados mediante un orden institucional que lleve a "plenitud" el Estado de derecho, ya que esta figura de la estatalidad moderna porta determinaciones estructurales que la constituyen como parte del problema y de ninguna manera puede ser su medida de solución.

5. Una falsa antinomia: el Estado de derecho y la violencia

En las últimas décadas del siglo XX, en diversas regiones del mundo ocurrió la llamada "tercera ola de la democracia".[17] Diversos movimientos sociales y políticos impulsaron auténticas reivindicaciones democráticas, pero éstas terminaron siendo vehiculizadas e institucionalizadas en procesos formales -como, por ejemplo, en América Latina con la llamada "transición a la democracia". Efectivamente, se logró cierta apertura, pero también se aseguraron puntos estratégicos en los aparatos de Estado, verdaderos *bunkers*, que fueron impenetrables a los intereses de las clases explotadas y dirigidos por una élite burocrática, formada por los intereses recalcitrantes del capital.[18] El resultado de esto fueron democracias tuteladas y controlables. Esto supuso una derrota para el mundo del trabajo, pues se le sometió a la lógica de dominación del capital mediante una dictadura democrática -establecida por ley-, que impidió efectivamente una auténtica apertura democrática.

El caso del derecho corre con la misma suerte, es lo suficientemente flexible para sortear los peligros que atentan principalmente contra las relaciones burguesas de propiedad, logrando sobrellevar sus contradicciones y "resolviéndolas" en un terreno práctico. Es decir, ahí donde en lo formal se atente contra el capital, en lo real es esquivado. La frase supera el contenido, nunca se sustancializan las formalidades que el capital le reconoce al trabajo, sino sólo confrontándolo como fuerza social.

---

[17] Por ejemplo, uno de los autores que más resaltó este proceso fue Samuel P. Huntington en su libro *La tercera ola: la democratización a finales del siglo XX*, el cual tuvo mucha influencia en las élites académicas latinoamericanas. Lo que debe hacerse notar es la apología realizada por el autor a un tipo de democracia *ad hoc* con el capitalismo e imperialismo norteamericanos, además de su claro vínculo con las administraciones de la Casa Blanca de su tiempo. Véase Samuel P. Huntington, *La tercera ola: la democratización a finales del siglo XX*, Paidós, Barcelona, 1994.

[18] Ralph Milliband hace notar que en las democracias a favor del capital "no es necesario que exista el control monopolista o la prohibición de la oposición: basta sólo que la competencia ideológica sea tan desigual para que dé una aplastante ventaja a un lado en contra del otro. Y ésta es precisamente la relación de fuerzas existente en las sociedades capitalistas avanzadas". Ralph Milliband, *El Estado en la sociedad capitalista*, 13ª edición, Siglo XXI, México, 1985, p. 176.

El Estado puede incluso violar las leyes apelando a la razón de Estado con el objetivo de impulsar nuevos ciclos en la reproducción del capital.[19] Por ejemplo, el actual patrón de reproducción del capital, comúnmente llamado como neoliberalismo, ha requerido de un Estado fuerte para romper las relaciones laborales que conquistaron los trabajadores en el pasado, violentando los contratos colectivos de trabajo y los derechos laborales otrora establecidos por ley en muchos países.

De este modo, lejos de separarse, es el propio Estado de derecho quien organiza la violencia de clase. Dentro de la materialidad institucional y el discurso estatal reside el carácter legítimo de su propia violencia.[20] La ley interviene no contra la violencia del Estado, sino volviéndose parte de ésta, organiza las condiciones de represión para cualquier conflicto que ponga en riesgo el orden del capital. La concentración y monopolización de los instrumentos de coerción física por parte del Estado es algo inherente a la figura del Estado de derecho. En este sentido, existe una falsa antinomia entre el papel de la ley y la violencia. La falsa oposición entre la razón que limita al poder y el ejercicio del terror son menos opuestas y más estrechas en el orden del capital.

6. Un falso debate: el Estado de derecho *versus* el orden del capital

El Estado de derecho tiene como pilares los principios de la propiedad, la libertad, la igualdad y el resguardo de los derechos humanos. Sin embargo, en realidad, este horizonte político de la

---

[19] Para Poulantzas, "El Estado actúa con frecuencia transgrediendo la propia ley-norma que promulga, no sólo actuando al margen de la misma sino actuando contra su propia ley. Todo sistema jurídico autoriza, en su misma discursividad, formulándolo como una variable de las reglas del juego organizado por él, el no respeto por el Estado-poder de su propia ley. Ello se llama *razón de Estado* [...] Todo Estado está organizado, en su armazón institucional, de manera que pueda funcionar (y que las clases dominantes funcionen), a la vez, según su ley y contra su ley". Nicos Poulantzas, *Estado, poder y socialismo*, 7ª edición, Siglo XXI, México, 1987, p. 98.

[20] De ahí que Weber "intuitivamente" establezca como elemento definitorio del Estado el monopolio legítimo de la violencia. Véase Max Weber, *El político y el científico*, 6ª edición, Colofón, México, 2005.

burguesía es la idealización de la universalización de las relaciones mercantiles capitalistas.

Con la creación de la base técnica del capital -la gran industria-, se terminó por someter a los productores directos al capital;[21] pero para ello la burguesía tuvo que terminar por romper las relaciones de propiedad precapitalistas y establecer su forma histórica de propiedad privada sobre los medios de producción y sobre el plusproducto. Estos supuestos históricos han permitido, hasta la fecha, el predominio de las relaciones mercantiles indispensables para la producción y reproducción del capital.[22] Sin la apropiación privada del producto social, la acumulación de capital sería simplemente imposible; se le escurriría entre las manos al propietario privado, ya que, al no poder retener la riqueza producida socialmente, tampoco podría transmutarla en capital-dinero.

Por ello, la clase capitalista cuida el desarrollo cabal de las relaciones mercantiles. Procura que en el proceso de trabajo sus productos finales -las mercancías- le den más de lo que originariamente invirtió. Y esto sólo es posible gracias a que se apropian del plusvalor creado por los trabajadores, los cuales se ven forzados a enajenar su única mercancía para vivir y reproducirse: su fuerza de trabajo. Sin embargo, en el proceso de trabajo sólo hay creación de valor y plusvalor, para que el capitalista pueda transmutar su producto en dinero tiene que acudir al intercambio mercantil.

Tanto capitalistas como trabajadores asalariados acuden "libremente" a enajenar sus mercancías al mercado, en éste aparecen como iguales en tanto propietarios. Así, en busca de la ganancia, el capital empuja hacia esta libertad e igualdad mercantil.[23] Puesto que resultaría un absurdo social apelar a la libertad e

---

[21] *Cfr*. Karl Marx, "Maquinaria y gran industria" en *El capital*, t. 1, vol. 2, 26ª edición, Siglo XXI, México, 2013.

[22] La historicidad de estos supuestos fue rastreada por Marx, ya que nunca los admitió como puntos de partida inmóviles, sino como resultados históricos superables. En sus notas personales podemos apreciar esbozos de esta investigación. Véase su "Introducción" y "Formas que preceden a la producción capitalista", en *Grundrisse*, tomo 1, 20ª edición, Siglo XXI, México, 2007.

[23] Afirma Marx: "La esfera de la circulación o del intercambio de mercancías, dentro de cuyos límites se efectúa la compra y la venta de la fuerza

igualdad restringida sólo al mercado, estas ideas trascienden el terreno puramente mercantil, y el poder del capital las convierte en un prejuicio social,[24] lo cual ha permitido una fuente inagotable de utopías liberales, entre ellas la "plenitud" de un Estado de derecho.[25] Por tal motivo, el horizonte político burgués radica en imbricar, en el Estado de derecho, los imperativos mercantiles con los derechos humanos que formalmente transcienden al orden del capital.

Actualmente, las contradicciones irresolubles del capital, sustentadas en el organismo centrífugo del metabolismo capitalista que fracturan constantemente al organismo social en su proceso de acumulación, han llegado a una imposibilidad histórica de "estabilizarse" por medio de la función cohesiva del Estado, sea de

---

de trabajo, era, en realidad, un verdadero Edén de los derechos humanos innatos. Lo que allí imperaba era la libertad, la igualdad, la propiedad y Bentham. ¡Libertad!, porque el comprador y el vendedor de una mercancía, por ejemplo de la fuerza de trabajo, sólo están determinados por su libre voluntad. Celebran su contrato como personas libres, jurídicamente iguales. El contrato es el resultado final en el que sus voluntades confluyen en una expresión jurídica común. ¡Igualdad!, porque sólo se relacionan entre sí en cuanto poseedores de mercancías, e intercambian equivalente por equivalente. ¡Propiedad!, porque cada uno dispone sólo de lo suyo. ¡Bentham!, porque cada uno de los dos se ocupa sólo de sí mismo. El único poder que los reúne y los pone en relación es el de su egoísmo, el de su ventaja personal, el de sus intereses privados". K. Marx, *El capital*, tomo 1, vol. 1, 28ª edición, Siglo XXI, México, 2008, p. 214.

[24] Al respecto Marx comenta: "El secreto de la expresión de valor, la igualdad y la validez igual de todos los trabajos por ser trabajo humano en general, y en la medida en que lo son, sólo podía ser descifrado cuando el concepto de la igualdad humana poseyera ya la firmeza de un prejuicio popular. Mas esto sólo es posible en una sociedad donde la forma de mercancía es la forma general que adopta el producto del trabajo, y donde, por consiguiente, la relación entre unos y otros hombres como poseedores de mercancías se ha convertido, asimismo, en la relación social dominante". *Ibid.*, pp. 73-74.

[25] La ideología dominante tiene un soporte material, no es invención arbitraria, por ello Marx y Engels señalaron que "Las ideas dominantes no son otra cosa que la expresión ideal de las relaciones materiales dominantes". K. Marx y F. Engels, "Feuerbach. Oposición entre las concepciones materialista e idealista", en *La ideología alemana*, 5ª edición, Pueblos Unidos/Grijalbo, Montevideo/Barcelona, 1974, p. 50.

derecho o no.[26] Contradictoriamente, pues, la crisis estructural del capital empuja al Estado de derecho a su reducida fórmula de acatar los eternos principios de la propiedad, la igualdad y la libertad mercantil capitalista bajo las cuales se sustenta, postergando -o para organismos secundarios y manipulables- la observancia de los derechos humanos universales.

El Estado de derecho pierde así su apariencia mediadora y se aprecia su carácter de clase. Éste siempre quedará sometido al metabolismo del cual es parte. Esto explica por qué el sagrado horizonte político burgués se ha profanado en aras de la ganancia: el capital sabe "que para salvar la bolsa, hay que renunciar a la corona".[27]

En este sentido, a nivel ideológico se expresa una contradicción entre si hay o no hay Estado de derecho, si es compatible o no con el capital y junto a ello se da toda una serie de preguntas abordadas desde la perspectiva ilustrada y reduccionista -incluso progresista- de si es "algo positivo o negativo", si "existe o no", si es "defendible o no". Sin embargo, hoy en día bajo estas nociones dualistas se filtra la estrategia ideológica neoliberal de separar la economía de la política en un enredijo de paradojas sin solución analítica. Se esfuma, por tanto, el punto de vista de la contradicción, de la totalidad y de la historicidad del capital, de la cual el Estado de derecho es parte integrante.

Es por ello que los enredos ideológicos de la existencia o inexistencia -su defensa o no- se convierten en un laberinto sin salida que impiden considerar al Estado de derecho como una figura inherente al orden de clase del capital. Más bien, la contraposición entre quienes por un lado sostienen que esta figura política ha dejado de establecer los equilibrios propios de las conflictividades naturales de los individuos libres e iguales y, por otro, quienes asumiendo su existencia apelan a ella para restablecer la propiedad, la libertad e igualdad -ante los graves conflictos sociales contemporáneos-, refleja las contradicciones que el capital debe salvar a diario bajo su brutal reproducción actual. Un proceso

---

[26] *Cfr.* István Mészáros, "La triple fractura interna del sistema"; "El fracaso del capital en la creación de su formación de Estado global"; "La insuficiencia crónica de la 'ayuda externa' por parte del Estado", en *El desafío y la carga del tiempo histórico: El socialismo del siglo XXI*, tomo 1, Fundación Editorial el perro y la rana, Valencia-Venezuela, 2008.
[27] K. Marx, *El 18 brumario…*, p. 447.

económico que excluye bestialmente y un Estado democrático de derecho que intenta mediar los conflictos entre los individuos ciudadanos.

De este modo, entender el orden institucional del Estado de derecho como figura política incapacitada -por contradicciones estructurales- para ofrecer una emancipación social efectiva, nos obliga a someter a un examen crítico los fundamentos históricos del Estado capitalista y la arquitectura del derecho moderno. En este sentido, sostenemos que la configuración política del Estado de derecho hunde sus raíces en el carácter liberal-universal del Estado capitalista y los rasgos formales-abstractos de la estatalidad institucional del capital, ambas correspondientes a estructuras políticas y jurídicas de dominación que pueden explicarse a partir de la articulación -estructural moderna- entre la esfera económica y política, bajo la cual subyace la contradicción capital/trabajo.

7. El Estado de derecho en la lógica de la dominación actual

Como se ha mencionado, en la actualidad, la ideología neoliberal ha insistido en la separación de la economía y la política, intentando generar que la acumulación y reproducción del capital tenga en su proceso los menores obstáculos posibles. En este sentido, la política del capital actualmente consiste en aislar y atomizar los conflictos sociales producidos por las contradicciones inherentes a su reproducción económica y social.

La crisis capitalista de los años setenta a nivel mundial obligó a la reconfiguración del capitalismo, se echaron a andar así procesos de grandes dimensiones como una nueva división internacional del trabajo, la mundialización del capital, la derrota del mundo del trabajo y la profundización de la subsunción del trabajo y la naturaleza al capital. En este proceso, la ideología neoliberal fue el eje sobre el que se reconstituyó la hegemonía de las clases dominantes en diversas partes del mundo. La crítica neoliberal se centró en el Estado de bienestar, el comunismo y todo tipo de organización de clase. Asimismo, una parte fundamental de esta ideología fueron, entre otros, los axiomas del "libre mercado", la no intervención del Estado en la economía, el Estado como "mal administrador" de bienes, la "autorregulación" del mercado, la contraposición sociedad civil-Estado.

Los promotores del neoliberalismo tenían claro que la dominación política del capital debía sustentarse sobre nuevos ejes y nuevas fuentes de legitimación. La recuperación por la caída de la tasa de ganancia en los años setenta obligó a romper las alianzas entre clases que se contenían en el periodo anterior bajo el llamado Estado de bienestar. El conjunto formado por un Estado liberal, un orden constitucional basado en el Estado de derecho y una ciudadanización política "democrática" fue la fórmula para acompañar el programa económico neoliberal. Aunque esto no ocurrió en todas partes así, lo que debe notarse es que, como se dijo anteriormente, los procesos de lucha por mayor democracia lograron ser vehiculizados hacia los intereses del capital.

Para ello, el señuelo del imperialismo fue azuzar las luchas democráticas que ya venían desarrollándose, pero aislándolas de su carácter subversivo y/o de clase. Por tanto, con los procesos de "transición a la democracia" y la bandera de los derechos humanos, auspiciada por el gobierno de Estados Unidos en los años ochenta, la contrarrevolución neoliberal encontró una expresión política que le permitió profundizar la violencia de clase y las relaciones de explotación laboral, eso sí, con plena "apertura" política, pluralidad, tolerancia y "democracia", o como canta el coro neoliberal, en pleno Estado democrático de derecho.

Un caso muy patente, por ejemplo, ocurrió en la gran participación de masas a finales de los años ochenta con el fin de las dictaduras militares en América Latina y los llamados procesos de transición a la democracia. Gran parte de la participación social tuvo por centro de sus demandas la conformación jurídica y política de los nuevos regímenes, no percibiendo que este viraje superestructural correspondía a los intereses políticos e ideológicos de las clases dominantes para establecer la hegemonía del proyecto de dominación del capital.[28]

---

[28] Como señala Theotonio Dos Santos: "En los años ochenta, una vez culminada buena parte de los procesos de liberalización política, la ideología económica neoliberal, posteriormente expresada por el Consenso de Washington, unió los gobiernos norteamericano y británico en una perspectiva conservadora [...] en el sentido de imponer políticas de ajuste estructural en los países subdesarrollados, ejecutadas bajo la dirección del Fondo Monetario Internacional y del Banco Mundial. En los años ochenta, quedó claro el efecto del proceso de 'democratización' global conducido por los partidos liberales y conservadores, que instauraron un escenario

En relación a esto, la figura del Estado de derecho permitió que el fundamento de la dominación política no fuera un pacto social, sino un pacto abstracto-racional entre individuos. Al mismo tiempo, la legitimación política se lograba por medio de la neutralidad de normas jurídicas que protegen la libertad y derechos de los ciudadanos. El Estado de derecho *-rule of law-* garantizaba que nadie estaría por encima de la ley, pues ésta es expresión de procesos legislativos que reflejan la pluralidad, una ley en común. Así, se pretende que ninguna perturbación de acuerdos o conflictos entre clases puede afectar la reproducción del capital. El aislamiento de la economía de la política es en realidad su articulación.

Por un lado, bajo la mistificación del Estado como representante de los individuos en sociedad, la dominación política del capital se auto-legitima por un Estado de derecho que garantiza la neutralidad de los procesos políticos y de justicia; pero por otro, el Estado de derecho es parte del ejercicio de la dominación política al propiciar que los conflictos sociales se diriman en un laberinto legal e institucional, y así anular la posibilidad de implementar incluso "reformas graduales". Estos conflictos originados en el desenvolvimiento del metabolismo del capital son absorbidos, individualizados, al tiempo que su posible fuerza subversiva al orden del capital es difuminada en el dispositivo institucional legal-arbitrario del Estado de derecho.

De este modo, si bien pueden filtrarse reivindicaciones provenientes de las clases dominadas o de las contradicciones inherentes a la vida social del capital en el Estado de derecho, este orden legal e institucional tiene como objetivo aislar el proceso de acumulación de capital de conflictos de clase que lo puedan poner el riesgo. Este es el papel de esta figura política en la dominación actual del capital. De ahí su carácter abstracto y su posición decisiva en la separación de la política y la economía.

Conclusiones

Las diversas contradicciones estructurales del capital permanentemente se expresan en la escena política por medio de diferentes conflictos, por ejemplo, la defensa de los derechos

---

completamente diferente". Theotonio Dos Santos, *Del terror a la esperanza,* Monte Ávila Editores, Venezuela, 2007, pp. 385-386.

humanos, la dignidad de las personas, las prácticas ecológicas sostenibles, los derechos medioambientales,[29] así como toda una serie de luchas contra el despojo de derechos -los cuales el capital pretende esquivar olímpicamente en su metabolismo excluyente. De modo que auténticas demandas originadas en estos conflictos se han convertido en la bandera de lucha de varias organizaciones. Por ejemplo, el caso de numerosas ONG´s que velan por los derechos humanos y las libertades civiles es muy elocuente, ya que reconocen plenamente los problemas sociales que originan la violación persistente de estos derechos: la corrupción, el autoritarismo, la desigualdad social, la violencia de género, los feminicidios, las guerras, las dictaduras militares, la destrucción ambiental.

Sin embargo, estas organizaciones, al trazar una lectura idealizada de lo que deben ser las estructuras del Estado y de la justicia en las sociedades capitalistas, asisten a una serie de luchas que no cuestionan la reproducción del capital como el origen nuclear de estos problemas o su intersección con ésta. Focalizan el problema en sí como desperfecto de un sistema social que en el fondo asumen como perfectible. Por lo tanto, sus "victorias" apenas rasgan las capas de la superficie social.

De este modo, lejos de idealizar las estructuras del Estado capitalista se debe enfatizar que los principios de la propiedad privada burguesa siempre terminan por prevalecer sobre aquellos derechos que los trascienden formalmente, y en muchos casos sólo bajo el elemento de la violencia, pues el Estado de derecho constituye la organización de la violencia de clase mediante la ley.[30]

En este sentido, las distintas luchas de la llamada sociedad civil se topan permanentemente con un muro legal e institucional pues, para transformar sus demandas en derechos, se ven obligadas a pisar los umbrales de una legalidad ya dada, incrustada en una dominación histórica de clase. Así, el propio Estado de derecho enuncia los derechos ganados por estas luchas, pero al mismo tiempo neutraliza su posible peligro al orden. Se trata de una vorágine legal e institucional que rebasa y absorbe a estas luchas, y

---

[29] *Cfr.* David Harvey, *Breve historia del neoliberalismo*, Akal, Madrid, 2007, p. 195. A este respecto véase el apartado "Sobre los derechos".
[30] Marx mostró que el derecho -de clase- se impone con su respectiva dosis de fuerza, de ahí su célebre frase: "Entre derechos iguales decide la fuerza". Véase Karl Marx, *El capital*, t. 1. vol. 1, p. 282.

que las lleva a una renuncia acrítica a la trasformación del orden social del capital.[31]

Con los argumentos vertidos hasta aquí, este trabajo pretende advertir, por tanto, sobre las trampas que el Estado de derecho representa para la organización de las luchas sociales y del trabajo en sus múltiples expresiones -sindicales, ambientales, culturales, en defensa de los derechos humanos, de género, educativas, contra la violencia física. De este modo, lo anterior nos remite a señalar tres prioridades de suma importancia para los movimientos anticapitalistas. En primer lugar, el desbordar las vías institucionales podrá contener la despolitización que ejerce el Estado. En segundo lugar, el articular las luchas fragmentarias y locales, por medio de la comprensión de las contradicciones que desata el metabolismo del capital, posibilitará la configuración de demandas sociales comunes, las cuales una mayoría podrá respaldar y defender con el fin de contener la ofensiva del capital actualmente. Por último, el trabajar en la articulación de las luchas por la democracia, los derechos humanos, la justicia, el medio ambiente, el territorio, etc., con las luchas del trabajo -en su carácter antagónico al capital- podrá dar pie a luchas de más amplio alcance político que rebasen el estrecho horizonte formal burgués con una

---

[31] En México, por ejemplo, aunque podemos distinguir matices, el Estado durante la última década ha logrado contener importantes luchas sociales desatadas por la reproducción del capital. Un mecanismo institucional se ha concentrado en desorganizar políticamente estas luchas mediante la absorción de ellas a las rutas del orden legal: el conflicto del SME de 2009-2010, el Movimiento por la Paz con Justicia y Dignidad de 2011, los fraudes electorales de 2006 y 2012, las luchas de las autodefensas en Michoacán en 2013, la huelga estudiantil del IPN de 2014, entre otras. Algunas de estas situaciones concretas han sido analizadas en los Cuadernos CEDAM y pueden consultarse en <https://cdamcheguevara.wordpress.com>. Asimismo, otro mecanismo se activa cuando las organizaciones no se ajustan a estas rutas y son brutalmente reprimidas en nombre precisamente del cumplimiento del Estado de derecho, haciéndose uso del monopolio de la violencia legítima: el CGH durante la huelga de la UNAM de 1999-2000, el caso de los campesinos de Atenco en 2006, la APPO en Oaxaca en 2006, los maestros de la CNTE en numerosas ocasiones. Mención aparte son los movimientos del EZLN de 1994 y de los normalistas de Ayotzinapa actualmente -éste último organizado alrededor de la desaparición de sus compañeros en 2014-, pues han tratado de sortear los peligros para evitar la represión, pero sin abandonar la crítica al capitalismo y por un horizonte más allá de él.

perspectiva anticapitalista, de clase y revolucionaria. Esto es posible porque no se trata de luchas de individuos o sectores aislados, sino de demandas objetivas, históricas, y que sólo pueden inscribirse en contra del metabolismo social del capital.

Bibliografía

Borón, Atilio. "Filosofía política y crítica de la sociedad burguesa: el legado teórico de Karl Marx", en *La filosofía política moderna. De Hobbes a Marx*, CLACSO, Buenos Aires, abril de 2000.

Dos Santos, Theotonio. *Del terror a la esperanza*, Monte Ávila Editores, Venezuela, 2007.

Harvey, David. Breve historia del neoliberalismo, Akal, Madrid, 2007.

Harvey, David. *Diecisiete contradicciones y el fin del capitalismo*, Editorial IAEN, Quito, 2014.

Huntington, Samuel P. *La tercera ola: la democratización a finales del siglo XX*, Paidós, Barcelona, 1994.

Kohan, Nestor. "Fetichismo y relaciones de poder", en *Nuestro Marx*, La Oveja Roja, España, 2013.

Marx, Karl. *El 18 brumario de Luis Bonaparte*, en Karl Marx y Friedrich Engels, *Obras escogidas*, 3 tomos, 8ª edición, Progreso, Moscú, 1974.

Marx, Karl. *Las luchas de clases en Francia de 1848 a 1850*, en Karl Marx y Friedrich Engels, *Obras escogidas*, 3 tomos, 8ª edición, Progreso, Moscú, 1974.

Marx, Karl. *El capital*, tomo 1, volumen 3, 11ª edición, Siglo XXI, México, 1986.

Marx, Karl. "Introducción" y "Formas que preceden a la producción capitalista", en *Elementos fundamentales para la crítica de la economía política (Grundrisse)*, tomo 1, 20ª edición, Siglo XXI, México, 2007.

Marx, Karl, *El capital*, tomo 1, volumen 1, 28ª edición, Siglo XXI, México, 2008.

Marx, Karl. *El capital*, tomo 1, volumen 2, 26ª edición, Siglo XXI, México, 2013.

Marx, Karl y Friedrich Engels. "Feuerbach. Oposición entre las concepciones materialista e idealista", en *La ideología alemana*, 5ª edición, Pueblos Unidos/Grijalbo, Montevideo/Barcelona, 1974.

Marx, Karl y Friedrich Engels. *Manifiesto del partido comunista*, El Caballito, México, 2010.

Meiksins Wood, Ellen. "Estado, democracia y globalización" en *La teoría marxista hoy. Problemas y perspectivas*, [en línea], CLACSO, Buenos Aires, 2006 [fecha de consulta enero 2016], disponible en: http://biblioteca. clacso.edu.ar/clacso/formacion-virtual/20100720062844/boron.pdf.

Mészáros, István. *Para alem do capital*, Boitempo, Brasil, 2002.

Mészáros, István. *La unificación de la esfera reproductiva material y la esfera política: alternativa al parlamentarismo*, [en línea], 2007 [fecha de consulta enero 2016], disponible en: http://www.rebelion.org/docs/57-540.pdf.

Mészáros, István. *El desafío y la carga del tiempo histórico. El socialismo del siglo XXI*, tomo 1, Fundación editorial el perro y la rana, Valencia-Venezuela, 2008.

Milliband, Ralph. *El Estado en la sociedad capitalista*, 13ª edición, Siglo XXI, México, 1985.

Osorio, Jaime. "Las disciplinas sociales y la integración del conocimiento", en *Fundamentos del análisis social*, UAM-Xochimilco/FCE, México, 2001.

Pérez Soto, Carlos. *Violencia del derecho y derecho a la violencia*, [en línea], julio 2013 [fecha de consulta enero 2016], disponible en: https://www.cperezs.org/?p=40.

Poulantzas, Nicos. *Estado, poder y socialismo*, 7ª edición, Siglo XXI, México, 1987.

Therborn, Göran. *Ciencia, clase y sociedad. Sobre la formación de la sociología y del materialismo histórico*, Siglo XXI, México, 1980.

Weber, Max. *El político y el científico*, 6ª edición, Colofón, México, 2005.

Abstracción jurídica y concreto histórico

José María Martinelli

Para Jorge Fuentes, marxista, abogado;
consecuente hasta el final.

Introducción

Señalar el derecho como abstracción determinada socialmente
equivale a plantear su modificabilidad histórica conforme a intereses en las estructuras sociales; esto lleva a sugerir la inexistencia de
una historia del derecho como tal, mas no su historicidad. Esto
último va a estar dado por su relación con el poder; en consecuencia, una categoría jurídica va a ser tal en tanto categoría jurídico-
política; es el caso del derecho de propiedad, ya codificado en el
derecho romano, cuya consistencia vigente en la actualidad se debe
a la variabilidad de la forma, pero no de la sustancia. Aquí, ubicar
a Kelsen es obligado, férreo defensor de la normatividad desde el
positivismo jurídico. Es en este conjunto de ideas que, al desarrollarse con reglas y procedimientos validados únicamente por el
corpus jurídico, la práctica jurídica pareciera ajena a la politicidad
social; ello conduce a considerar el arduo tema de la autonomización del derecho. En estas cuantas líneas se esboza el
contenido y tratamiento de este ensayo; en otras palabras: analizar
la "eternidad" del derecho en el decurso histórico.

Corresponde precisar que Kelsen es enfático en que norma y
orden son coetáneos, por tanto, el derecho supone la vigencia de un
orden establecido. Aunque existe una matriz kantiana en Kelsen, se
resiste a aceptar que ésta impregna moralidad a las relaciones humanas. Su *Teoría pura del derecho* no se justifica en un supuesto
derecho natural, sino en una racionalidad lógica expresada en la
norma jurídica.[1]

---

[1] El derecho natural como invariable anhelo de justicia es propiamente una
idealización; puede entenderse, concesivamente, como intento social de
orden, necesidad histórica no conformante de relación jurídica.

Si bien la constitución primera es fundamental en la pirámide jurídica kelseniana y otorga validez al orden jurídico nacional, Kelsen plantea que la definición del Estado remite a la relación que lo une al derecho internacional.[2] En este sentido Kelsen fue profético al señalar el vínculo estatal con el derecho internacional y realizar una proyección de la "globalización" contemporánea -ideologización perfecta que encubre los procesos de internacionalización de capital a nivel mundial, procesos que no extinguen a los estados nacionales, pero sí restringen su soberanía. Cabe pensar que Kelsen no dimensionó el totalitarismo invertido que representa la gran corporación internacional.[3]

No es importante para Kelsen formular un sistema jurídico, sino establecer un orden jurídico. Esto es significativo porque, de hecho, lo que formula es el derecho del Estado capitalista. Téngase presente su desdén por las formas de justicia preestatal y su rechazo al derecho natural.[4]

En consecuencia, lo que no pareciera advertirse es que la renuencia de Kelsen a que la norma jurídica sea "contaminada" por la moral o la religiosidad, no es otra cosa que procurar efectividad sin restricciones de orden no jurídico; de ahí sus expresos mandatos sobre la temporalidad y validez territorial de la norma. Aunque hayan existido formas pretéritas de justicia, se puede hablar de derecho cuando un órgano calificado lo dictamine: el Estado. Luego, este autor puede convalidar regímenes franquistas, nacionalsocialistas o de orden semejante, en tanto la vigencia de un derecho escrito, positivo. Vuelve a presentarse la cuestión valorativa en las ciencias sociales. Para Kelsen la contextualidad o circunstancias de los hechos en la esfera normativa no interesan; ésta se valida por su propia consistencia lógica, coherencia jurídica (respeto a la primera constitución); por ende, la aplicabilidad del derecho no coincide con un criterio de justicia terrenal o un anhelo de la misma. De este modo, el positivismo jurídico se manifiesta como un sólido sostén del pensamiento político de la derecha. Por

---

[2] Hans Kelsen, *Teoría pura del derecho. Introducción a la ciencia del derecho,* Ediciones Coyoacán, México, 2012, pp. 190-191.

[3] Véase Jorge Velázquez Delgado, *Mantenerse en la izquierda sin bizquear a la derecha*, mimeo, 2016 (Este trabajo se incluye en la sección segunda del presente libro).

[4] H. L. A. Hart, *Una visita a Kelsen*, Instituto de Investigaciones Filosóficas/ UNAM, México, 1977, pp. 9-10.

cierto, éste último no necesita justificarse; en todo caso logra materializar un dominio social como si no lo fuera.

1. ¿Por qué Kelsen?

La insistencia de Kelsen en la logicidad de la norma jurídica se explica en razón de evitar la influencia de factores externos, *v.g.* pobreza, inobservancia legal, etcétera. Sostiene tal planteo con base en los principios lógicos de inferencia y de no contradicción. Expresamente se refiere al silogismo clásico: "Si los hombres son mortales y Sócrates es hombre, Sócrates es mortal".[5] Puede preguntarse si un principio lógico es un principio de realidad; en tanto la premisa silogística inicial sea válida, lo es. Sin embargo, la riqueza y complejidad de la realidad en interferencia intersubjetiva puede burlar al silogismo (Kelsen no ve esto). Frente al supuesto de la inmanencia de lo real, la condición humana trasciende y vulnera el ordenamiento lógico. Para demostrar este punto recurrimos al falseamiento del silogismo, sólo con carácter ilustrativo, no como argumento de validación teórica. Si se afirma que "los herreros son ricos y Pedro es herrero, Pedro es rico", lo cual es probable pero no cierto. Hay de por medio un falseamiento inicial de realidad. Cabe ilustrar la abstracción lógica discursiva con acercamientos a lo real e hipostasiado. Ejemplo: el pontífice católico Juan Pablo II habló de amor al prójimo y protegió a los sacerdotes pederastas. Falseó el Nuevo Testamento. En su heurística obra, Foucault habla del encubrimiento en el discurso del poder. Si el acercamiento es a la óptica jurídica, las limitaciones del positivismo pueden evidenciarse. El principio de "igualdad ante la ley" es fundamental en el entramado jurídico burgués; igualmente necesario en la construcción de una sociedad futura. Se sabe que la impartición de justicia no es equitativa. No se mide con la misma vara al desamparado que al poderoso, y el derecho es el mismo.

Si orden y derecho son una misma cosa la pregunta es: ¿qué cambiar? Ciertamente un nuevo orden generará un nuevo derecho, pero no con los mismos presupuestos; sin duda afectará lo concerniente al derecho de propiedad.

---

[5] Hans Kelsen, *Derecho y lógica*, Instituto de Investigaciones Filosóficas/ UNAM, México, 1978, p. 6.

El pensamiento político-jurídico ha privilegiado la cuestión del orden; sea la necesidad de Hobbes de evitar la guerra entre todos; sea el planteamiento de Friederich A. Hayek que dedica páginas enteras a "salvaguardar el orden establecido" en relación con la administración de justicia.[6] Aunque Hayek critica al positivismo jurídico sin realizar un desarrollo del tema, en la práctica social coincide con Kelsen; las diferencias no son sustanciales. Éste deriva el orden del Estado, como vimos. Para aquél la autoridad emana del orden.

La formulación del orden en Hayek en cierta medida resulta forzada. Uno, el creado (orden de una batalla, una organización); el otro, espontáneo, remite al Estado o a una comunidad. La preocupación de Hayek es que la organización invada al Estado, lo domine. En esta línea de razonamiento la evolución no predecible de estos órdenes podría generar descontrol sistémico; frente a ello Hayek propone "engendrar órdenes de tipo espontáneo".[7] Nuestra percepción visualiza en Hayek una coexistencia de órdenes conducentes a la formulación de un "orden natural", el mercado, que resulta el bien jurídicamente protegido por excelencia. A destacar las coincidencias entre un positivista jurídico y un economista liberal. Diferencias de forma no alteran, en todo caso refuerzan el fondo sistémico. En la diversidad de lo real las coincidencias ya señaladas de estos autores conducen a una teleología no natural, tampoco explicitada: el control político de la realidad mediante el orden jurídico.

2. Estado de derecho o nuevo orden social

No resulta lo más recomendable iniciar un tema con una interrogación, ¿por qué defender las garantías legales en un marco jurídico liberal? En el plano político esto se formula como reforma o revolución; en otros términos, la prevalencia del gradualismo político o asumir el cambio radical. Si para Hegel el cambio histórico representó reemplazar a Dios por el Estado, para fines del siglo XX y principios del XXI la internacionalización del capital (globalización) ha desplazado al socialismo como referente del

---

[6] Friederich A. Hayek, *Derecho, legislación y libertad,* Unión Editorial, Madrid, 1985, p. 190.

[7] *Ibid.*, p. 108.

horizonte histórico contemporáneo; entender una derrota política no significa justificarla. Sin abdicar de Marx, Lenin o Gramsci, corresponde formular una nueva teorización que comprenda, analice y supere al capitalismo contemporáneo; en lo jurídico, desplazar a Kelsen.

La gran incorporación internacional, que atemorizaba a Hayek, ha establecido nuevas reglas jurídicas, acatadas por los Estados nacionales. Destacable el proceso extintivo de la autonomía de la voluntad; resorte y pilar del derecho liberal, particularmente en lo que hace a la voluntad de las partes contratantes. El ciudadano que no alcanzó la calidad de productor libre se encuentra inerme frente a las nuevas figuras jurídicas, sobre todo frente al contrato de adhesión en el que la parte oferente establece todas las cláusulas contractuales, sea esto para ingresar a un estacionamiento, público o privado, o para adquirir un departamento de lujo en Central Park, Nueva York; no hay negociación, el particular acepta o deja la contratación; la protección estatal se desvanece. Recordando a Gramsci, la revolución pasiva se consuma; no hay síntesis; el orden jurídico se denomina Estado de derecho.

El panorama no resulta alentador; seguramente todo tiempo histórico presentó rasgos semejantes que el historicismo no alcanzó a develar y confundió el iusnaturalismo con las legítimas aspiraciones de justicia del pueblo. Otra pregunta, ésta conlleva su propia respuesta: ¿Acaso el Renacimiento no derivó en elitización? La república esbozada en *El príncipe* de Maquiavelo fue obra de masas populares que desaparecieron en la historia; se dijo que eran "pueblos sin historia". Los procesos independentistas de América Latina conllevaron progresividad y colonialidad; José Martí lo vio. En México, siglo XIX, la progresividad del movimiento de Reforma arrasó con los pueblos de indios y las propiedades comunales; la contención jurídica liberal fue tardía, el latifundismo había asentado sus reales. No hay orden jurídico nuevo sin un tiempo nuevo; dicen los clásicos que se requiere conciencia y organización.

Procurar dar respuesta a la pregunta inicialmente formulada pide asistencia a otras disciplinas. Una transición política, la actual, no basta que sea criticada, debe ser explicada. La crisis del 2008 no ha terminado; la baja productividad ha llevado a los grandes capitales -nacionales e internacionales- a refugiarse en el sector financiero. Se inventan documentos "derivados" cuyos intereses dependen de un contrato matriz, *v.g.*, una hipoteca; cae ésta por insolvencia generalizada y cae el "derivado". En otras líneas dijimos que cuando el riesgo es mayor que la certeza el fraude acecha.[8] Así ocurrió en un ámbito de doble delictividad: violación de la propiedad privada de dinero ajeno y cancelación de créditos hipotecarios, en su momento mal otorgados. El capital sí tiene reglas, son propias. El Estado apoyó a las empresas, no a los acreedores de los documentos "derivados" ni a los deudores hipotecarios. Un contrato de adhesión no garantiza ganancias, sólo un procedimiento que puede inclusive llevar a la renuncia de la jurisdicción originaria o considerar al quebranto un caso fortuito, eximente de responsabilidad.

Primera respuesta: la autonomización del derecho es una ficción jurídica tendiente a justificar (encubrir) su gravitación en el control social: la conformación hegemónica de una dominación de clase. Frente a esto, ¿qué plantear? Marx dice, en relación con el cambio histórico, que la gente no se propone sino aquellas acciones que puede llevar a cabo. Ello puede significar que el capitalismo no ha dado de sí todo lo que puede dar, dicho sin ingenuidad; paralelamente, que la acción social de la gente carece de rumbo histórico o, en sentido gramsciano, que el "buen sentido" del pueblo tiene un carácter preservativo, dicho con optimismo. Entonces abordar la transición política demanda pensar qué tránsito seguir. Segunda respuesta: "la democracia es la forma de Estado más apta para subvertir el capitalismo"; lo dijo Lenin. Ello remite a visualizar los nuevos protagonismos sociales: indignados, desempleados, estudiantes sin universidad, mujeres por la equidad de género, trabajadores explotados, ambientalistas, etcétera. Sus demandas pueden tener acogida jurídica. Esto quiere decir que todos los mencionados, sumados, tienen un potencial de cambio formidable.

No se trata de renegar del Estado de derecho como si fuera una mera convalidación del orden existente; se trata de ver la contradictoriedad en la realidad, conformada por intereses en pugna; es la clase dominante la que logra que sus intereses se expresen en el Estado; por ejemplo Carlos Slim en México. Ocupar el Estado es ocupar el lugar que administra el orden, que enuncia y aplica el derecho. Luego, disputarle el poder del Estado también es una disputa por el derecho. Entender esto es lo que puede conferirle a

---

[8] *Cfr.* "Crisis capitalista: tesis teórico-éticas", en *Crisis capitalista mundial y políticas públicas*, José María Martinelli (coord.), UAM-I, México, 2010, p. 24.

la transición jurídico-política convertirse en un proceso de calidad sujeto a la correlación de fuerzas sociales. Pero no basta con la ocupación del Estado; se requiere movilizar fuerzas progresistas que planteen nuevos términos: el cambio histórico de nuestro tiempo es una combinatoria de luchas y propuestas.

Renunciar en abstracto a las garantías liberales es un retroceso; por el contrario, recuperar e impulsar un proceso de participación social es visualizar que el orden jurídico de mañana se comienza a construir hoy. Socializar la propiedad, fundar cooperativas de producción y consumo, garantizar educación gratuita a todos, impulsar la igualdad en las diferencias, socializar la cultura como necesario bien público, democratizar la democracia con participación directa y representativa a un tiempo, revocación del mandato de los funcionarios públicos, son algunas de las medidas a desarrollar; todas ellas demandan modificar derechos básicos hoy, con proyección a un derecho futuro que garantice libertad y bienestar.

Un orden normativo basado en una piramidal escala de poder con reforzamiento jurídico no coadyuva al cambio social, no lo determina; las determinaciones sociales son producto de la participación del pueblo informado, lo pedía Rousseau; Marx agregó la adquisición de conciencia como resultante de la interacción humana. Cerrar líneas de este trabajo conduce a afirmar que la dialéctica reforma-revolución, al transformar los fundamentos políticos-jurídicos de la propiedad, sienta bases para un orden con legitimidad y libertades.

Bibliografía

Cerroni, Umberto. *Marx y el derecho moderno*, Grijalbo, México, 1975.

Hart, H.L.A. *Obligación jurídica y obligación moral*, UNAM, México, 1977.

Hart, H.L.A. *Una visita a Kelsen*, UNAM, México, 1977.

Hayek, Friederich A. *Derecho, legislación y libertad*, Unión Editorial, Madrid, 1985.

Kelsen, Hans. *Derecho y lógica*, IIF-UNAM, México, 1978.

Kelsen, Hans. *Una nueva ciencia de la política*, Katz, Argentina, 2006.

Kelsen, Hans. *Teoría pura del derecho. Introducción a la ciencia de derecho*, Ediciones Coyoacán, México, 2012.

Martinelli, José María (coord.). *Crisis capitalista mundial y políticas públicas*, UAM-I, México, 2010.

Marx, Karl. *Cuadernos de París*, Ítaca, México, 2011.

Los autores

Carlos Fernández Liria es Doctor en Filosofía por la Universidad Complutense de Madrid, donde actualmente trabaja como Profesor Titular del Departamento de Filosofía I (desde 1989). Durante los años ochenta fue guionista del prestigioso programa de televisión La bola de cristal (TVE, 1ª cadena). Recibió el Premio Libertador al Pensamiento Crítico, Venezuela 2011, por su libro (con Luis Alegre) *El orden de El capital. Por qué seguir leyendo a Marx* (Akal, 2010). Entre sus publicaciones, destacan los libros *Sin vigilancia y sin castigo. Una discusión con Michel Foucault* (Libertarias, Madrid, 1992), *El materialismo* (Síntesis, Madrid, 1998), *Geometría y tragedia. El uso público de la palabra en la sociedad moderna* (Hiru, Hondarribia, 2002).

Luis Alegre Zahonero es Profesor Interino en la Universidad Complutense de Madrid y Secretario de Participación de la formación política española PODEMOS. Junto con Carlos Fernández Liria ha publicado los libros *Comprender Venezuela, pensar la democracia. El colapso moral de los intelectuales occidentales*; *Educación para la ciudadanía. Democracia, capitalismo y Estado de derecho* y, también, *El orden de El capital. Por qué seguir leyendo a Marx*.

Daniel Iraberri es Licenciado en Filosofía y músico, actualmente trabaja como asesor para el partido político PODEMOS y pertenece al grupo Complejo de Electra.

Ricardo Bernal Lugo es Profesor de Asignatura en la Universidad La Salle. Actualmente es doctorante en Filosofía Moral y Política por la Universidad Autónoma Metropolitana-Iztapalapa (UAM-Iztapalapa). Ha realizado estudios doctorales en la Universidad Paris-VIII Saint-Denis. Entre sus artículos publicados se encuentran "Defender la Ilustración, Jürgen Habermas y Michel Foucault: dos rutas para un análisis crítico del presente" y "El trabajo en la era neoliberal: elementos para una genealogía de los procesos de subjetivación a través del trabajo".

Eduardo Álvarez es Profesor Titular del Departamento de Filosofía de la Universidad Autónoma de Madrid desde 1994. Imparte clases de Antropología Filosófica, así como cursos de doctorado y cursos monográficos sobre la tradición del pensamiento dialéctico (Hegel, Marx, Adorno), la cuestión del sujeto, el debate sobre el humanismo, la modernidad y el individuo. Entre sus publicaciones destacan *El saber del hombre. Una introducción al pensamiento de Hegel* y *La teoría del concepto en la filosofía de Hegel*.

Guillermo Flores Miller es Profesor Titular de Tiempo Completo en la Unidad Académica Multidisciplinaria de Ciencias, Educación y Humanidades de la Universidad Autónoma de Tamaulipas. Es Doctor en Filosofía Moral y Política por la UAM-Iztapalapa y Miembro del Sistema Nacional de Investigadores (CONACYT), nivel candidato.

Octavio Martínez Michel es Licenciado en Filosofía por la Universidad Nacional Autónoma de México (UNAM) y Maestro en Filosofía Política por la UAM-I. Sus investigaciones se han enfocado en teoría de la justicia, teoría del Estado, historia del derecho y filosofía del derecho. En 2013 formó parte del equipo fundador del proyecto "Borde Jurídico", mismo que dirigió hasta el año 2015 y que tiene el objetivo de generar herramientas digitales para fomentar la cultura jurídica y fomentar la transparencia dentro del poder judicial. Bajo su dirección el proyecto obtuvo el 2º lugar del Premio a la Innovación en Transparencia auspiciado por el INAI. Actualmente es Profesor de Filosofía del Derecho de la Universidad del Claustro de Sor Juana, Profesor de Historia del Derecho en la Escuela Libre de Derecho y candidato a Doctor por la UAM con el proyecto: "Estado constitucional, democracia y derecho: una revisión iusfilosófica".

Juan Jesús Garza Onofre es Abogado por la Facultad Libre de Derecho de Monterrey, con maestría en Argumentación Jurídica por la Universidad de Alicante y maestría en Estudios Avanzados en Derechos Humanos por la Universidad Carlos III de Madrid. Actualmente se desempeña como becario doctoral CONACYT en esta última institución, realizando un proyecto de investigación sobre el rol social de los abogados en el actual contexto de globalización.

Enrique González Rojo Arthur (1928) es hijo del poeta sina-loense Enrique González Rojo (del grupo de *Contemporáneos*) y nieto del gran poeta jalisciense Enrique González Martínez. No sólo ha cultivado desde muy joven la poesía y la filosofía, sino que ha incursionado en la narrativa en general y en el cuento en particular. Es Doctor *Honoris Causa* por la Universidad Autónoma Metropolitana y autor de los cuatro volúmenes titulados *Para deletrear el infinito*, así como de varias obras más.

Gerardo Ambriz Arévalo es Maestro en Filosofía Moral y Política por la UAM-Iztapalapa. Los campos de investigación de su interés son la filosofía política y el marxismo. Ha publicado en varias revistas, donde sobresalen los artículos "El concepto de ideología en Marx. Más allá de la falsa conciencia" en la revista *Pensamiento y Cultura* editada por la Universidad de La Sabana (Colombia), y "El concepto de sobredeterminación en Althusser", recientemente aprobado por la revista *Ágora. Papeles de Filosofía* editada por la Universidad de Santiago de Compostela (España). Actualmente cursa el último año del programa de doctorado en Filosofía Moral y Política de la UAM-Iztapalapa.

Jorge Velázquez Delgado es Profesor Titular "C" en la UAM-Iztapalapa. Ha publicado más de setenta artículos en revistas y libros, algunos relacionados con el tema del Renacimiento italiano y la Revolución francesa. Sus principales obras son: *Qué es el Renacimiento italiano. La idea de renacimiento en la conciencia histórica de la modernidad*; *Bajo el círculo de Circe. El imaginario político de Nicolás Maquiavelo*; *El ocaso del neocon-servadurismo* y *La culpa es de Rousseau*.

Egbert Méndez Serrano es Matemático egresado de la Facultad de Ciencias de la Universidad Nacional Autónoma de México y actualmente es Profesor de Ciencias. **José Luís Ríos Vera** es Licenciado en Ciencia Política por la UAM-Iztapalapa, también es Maestro en Estudios Latinoamericanos por la UNAM y, actual-mente, cursa el doctorado en Estudios Latinoamericanos en la misma universidad. **Gabino Javier Ángeles Calderón** es Li-cenciado en Ciencia Política por la UAM-Iztapalapa, realizó la maestría en Filosofía, en el Área de Filosofía Política, en la UNAM y, actualmente, cursa el doctorado en Ciencias Sociales, Área de Relaciones de poder, en la UAM-Xochimilco.

José María Martinelli es Abogado por la Universidad Nacional de Tucumán, Argentina; allí fue dirigente universitario. Es Maestro con Honores en Administración Pública por el Centro de Investigación y Docencia Económicas, A.C. (CIDE). Radica en México y es Profesor Titular en el Departamento de Economía de la UAM-Iztapalapa; es fundador y adscripto al Área de Investigación en Políticas Públicas. Ha publicado obras en Argentina, Italia y México. Sus libros versan sobre políticas públicas y el pensamiento de Antonio Gramsci; sus artículos remiten a la racionalidad y el poder y a la transformación social del capitalismo contemporáneo.